W0187035

THÜRINGEN

DUMONT REISE-TASCHENBUCH

Kerstin Sucher
Bernd Wurlitzer

THÜRINGEN

LAND & LEUTE

Deutschlands grünes Herz

Kultur und Leben

Inhalt

Der Südwesten

Der Südosten

REISEINFOS VON A BIS Z

REISEATLAS

LAND & LEUTE

»Kommen Sie nur
einmal her; es ist hier
in der Tat reizend zu
leben ... Ich werde
den, der mich so
erfreut, in bezaubernde
Einsamkeiten und
in kleine stille Städte
von märchenhafter
Architektur zu führen
wissen ...«

Theodor Storm,
Heiligenstadt, 1856/57

Deutschlands grünes Herz

Über den Wipfeln:
Baumkronenpfad im Naturpark Hainich

KUNST, KULTUR UND VIEL WALD

Thüringen gehört flächenmäßig zu den kleinsten Bundesländern, doch an kulturhistorischen Sehenswürdigkeiten und Naturschönheiten übertrifft es viele andere. Dazu kommen jede Menge Freizeitspaß und eine beeindruckende kulturelle Vielfalt, Domfestspiele, Kunstfest, Jazzmeile und viele Theater. Touristische Anziehungspunkte sind nach wie vor Weimar und Eisenach. In Weimar haben Goethe und Schiller, Wieland und Herder, Franz Liszt, Henry van de Velde und der Bauhausgründer Walter Gropius gewirkt. Weimar war 1999 Kulturstadt Europas. In Eisenach wurde der meistgespielte Komponist der Welt, Johann Sebastian Bach, geboren und auf der Wartburg hat der große Reformator Martin Luther die Bibel übersetzt. Städte wie Mühlhausen und Saalfeld präsentieren sich wie aufgeschlagene Geschichtsbücher. Insgesamt kann der Freistaat über 30 000 geschützte Baudenkmale vorweisen, sage und schreibe 16 Objekte sind in der Welterbeliste der UNESCO verzeichnet. Fast 200 Museen geben Einblicke in die Geschichte, Tradition, Wissenschaft sowie Kunst des Landes.

Durch häufige Erbteilungen wurde Thüringen zum Musterbeispiel deutscher Kleinstaaterei, oft waren sogar Gebäude geteilt. Thüringen war ein Flickenteppich von Fürstentümern, bis zu 20 gleichzeitig hat es im Laufe der Geschichte Thüringens gegeben. Die Kleinstaaterei hatte aber – aus heutiger touristischer Sicht betrachtet – durchaus etwas Gutes. Denn jeder Blaublütige wollte unabhängig von der Reichweite seiner Macht seinen Herrschaftsanspruch demonstrieren. Das bescherte Thüringen eine Fülle prachtvoller Burgen und Schlösser. Mehr als 400 schmücken das Land. Sie sind nicht die einzigen Superlative: Weimar besitzt die weltgrößte Cranach-Sammlung, Saalfeld hat laut Guinness-Buch der Rekorde die farbenreichsten Schaugrotten der Erde, der Rotbuchenwald im Nationalpark Hainich dürfte der größte der Welt sein und in dem Ferienort Oberhof trifft sich die Weltelite zu spannenden Wintersportwettkämpfen. Die Thüringer verschließen aber auch nicht die Augen vor den Konzentrationslagern Buchenwald bei Weimar und Mittelbau-Dora bei Nordhausen, zwei Stätten schlimmster Grausamkeiten, die an das dunkelste Kapitel deutscher Geschichte erinnern.

Mit der Einheit wurde Thüringen das ›grüne Herz Deutschlands‹, denn es liegt wieder in der Mitte und ein Drittel der Landesfläche sind von Laub-, Misch- und Nadelgehölzen bedeckt. Der Thüringer Wald mit dem bekannten Rennsteig gehört zu Deutschlands beliebtesten Wandergebieten, insgesamt schlängeln sich 17 000 km markierte Wanderwege durch Wälder und Wiesen. »Wo finden Sie auf einem so engen Fleck noch so viel Gutes?«, hat der in Thüringen allgegenwärtige Goethe mit Recht behauptet. Keiner von den Thüringen-Besuchern soll ihm bis heute widersprochen haben.

STECKBRIEF THÜRINGEN

Lage und Größe: 16172 km^2, das sind 4,5 Prozent der Gesamtfläche von Deutschland. Unter den Flächenländern nimmt Thüringen nach Sachsen (18 413 km^2) und vor Schleswig-Holstein (15 763 km^2) den 11. Platz ein. Thüringen grenzt an Bayern (381 km), Sachsen-Anhalt (296 km), Hessen (270 km), Sachsen (265 km) und Niedersachsen (112 km). Die Nord-Süd-Ausdehnung beträgt 160 km, die West-Ost-Ausdehnung 198 km. Der geographische Mittelpunkt Deutschlands liegt in Niederdorla südlich von Mühlhausen.

Bevölkerung: 2,4 Mio. Einwohner. Damit liegt Thüringen in Deutschland an 11. Stelle der Flächenländer nach Sachsen-Anhalt (2,5 Mio.) und vor Schleswig-Holstein (2,3 Mio.). Die Bevölkerungsdichte beträgt 147 Einwohner je km^2.

Die größten Städte: Erfurt 202 000 Einwohner gefolgt von Gera 106 000, Jena 103 000, Weimar 64 000 und Gotha mit 47 000. Etwa 44 000 Einwohner haben Suhl, Nordhausen und Eisenach.

Verwaltung: Der Freistaat besteht aus 17 Landkreisen und rund 1000 Gemeinden. Landeshauptstadt ist Erfurt.

Wappen: Der goldgekrönte Löwe auf blauem Grund ist von acht Sternen umgeben, die für die sieben Staaten stehen, die sich 1920 zum Freistaat Thüringen zusammengeschlossen haben, sowie für die Gebiete des preußischen Thüringen, die im Sommer 1945 in das Land integriert werden konnten.

Wirtschaft: Kraftwagen- und Kraftwagenteile, Medizin-, Mess-, Steuer- und Regelungstechnik sowie Optik sind bedeutende Wirtschaftszweige. Thüringen hat vier Universitäten, eine Hochschule sowie fünf Fachhochschulen, an denen rund 50 000 Studierende immatrikuliert sind. Die landwirtschaftlich genutzte Fläche beträgt 7 940 km^2, angebaut wird vor allem Getreide, aber auch Kartoffeln und Zuckerrüben. 5 410 km^2 der Landesfläche sind von Wald bedeckt.

Natur: Es gibt einen Nationalpark (Hainich), vier Naturparks und zwei Biosphärenreservate. Neben diesen Großschutzgebieten bestehen noch rund 250 Naturschutzgebiete. Der höchste Berg ist mit 983 m der Große Beerberg, der niedrigste Punkt liegt mit 114 m ü. NN am Unstrutflutgraben bei Wiehe. Die Saale fließt 196 km durch Thüringen, die Werra 187 km und die Unstrut 157 km.

Tourismus: Der Thüringer Wald, Weimar, Erfurt und Eisenach sind die beliebtesten Reiseziele. Bei den Einzelobjekten rangiert die Wartburg an erster Stelle.

LANDSCHAFTEN UND NATURRAUM

Berge, Wald und das Thüringer Meer

Die Landschaften Thüringens sind vielfältig, Mittelgebirge sind ebenso vorhanden wie Hochflächen, Ebenen und ausgeprägte tiefe Täler. Zu den Mittelgebirgen gehört die Rhön, ein raues, niederschlagsarmes, meist waldarmes Gebiet mit weiten Hochflächen und sanft gerundeten Kuppen. Am bekanntesten ist jedoch der Thüringer Wald, das größte zusammenhängende Waldgebiet Deutschlands. Das Kammgebirge erstreckt sich vom Mittellauf der Werra bei Eisenach als schmale Erhebung bis nach Gehren-Schönbrunn westlich des Schwarzatales. Dort schließt sich in südöstlicher Richtung das Thüringer Schiefergebirge an. Der Thüringer Wald, den weite Täler in einzelne Bergrücken gliedern, besteht vorwiegend aus weichem rotem Sedimentgestein, in höheren Lagen aus Porphyr. Höchste Erhebung ist mit 982 m der Große Beerberg, am bekanntesten sind jedoch der 916 m hohe Große Inselsberg und der 861 m hohe Kickelhahn.

Die Thüringer machen meist keinen Unterschied zwischen Thüringer Wald und Thüringer Schiefergebirge, sie bezeichnen den zusammenhängenden Gebirgszug als ›Wald‹. Doch hebt sich das Thüringer Schiefergebirge durch seine geologische Beschaffenheit wie auch durch sein spezifisches Relief deutlich vom Thüringer Wald ab. Es bildet eine breite, offene Hochfläche, die von tiefen Tälern zerschnitten wird. Auch die Ortschaften tragen zum unterschiedlichen Charakter beider Landschaften bei: Helle Fachwerkhäuser herrschen hier, schiefergedeckte Fassaden und Dächer dort vor. Die Beschieferung hat sich in vielen Orten des Thüringer Schiefergebirges nahezu durchgängig erhalten.

Im Südosten des Landes erstreckt sich das Thüringer Meer. So werden die beiden größten Stauseen Deutschlands genannt: die Bleilochtalsperre und die Hohenwartetalsperre, die direkt hintereinander liegen. Beide gehören zu den 1919–1963 angelegten Saale-Kaskaden. Verheerende Überschwemmungen gaben den Anlass zum Bau dieses Talsperrensystems. Auf einer Flusslänge von etwa 80 km reihen sich zwischen Blankenstein und Eichicht fünf Stauwehre aneinander.

Zwischen dem Thüringer Wald und dem Harz dehnt sich das Thüringer Becken aus, eine schüsselförmige Einsenkung. Charakteristisch für diese flachwellige Landschaft sind milde Winter mit wenig Schnee und kühle, wechselhafte Sommer.

Nordwestlich des Thüringer Beckens steigt das Eichsfeld bis auf 450 m an. Die einst dichten Eichenwälder haben der Hügellandschaft mit dem rauen Klima den Namen gegeben. Im Norden, dort, wo die Unstrut die Hainleite und die Schmücke durchbricht, ragt das kleine Bruchschollengebirge Kyffhäuser auf. Nur wenige Kilometer weiter nördlich erhebt sich der

Harz, der um Nordhausen zu Thüringen gehört.

Zwei Flusstäler prägen die Landschaft Thüringens besonders: im Osten die Saale und im Südwesten die Werra, die beide ca. 200 km durch Thüringen fließen. Die Saale hat in ihrem Oberlauf in Millionen von Jahren ein tiefes, windungsreiches Engtal in das Schiefergebirge geschnitten. Es gehört, wie auch das Schwarzatal zwischen Schwarzburg und Bad Blankenburg, zu den schönsten Flusstälern in Deutschland.

Baumkronenpfad

Ein 306 m langer hölzerner Pfad führt im **Nationalpark Hainich** von einem 44 m hohen Turm aus durch die Baumkronen. Unterwegs gibt es Ausbuchtungen mit Sitzbänken. Vom Parkplatz Themseburg, etwa 10 km westlich von Bad Langensalza, erreicht man den Baumkronenpfad in ca. 10 Min.

Großschutzgebiete

Bedeutende Landesflächen hat Thüringen unter Schutz gestellt, um sie für die Nachwelt zu erhalten. Der Nationalpark Hainich (76 km^2; www.nationalparkhainich.de) ist ein riesiges Laubwaldgebiet im Westen des Landes, das über Jahrzehnte militärisch genutzt wurde und dadurch vom Menschen relativ unberührt blieb. Die beiden Biosphärenreservate Vessertal (170 km^2; www.biosphaerenreservatvessertal.de) und Rhön (Thüringer Teil 490 km^2; www.biosphaerenreservatrhoen.de) gehören zum weltweiten Forschungsprogramm der UNESCO »Der Mensch und die Biosphäre«, in denen eine von Menschenhand geprägte Kulturlandschaft geschützt, gepflegt und entwickelt wird.

Die vier Naturparke Eichsfeld-Hainich-Werratal (870 km^2; www.naturpark-ehw.thueringen.de), Kyffhäuser (300 km^2; www.naturpark-kyffhaeuser.thueringen.de), Thüringer Wald (2200 km^2; www.naturpark-thueringer-wald.de) und Thüringer Schiefergebirge/Obere Saale (800 km^2; www.thueringer-schiefergebirge-obere-saale.de) sind großräumige, abwechslungsreiche Landschaften von landesweiter Bedeutung. In ihnen werden landwirtschaftliche Nutzung, Naturschutz und Erholung sanft miteinander verbunden.

In den Schutzgebieten sind zahlreiche Informationszentren entstanden – im Naturpark Thüringer Wald allein 15 –, in denen die Besucher über die regionaltypischen Besonderheiten der Natur und spezielle Angebote wie Führungen und Vorträge informiert werden. Auch führen zahlreiche ausgeschilderte Wanderwege durch die Naturparke, im Naturpark Eichsfeld-Hainich-Werratal z. B. von Heiligenstadt nach Creuzburg (105 km).

Tiere und Pflanzen

Etwa 1500 Pflanzenarten wachsen in Thüringen, damit gehört das Bundesland zu den botanisch vielseitigsten

Landschaften Deutschlands. Der Wald Thüringens wurde seit dem 16. Jh. erbarmungslos gerodet, vor allem im Schiefergebirge ist das noch heute sichtbar. Mitte des 18. Jh. begann die Aufforstung, meist mit der schnellwüchsigen und gut verwertbaren Fichte. Doch diese Monokultur hat große Nachteile, sie begünstigt Wind- und Schneebruch, das Bruchholz wiederum bildet den Nährboden für den Borkenkäfer, der besonders Fichten und Lärchen schädigt. In den vergangenen Jahrzehnten führten vor allem die Luftverunreinigungen durch die Industrie zum Waldsterben, heute sind es die Abgase des immer weiter wachsenden Kraftfahrzeugverkehrs. Kahlflächen werden deshalb in unseren Tagen mit den unempfindlicheren Baumarten wie Douglasien, Lärchen und Buchen bepflanzt.

Als ›Urwald mitten in Deutschland‹ wird der Hainich bezeichnet. Denn hier hat sich der einst für Mitteleuropa typische Rotbuchenwald in einer Ausdehnung erhalten, wie man sie an keiner anderen Stelle in Deutschland mehr findet. Die knorrigen Buchen haben oft ein Alter von mehr als 300 Jahren. 165 Vogelarten leben im Hainich, darunter sieben Specht- und zahlreiche Fledermausarten. 1700 Käferarten wurden bisher gefunden, das sind mehr als ein Viertel aller in Deutschland vorkommenden Käfer. Aber auch die seltene nachtaktive Wildkatze, die sich von der Hauskatze durch einen buschigen Schwanz mit dunklen Ringen und schwarzem Ende unterscheidet, findet hier ihren Lebensraum. Rothirsch, Reh und Wildschwein, aber auch das Mufflon streifen ebenfalls durch das Unterholz.

Der Zwerg-Grashüpfer kommt in Deutschland nur im Kyffhäuser-Gebiet vor, in dem 30 verschiedene Orchideenarten blühen. Im Herbst sind hier auch Tausende Kraniche zu beobachten, die auf ihrem Flug nach Süden rasten. Im Plothener Teichgebiet fühlt sich die bis zu 1 m lange und nicht giftige Ringelnatter zu Hause, die ein gewandter Schwimmer und vorbildlicher Taucher ist. Im Thüringer Wald leben Schwarzspecht und Sperlingskauz, Bekassine, Wasseramsel sowie die vom Aussterben bedrohten Großvögel Auerhahn und Schwarzstorch. An den Bergbächen tummeln sich Feuersalamander, Wasseramsel und Bachlibellen. Die Bergwiesen sind Lebensraum von Trollblume, Holunder-Knabenkraut und Berg-Wohlverleih.

Einheimische Flora

WIRTSCHAFT UND UMWELT

Hightech auf höchstem Niveau

Die thüringische Wirtschaft hat seit der deutschen Einheit tief greifende Modernisierungsprozesse durchlaufen. Für technologische Innovation, die der Industrie wichtige Impulse gibt, steht Jena. In der Stadt an der Saale entwickelt die Jenoptik AG die Hightech des 21. Jh.: Optik und Sensorsysteme auf technologisch höchstem Niveau. Zu den Vorzeigeprojekten der Hightech-Schmiede gehört der Kleinsatellit Champ, der seit Mitte 2000 die Erde umrundet und Daten zum Schwere- und Magnetfeld unseres Planeten sowie dem Zustand der Atmosphäre liefert. In Ilmenau hergestellte Laserprodukte finden in der Luft- und Raumfahrttechnik Einsatz, und in Blankenstein steht die modernste und größte Zellstofffabrik Deutschlands. Die Unternehmer schätzen die gute Ausbildung der Menschen und die Verzahnung von Wirtschaft und Wissenschaft. Die Universitäten in Jena, Weimar, Ilmenau und Erfurt sind moderne Stätten von Forschung und Lehre. In den vergangenen Jahren betrug das Industriewachstum in Thüringen zwischen 8 und 16 Prozent.

Die Industrialisierung in Deutschland bekam von Thüringen wichtige Impulse. Jena war Ende des 19. Jh. durch Carl Zeiß, Ernst Abbe und Otto Schott als Stadt wissenschaftlicher Präzisionsgeräte und des feuerfesten Glases zu Weltruhm gelangt. Weithin bekannt wurde auch Eisenach, wo seit 1898 der Fahrzeugbau ansässig ist. Fortgesetzt wird diese Tradition in Eisenach durch General Motors/Opel (s. Thema S. 94) und in Kölleda durch Mitsubishi/DaimlerChrysler.

Seit der Einheit wurden jedoch durch die Umstrukturierung Tausende von Arbeitsplätzen abgebaut. Untergegangen sind die DDR-Textilproduktion, die in Thüringen zahlreiche Standorte hatte, bis auf einen Rest auch die Knopfproduktion in Schmölln und die Waffenherstellung in Suhl sowie der Nähmaschinenbau in Altenburg. Die alte Maxhütte bei Saalfeld gibt es ebenfalls nicht mehr, doch darüber sind viele nicht traurig, verschwand doch damit einer der DDR-typischen die Umwelt belastenden Betriebe. Die Wende nicht überlebt haben auch der Kalibergbau an der Werra und bei Sondershausen sowie der Braunkohleabbau bei Altenburg.

Tiefe Narben in der Landschaft hat das Unternehmen Wismut bei Ronneburg hinterlassen. Von 1950 bis 1990 förderte es unter sowjetischer Leitung rund 90 000 t Uran. Zurückgeblieben sind große Stufen- und Kegelhalden. Der Rückbau der einstigen Bergbaulandschaft und ihre Umgestaltung zu einer ursprünglichen Naturlandschaft mit landschaftsarchitektonischen Akzenten erfolgt seit vielen Jahren. Im Rahmen der 2007 stattfindenden Bundesgartenschau Gera-Ronneburg werden weitere Gebiete renaturiert. Etwas östlicher, im einstigen Braunkohlenrevier Altenburg-Meuselwitz, hat der Braunkohleabbau seit 1900 ebenfalls die Landschaft verwüstet. Die Tagebaue wurden stillgelegt, auch hier erfolgten bereits umfangreiche Rekultivierungen.

Die Umweltbelastungen haben seit der Einheit abgenommen. Das Wasser von Werra, Saale, Elster und Unstrut, in das viele Betriebe zu DDR-Zeiten ihre Abwässer ungeklärt einfließen ließen, hat sich sehr gebessert. Angler bestätigen, dass in den Flüssen und Seen wieder viele Fische leben. Nicht gebessert hat sich jedoch der Zustand des Waldes. Mehr als ein Drittel der Waldfläche Thüringens ist deutlich geschädigt.

Gewerbe mit Tradition

Die Thüringer blicken auf lange wirtschaftliche Traditionen zurück. Im Thüringer Becken wurde seit dem 13. Jh. Waid angebaut, aus dem die Färber ein begehrtes Blaufärbemittel für Textilien gewannen. Besonders in Erfurt blühte der europaweite Handel mit der Färberpflanze und bescherte der Stadt großen Reichtum. Sonneberger Spielzeug, das sich ab dem 17. Jh. den Weltmarkt eroberte, und das Lauschaer Glas zeugen bis heute von der hohen Qualität der thüringischen Handwerkskunst. Der gläserne Christbaumschmuck aus Lauscha ist nach wie vor in der ganzen Welt begehrt.

Als Wiege des chemisch-technischen Laborglases gilt das thüringische Stützerbach, in dem um 1830 das erste deutsche Thermometer entstand. In Stützerbach wurden auch die ersten deutschen Glühlampen gefertigt und Spezialgläser für Röntgenröhren entwickelt.

Ab 1760 stieg Thüringen zu einem Zentrum der Porzellanherstellung in Deutschland auf, nachdem drei Thüringer – Georg Heinrich Macheleid, Wolfgang Hammann und Johann Gotthelf Greiner – unabhängig voneinander und ca. 50 Jahre nach Johann Friedrich Böttger das Porzellan ›nacherfunden‹ hatten. Heute stellen noch fast 20 Betriebe in Thüringen Porzellan her, neben traditionellen Mustern (s. Thema S. 185) auch innovative Produkte in modernem Design.

Landwirtschaft

Etwa die Hälfte der Gesamtfläche Thüringens wird von landwirtschaftlichen Betrieben bewirtschaftet, circa ein Drittel des Landes ist von Wald bedeckt. Zu den besten Ertragsgebieten zählen das wärmebegünstigte Thüringer Becken und das Altenburger Land mit seinem schwarzerdeähnlichen Lößboden, auf dem Getreide, Kartoffeln, Zuckerrüben und in den letzten Jahren auf großen Flächen auch Raps gedeihen. In der Region um Erfurt hat die Blumenzucht Tradition. In den Ställen der Höfe stehen vor allem Schweine, aber auch Rinder und Schafe.

Der Anbau von Kräutern knüpft in Thüringen an eine lange Tradition und ist bis heute von großer wirtschaftlicher Bedeutung. In zahlreichen Gärtnereien werden ca. 30 Kräuter-

In der Goldenen Aue leuchten im Frühsommer die Rapsfelder

pflanzen angebaut, vorrangig Kamille, gefolgt von Pfefferminze, Johanniskraut, Zitronenmelisse und Baldrian.

Tourismus

Der Tourismus hat sich in Thüringen zu einem bedeutenden Wirtschaftszweig entwickelt. In den heute 1300 Beherbergungsbetrieben des Landes sind fast 6000, in den Restaurants und Cafés über 9000 Thüringer beschäftigt. Die Anzahl der Betten erhöhte sich von 43 000 im Jahr 1992 auf gegenwärtig etwa 65 000. Rund 3 Mio. Gäste quartieren sich jedes Jahr in den Hotels und Pensionen ein, dazu kommen noch etwa 1,7 Mio. Mieter von Privatquartieren und 2,6 Mio. Campingplatz-Gäste. Im Durchschnitt bleiben die Reisenden 2,8 Tage in Thüringen. Unter den ausländischen Besuchern rangieren die Niederländer an erster Stelle, gefolgt von den Amerikanern und Schweizern.

Bis Mitte der 1990er Jahre flossen erhebliche Fördermittel in das Hotel- und Gaststättengewerbe, das zunächst quantitativ und dann qualitativ ausgebaut wurde. Denn die gewerkschaftlichen und betrieblichen Ferienheime und wenigen Hotels, die die DDR hinterlassen hatte, waren heruntergewirtschaftet und entsprachen nur

STEINERNE EXPORTSCHLAGER

Millionen von Menschen auf der Welt lernten mit Schiefergriffeln und -tafeln aus Thüringen das Lesen und Schreiben. Die Griffel kamen aus Steinach, die Tafeln vor allem aus dem Gebiet um Lehesten (s. S. 194). Insgesamt, so wird geschätzt, schickten die Steinacher etwa 30 Mio. Griffel auf die Reise. Zeitweise besaß das kleine Steinach sogar das Monopol. »Steinacher Griffel sind die besten« stand auf der Verpackung.

Vom 17. bis Anfang des 20. Jh. waren die Schiefertafeln und Griffel die begehrtesten Schreibutensilien der Schüler, aber auch in Gaststätten waren sie zu finden. 1624 auf der Frankfurter Messe gehörte ein ›Schieferbüchlein‹ aus Sonneberg zu den Attraktionen. Der Schiefer wurde in Tagebaubrüchen gewonnen, hervorragend dafür eignete sich der bei Steinach gebrochene Tonschiefer, weil er sich gut sägen und spalten lässt. Die Griffel und die Schiefertafeln wurden in Heimarbeit hergestellt, meist in armseligen Holzhütten neben den Brüchen. Frauen und Kinder rundeten die vom Griffelmacher hergestellten Rohlinge mit dem Schabeeisen ab, auch das Anspitzen und das Umwickeln mit Papier gehörte zu ihren Tätigkeiten. Griffelfabriken, so genannte ›Großhütten‹, entstanden Ende des 19. Jh. Von da ab fertigten Maschinen die Griffel.

Nach dem Zweiten Weltkrieg, als Papier und Bleistifte fehlten, hatten Schiefertafeln und Griffel nochmals Hochkonjunktur. Als jedoch die Schiefertafeln ausgedient hatten, endete zwangsläufig auch die Griffelherstellung. Die letzten Griffel wurden am 15. November 1968 in Steinach verpackt. Von hier aus gingen sie in 435 kg schweren Kisten auf die weite Reise nach Sri Lanka.

in wenigen Fällen internationalen Standards. Heute gehören die Hotels und Pensionen in Thüringen mit zu den modernsten, die Deutschland zu bieten hat. Ab Mitte der 1990er Jahre bauten die Gemeinden die touristische Infrastruktur aus. Die Kur- und Erholungsorte wurden national und international wettbewerbsfähig gemacht und die Angebotsqualität erhöht. Mithilfe von Fördermitteln entstanden Rad- und Wanderwegenetze, Langlaufloipen, Skilifte sowie Erlebnis- und Freizeitbäder. Dabei konzentrierte man sich auf die Region des Thüringer Waldes als wichtigstes Reisegebiet. Weimar zog das große Los, als es 1999 Kulturstadt Europas wurde. Denn dadurch erhielt die Stadt Goethes und Schillers erhebliche finanzielle Unterstützung.

Alle zwei Jahre wird vom Thüringer Ministerium für Wirtschaft, Technologie und Arbeit der ›Thüringer Marketingpreis für Tourismus‹ vergeben. Der Wettbewerb zeichnet erfolgreiche Partnerschaften, innovative Angebote und Strategien von touristischen Leistungsanbietern als ›Best-Practice-Beispiele‹ aus und soll darüber dem Tourismussektor kreative Impulse geben.

GESCHICHTE IM ÜBERBLICK

Frühzeit

um 350 000/ 300 000 v. Chr.	Funde bezeugen die steinzeitliche Besiedlung des Gebiets um Bilzingsleben.
um 200 000 v. Chr.	Der Fund eines Homo-sapiens-Skeletts belegt die frühe Besiedlung Ehringsdorfs bei Weimar.
um 380 v. Chr.	Erstmals wird der Name ›Thoringi‹ für Thüringer, verschiedene Stämme und Gruppen, in einer lateinischen Schrift erwähnt.

Mittelalter und Dreißigjähriger Krieg

um 470	Der Stammstaat Thüringen wird gegründet.
531	Untergang des Thüringerreiches unter König Hermenfried durch die Niederlage in der Schlacht bei Burgscheidungen an der Unstrut. Franken und Sachsen wandern nach Thüringen ein.
742	Mit Gründung des Bistums Erfurt durch Bonifatius findet die Christianisierung Thüringens einen ersten Abschluss.
um 1040	Herrschaft der Ludowinger; Gründung der Wartburg (1080) und des Klosters Veßra (1131).
1140–1172	Herrschaft Ludwigs II., der das Kyffhäuser-Massiv mit Pfalz und Burgen ausbaut.
1190–1217	Landgraf Hermann I. macht die Wartburg zum kulturellen Zentrum, 1206 findet auf ihr der sagenhafte ›Sängerkrieg‹ statt.
1217–1227	Herrschaft von Landgraf Ludwig IV., dem ›Heiligen‹, Gemahl der hl. Elisabeth. Diese geht nach dem Tode Ludwigs nach Marburg und stirbt dort 1231, 1235 wird sie heilig gesprochen.
1264	Die Zeit der Ludowinger endet mit dem Tod von Landgraf Heinrich Raspe. Thüringen fällt an die Wettiner.
1342–1345	Der Thüringer Grafenkrieg führt zur Zersplitterung des Landes.
1392	Die Universität Erfurt wird eröffnet.
1485	Teilung des wettinischen Besitzes in einen nördlichen albertinischen und einen südlichen ernestinischen Teil.

Reformation und Kleinstaaterei

1501–1505	Luther besucht die Universität in Erfurt, lebt als Mönch im dortigen Augustinerkloster.
1517	Thüringen wird zum Kernland der Reformation.
1521/22	Martin Luther hält sich auf der Wartburg auf und übersetzt das Neue Testament ins Deutsche.

1525	Der Deutsche Bauernkrieg breitet sich auf Thüringen aus, es kommt zur Niederschlagung bei Frankenhausen. Der Anführer Thomas Müntzer wird bei Görmar hingerichtet.
1531–1547	Der Schmalkaldische Bund zum Schutz der Reformation wird gegründet, er endet mit der Niederlage im Schmalkaldischen Krieg 1546/47. Es entstehen viele kleine Herzogtümer.
1547	Weimar wird ernestinische Hauptresidenz.
1558	Gründung der Universität Jena.
1572	Die Herzogtümer Sachsen-Weimar, Sachsen-Coburg und Sachsen-Eisenach enstehen.
um 1597	In Lauscha wird die Thüringer Glasbläserei begründet.
1618–1648	Der Dreißigjährige Krieg fordert auch in Thüringen unzählige Opfer und führt zu Zerstörungen.
1685	Johann Sebastian Bach, der die Musikgeschichte wie kein anderer beeinflusste, wird in Eisenach geboren. Er wirkt in Arnstadt, Mühlhausen und Weimar, bevor er nach Köthen und Leipzig geht.
Ende 17 Jh.	Es bestehen zehn ernestinische, neun reußische und drei Schwarzburger Linien. Erfurt und Eichsfeld sind kurmainzisch, der Saalkreis brandenburgisch, die albertinischen Landesteile kursächsisch.
1760	Die erste Porzellanfabrik Thüringens wird in Sitzendorf gegründet.
1775–1832	›Weimarer Klassik‹ oder ›Goldenes Zeitalter‹: Der erst 18-jährige Herzog Carl August übernimmt 1775 in Weimar die Regierungsgeschäfte und macht Weimar zum Zentrum der deutschen Klassik. Er holt Johann Wolfgang Goethe nach Weimar, der bis zu seinem Tode 1832 in Weimar lebt und wirkt. In Jena bildet sich ein Zentrum der idealistischen Philosophie mit Fichte, Schelling, Hegel und der Frühromantik mit Schlegel, Tieck, Brentano, Novalis.

Der Weg in die Moderne

1801	GutsMuths gründet den ersten deutschen Gymnastikplatz in Schnepfenthal bei Waltershausen und legt damit die Grundlagen für den Schulsport.
1802/13	Erfurt, das Eichsfeld, Nordhausen und Mühlhausen werden preußisch.
Ende 18. Jh.	Einsetzen der industriellen Revolution; in Gera, Greiz, Apolda werden Textilfabriken gegründet.
1806	Niederlage der preußischen Armee gegen Napoleon in der Schlacht bei Auerstedt/Jena.
1815	Wiener Kongress, in dessen Ergebnis Preußen erneut Erfurt, Nordhausen, Mühlhausen, das Obereichsfeld und das gesamte albertinisch-sächsische Nordthüringen erhält. Sachsen-Weimar wird zum Großherzogtum ernannt.

1820 In Gotha werden mit der ›Feuerversicherungsbank für den Deutschen Handelsstand‹ und 1827 mit der ›Lebensversicherungsbank für Deutschland‹ die ersten deutschen Versicherungen gegründet.

1834 Beitritt der Thüringer Kleinstaaten zum Deutschen Zollverein.

1817 Die deutschen Burschenschaften fordern auf der Wartburg die Einheit Deutschlands.

1830 Die erste durchgehende Rennsteigwanderung, eingeteilt in fünf Tagesetappen, findet statt.

1839 Friedrich Fröbel richtet den ersten Kindergarten ein, seine pädagogischen Konzepte revolutionieren die Kindererziehung.

1842 Mit dem Bau der ersten Ferneisenbahnen wird begonnen.

1846 Carl Zeiß gründet sein mechanisches Atelier in Jena, das sich zu einem der bedeutendsten feinmechanisch-optischen Unternehmen der Welt entwickelt.

1848 Die Bürgerliche Revolution erreicht auch Thüringen, die ihren Ausdruck in Verfassungskämpfen und Einheitsbestrebungen für ein ›Gesamtthüringen‹ findet.

1853–1901 Unter Großherzog Carl Alexander erlebt Sachsen-Weimar ein ›Silbernes Zeitalter‹ mit dem Wirken von Franz Liszt.

1860 Gründung der Kunstschule in Weimar, die als Vorgängerin des späteren Bauhauses gilt.

1866 Beitritt der Thüringer Kleinstaaten zum Norddeutschen Bund.

1871 Gründung des Deutschen Reiches, dem die Thüringer Staaten beitreten.

1875 Mit der Vereinigung der Sozialdemokratischen Arbeiterpartei (Eisenacher) und des Allgemeinen Deutschen Arbeitervereins (Lassalleaner) gründet sich die Sozialistische Arbeiterpartei Deutschlands.

1891 Der Erfurter Programmparteitag findet statt, auf dem der Name SPD angenommen wird.

1898 Der Automobilbau beginnt in Eisenach.

Das 20. Jahrhundert

1918 Die thüringischen Fürstenhäuser danken ab.

1919 Die deutsche Nationalversammlung tagt im Weimarer Theater und beschließt die erste demokratische Verfassung, die als Weimarer Verfassung in die Geschichte eingeht. – Walter Gropius gründet in Weimar das Bauhaus, das 1925 aufgrund von Anfeindungen nach Dessau gehen muss.

1920 Gründung des Landes Thüringen mit Weimar als Landeshauptstadt. Coburg entscheidet sich nach einer Volksabstimmung für Bayern.

1921 Annahme der Verfassung des Landes Thüringen.

1932 Letzte freie Wahlen zum Landtag.

1933	Mit der Machtübernahme der Nationalsozialisten verliert Thüringen seine Eigenstaatlichkeit.
1937	Die Nationalsozialisten errichten das Konzentrationslager Buchenwald in unmittelbarer Nähe der Klassikerstadt Weimar, bis 1945 ermorden sie dort etwa 65 000 Menschen.
1939–1945	Der Zweite Weltkrieg bringt schwere Zerstörungen, Jena und Nordhausen werden durch Luftangriffe stark in Mitleidenschaft gezogen.
1944	Erfurt und Schmalkalden, ehemals preußisch, kommen zu Thüringen, nach dem Zweiten Weltkrieg auch Nordhausen, Mühlhausen und das Eichsfeld.
1945	Im April befreien amerikanische Truppen Thüringen, später besetzt die Sowjetarmee das Land.
1946	Nach dem Krieg finden die ersten Wahlen zum Thüringer Landtag statt, die Verfassung wird angenommen.
1949	Gründung der DDR, Eingliederung Thüringens in die DDR.
1958	Die Nationale Mahn- und Gedenkstätte Buchenwald wird eingeweiht.
1970	Bundeskanzler Willy Brandt und der DDR-Regierungschef Willi Stoph treffen sich in Erfurt.
1972	Der erste Rennsteiglauf findet statt, heute ist er mit jährlich mehr als 10 000 Teilnehmern Europas größter Crosslauf.
1989	Politische Wende, die zur Auflösung der DDR führt.
1990	Das Land Thüringen mit Erfurt als Landeshauptstadt wird neu gebildet und tritt am 3. Oktober der Bundesrepublik Deutschland bei.
1993	Thüringen gibt sich eine neue Verfassung und trägt nunmehr die Bezeichnung ›Freistaat Thüringen‹.
1996	Die Bauhausstätten in Weimar und Dessau werden in die Welterbeliste der UNESCO aufgenommen.
1998	Das klassische Weimar wird mit 14 Objekten, u. a. Goethehaus, Schillerhaus, Goethes Gartenhaus, zum Weltkulturerbe erklärt.
1999	Weimar ist ›Kulturstadt Europas‹, gleichzeitig wird Goethes 250. Geburtstag begangen. – Die Wartburg kommt auf die Welterbeliste der UNESCO.

Thüringen heute

2000	Im Bach-Jahr anlässlich des 250. Todestages wird der große Komponist in zahlreichen Konzerten geehrt.
2002	Der schriftliche Goethe-Nachlass im Goethe- und Schiller-Archiv wird in das so genannte ›Memory of the World‹ aufgenommen.
2004	Ein Großbrand in der Herzogin Anna Amalia Bibliothek in Weimar vernichtet 50 000 historisch wertvolle Bücher und Schriften.
2005	Thüringen begeht das ›Schiller-Jahr‹ zu Ehren des 200. Todestages des Dichters.

DIE MAUER ALS MUSEUMSSTÜCK

Am 26. September 1979 wagen zwei Familien aus Pößneck das bis dahin Unvorstellbare: In einer halsbrecherischen Aktion fliehen sie aus der DDR. Mit einem selbst gebauten Heißluftballon fliegen sie über Mauer, Stacheldraht, Selbstschussanlagen und Landminen. Vielen glückte die Flucht über die schwer bewachte Grenze nicht, die zwei Machtblöcke und zwei gegensätzliche politische Systeme voneinander trennte. Sie fanden den Tod oder wurden verhaftet und zu langjährigen Gefängnisstrafen verurteilt. Über viele solcher Schicksale informieren die Museen an der einstigen innerdeutschen Grenze von Thüringen: das Grenzland-Museum Eichsfeld in Teistungen (Di–So 10–17 Uhr; Tel. 03 60 71/9 71 12, www.grenzlandmuseum.de), das Grenzmuseum Schifflersgrund in Asbach-Sickenberg (März–Okt. tgl. 10–17, Nov.–Feb. tgl. 10–16, Sa, So 13–16 Uhr; Tel. 03 60 87/9 84 09, www.grenzmuseum.de), die Gedenkstätte Point Alpha bei Geisa (April–Okt. tgl. 9–18, Nov.–März 19–17 Uhr; Tel. 0 66 51/91 90 30, www.point alpha.com) und das Deutsch-Deutsche Museum in Mödlareuth (März–Okt. tgl. 9–18, Nov.–Feb. Mo–Fr 9–17, Sa, So 10–17 Uhr; Tel. 0 92 95/13 34, www.moed lareuth.de). Metallgitterzäune und Beobachtungstürme, Hundelaufanlagen, Suchscheinwerfer sowie Kontrollstreifen blieben erhalten oder wurden rekonstruiert. In Mödlareuth steht sogar noch ein Teil der Mauer. Das kleine Dorf am Tannenbach erlangte Weltruhm, weil es von den DDR-Sperranlagen zerschnitten wurde. Der südliche Teil gehörte zu Bayern (BRD), der nördliche zu Thüringen (DDR). Die Ost-Mödlareuther wohnten im Sperrgebiet und durften nicht einmal zu den West-Mödlareuthern winken, bei denen sich jährlich mehr als 50 000 Besucher drängten. Die kamen, um auf die Mauer am Tannenbach zu schauen, die am 9. November 1989, dem Tag der Grenzöffnung, zum Museumsstück wurde.

Deutsch-deutsche Vergangenheit: die ›Mauer‹ in Mödlareuth

Kultur und Leben

Herzogin Anna Amalia Bibliothek
in Weimar (vor dem Brand 2004)

THÜRINGER LEBENSART

Die Thüringer sind ein gemütlicher Menschenschlag. Sie lieben ihre Rostbratwurst und ihre Klöße, aber nicht nur. Sie mögen auch Gäste, die seit langem zum Alltag gehören. Bereits der Meininger Hofbibliothekar und Märchensammler Ludwig Bechstein stellte im 19. Jh. fest: »Mit Freundlichkeit wird angeboten, was das Haus vermag, und mit Bereitwilligkeit gezeigt, was der Fremde zu sehen wünscht!« Kurzum: In Thüringen sind die Menschen gastfreundlich und aufgeschlossen. Nur die Gebirgsbewohner, die ›Wäldler‹, haben die harten Lebens- und Arbeitsbedingungen ein wenig wortkarg und derber werden lassen.

Groß ist die volkskundliche Vielfalt an Sitten, Bräuchen, Liedern und Sprache. Was daran liegt, dass die Thüringer von Anfang an ein Mischvolk verschiedener deutscher Stämme sind, es den waschechten Thüringer im ethnischen Sinne also gar nicht gibt. Dazu kommt die jahrhundertelange territoriale Zersplitterung und die geographisch zentrale Lage mit vielen Durchreisenden, die manches beeinflusst haben. »In Düringe«, so heißt es, »schwoatzt fast jeder anersd.«

Gerühmt werden die Aufgeschlossenheit, die Arbeitsfreude und der Fleiß der Thüringer, was die zahlreichen Erfindungen und wirtschaftlichen Leistungen erklärt. Sie sind aber auch ein Volk fröhlichen Gemüts. Nicht etwa der Touristen wegen, sondern weil den Menschen hierzulande das lustige Beisammensein ein Bedürfnis ist. Neben Musik und Tanz dürfen der Blechkuchen, das Bier und der Holzkohlegrill mit den Bratwürsten bei keinem Fest fehlen.

Feste und Festivals

In Thüringen ist immer irgendwo etwas los (www.thueringer-kulturkalender.de). An vorderster Stelle in den Veranstaltungsplänen rangieren die **Musikfeste und -festivals,** von denen nicht wenige überregionale Bedeutung erlangt haben. Manch einer kommt extra deretwegen angereist.

Im Jahresreigen wird von der Musik der Renaissance, des Barocks über Klassik bis Rock alles geboten. Die **Thüringer Bachwochen** im März sind das führende Festival für Barockmusik

Tanzlinde

In **Effelder,** 15 km von Sonneberg entfernt, wird auf einer Linde getanzt, 1790 stieg sogar Herzog Georg I. von Sachsen-Meiningen zur Kirchweih auf den Baum. Bis auf einer Linde die Tanzfläche angebracht werden kann, ist jahrzehntelanger Beschnitt erforderlich. Tanzlinden gibt es in dieser Region mehrere, auch in Sachsenbrunn bei Eisfeld steht eine, die gepflanzt wurde, als der Dreißigjährige Krieg zu Ende ging.

Während der Bachwochen erklingt in ganz Thüringen Barockmusik

(www.thueringer-bachwochen.de), die **Weimarer Frühjahrstage** für zeitgenössische Musik eines der wichtigsten Festivals der Neuen Musik und der **MDR-Musiksommer** gastiert in den Sommermonaten mit einem vielfältigen Programm an verschiedenen Orten Thüringens (www.mdr.de/musiksommer). Ende Juli steht am Bergsee Ratscher bei Schleusingen das größte **Country-Open-Air** Deutschlands auf dem Programm (www.das-countryfestival.de).

Zu Füßen der Heidecksburg in Rudolstadt findet jährlich Deutschlands größtes Festival der Weltmusik statt, das **Tanz & Folkfest,** hervorgegangen aus dem Tanzfest der DDR. Zehntausende versammeln sich am ersten Juliwochenende in der Stadt, um mit fast 1000 Solisten und Bands aus vielen Ländern zu feiern und zu tanzen. Drei Tage und Nächte geht es zwischen Schloss, Altstadt und dem Heinepark rund, auf 20 Bühnen wird musiziert und getanzt. Das Tanz- und Folkfest wird mittlerweile als Europas wichtigster Treff für Tanz, Folk und Weltmusik gehandelt.

Im Juli und August rückt die Kulturarena Jena in den Blickpunkt des Kulturinteresses. Das **Sommerfestival** hat eine große Breite, Brücken werden von Kontinent zu Kontinent geschlagen, Jazz, Blues, World Music werden von bekannten und aufstrebenden Künstlern dargeboten (www.kulturarena.de). Ein kulturelles Spektakel besonderer Art sind die **Domstufen-Festspiele** im August in Erfurt. Vor der Kulisse von Dom und Severikirche bilden die 70 zum Architekturensemble führenden

Stufen die atemberaubende Bühne (www.domstufen.de).

Im Mittelpunkt von **Pèlerinages,** dem Kunstfest Weimar im August, steht die Musik, außerdem gibt es internationalen Tanz, Theater, Literatur und Talk, Ausstellungen, Installationen und Kino (www.kunstfest-weimar.de). Im Herbst verwandelt die **›Jazzmeile Thüringen‹** fast 20 historische Städte in swingende Zentren. Mehr als 100 heiße Konzerte gehen über die Bühne, kleine und große, mit internationalen Stars und jungen Talenten (www.jazzmeile.org).

Volksfeste

Karnevalshochburg in Thüringen ist Wasungen, seit 1524 wird hier gefeiert. Höhepunkt bildet am Samstag vor Aschermittwoch der farbenprächtige Festumzug mit rund 2000 Mitwirkenden, mehr als 20 000 Menschen schauen dem närrischen Treiben zu.

Am dritten Samstag vor Ostern feiern die Eisenacher mit ihren Gästen den **Sommergewinn.** Rund 400 000 bunte Papierblüten bilden den Festschmuck für das Frühlingsfest, eins der größten in Deutschland. Zehntausende säumen den Weg des Umzuges und verfolgen auf dem Marktplatz den Streit zwischen Frau Sunna und Herrn Winter, der als brennende Strohpuppe scheidet. Der Umzug beginnt und endet traditionell in der Weststadt, wo er seinen Ursprung hat und wo die ›Stiegker‹ ihre Häuser mit den alten Festsymbolen Hahn, Ei und Brezel schmücken.

In Heiligenstadt versammeln sich am Palmsonntag Zehntausende zu einer der größten **szenischen Leidensprozessionen** Deutschlands. Erinnernd an den Leidensweg Christi werden sechs lebensgroße Passionsdarstellungen durch die Straßen der Stadt getragen. Begründet hat die Leidensprozession 1581 das Jesuitenkolleg, von dem die erfolgreiche Rekatholisierung des Eichsfeldes ausging. Für die Menschen in dem armen Landstrich, die vielfach von Hungersnöten heimgesucht wurden, war der Glaube ein wichtiger Halt im Alltag und so hatten die Jesuiten leichtes Spiel. Auch zu DDR-Zeiten fanden die Prozessionen jedes Jahr statt.

In Friedrichroda wurde das **Internationale Bettenrennen** im Juli ein Volksfest mit viel Gaudi. Ein mit Tänzen und Liedern gefeiertes Sommerfest ist das **Brunnenfest** am Brunnenhaus Popperode in Mühlhausen, das auf uralte Wasserkulte zurückgeht. Kinder ziehen mit Blumenschmuck zur Quelle und danken dieser mit Blumen für das ewige Sprudeln. Und in der letzten Augustwoche herrscht in Rudolstadt Hochstimmung zum **Vogelschießen.** Im August 1722 fand es erstmals statt, heute ist es Thüringens größter Rummel. Jedes Jahr amüsieren sich auf der Bleichwiese mehr als eine halbe Million Besucher. In den ländlichen Ge-

Bei Ritterspielen vor historischer Kulisse lebt das Mittelalter wieder auf

ECHT BÜRGEL

Bürgeler Keramik mit dem typischen blau-weißen Dekor gehörte in der DDR zu den ›Bückwaren‹. Fast alles, was in dem kleinen Städtchen aus den Brennöfen kam, wurde für kostbare Devisen in westliche Länder exportiert. Das wenige, das übrig blieb, wurde unter den Ladentischen gelagert, die Verkäuferinnen ›bückten‹ sich nur für gute Kunden, für Freunde oder Verwandte.

Seit mehr als 300 Jahren wird in Bürgel (s. S. 140) getöpfert. Die älteste erhaltene Zunftordnung stammt von 1660. Lange Zeit besaßen die Töpferwerkstätten, 1860 waren es 40 Betriebe, eine Grube zum ›Einsumpfen‹ der trockenen Tonklumpen. Waren die Klumpen mit Wasser durchweicht, wurde der Ton herausgestochen und auf dem Fußboden der Werkstatt von der Magd mit bloßen Füßen durchgeknetet. Das Brennen der Gegenstände erfolgte in Öfen, die 20–24 Std. zuvor mit Holz beheizt wurden. 1900 auf der Weltausstellung in Paris gefielen die Arbeiten der Bürgeler, für eine etwa 1,10 m hohe Bodenvase erhielten sie sogar eine Goldmedaille. Bürgel war mit einem Mal berühmt und ist es bis heute geblieben. Heller Ton, außen mit blauer Engobe begossen und mit weißen Punkten dekoriert, wurde zum Markenzeichen des Bürgeler, das gegenwärtig in zehn Werkstätten gefertigt wird. Längst wird der Ton nicht mehr mit den Füßen getreten, gebrannt wird in Elektroöfen. Doch im Unterschied zur industriell gefertigten Billigware modellieren nach wie vor geschickte Hände die Tassen, Vasen und Krüge auf der Töpferscheibe, und von Hand werden sie auch dekoriert. Vor allem Blau auf Weiß, denn schließlich soll man ja auf Anhieb erkennen: Das ist echt Bürgel!

meinden wird die **Kirmes** als das Hauptfest des Jahres gefeiert.

Märkte

Volksfeststimmung trotz frostiger Temperaturen herrscht auf dem **Kalten Markt** in Römhild jeweils am letzten Donnerstag im Januar. Seit über 200 Jahren treffen sich Händler und Käufer zu dem, wie er traditionell ausgewiesen ist, Kram- und Taubenmarkt. Die Januarkälte und die frühen Morgenstunden gehören zu den Charakteristiken des Marktes, vielleicht sogar zu seinen Reizen. Noch zu dunkler Stunde, im Schein heller Lampen, schlagen die rund 200 Händler ihre Stände auf, Musik erklingt und bald herrscht reges Treiben. Neben Spielzeug, Seilerwaren, Korbwaren, Porzellan, Textilien und Erzeugnissen aus Töpferwerkstätten finden die Besucher eine große Auswahl an Tauben, Kaninchen und Rassegeflügel. Aber auch Trödel aus Omas Zeiten wird angeboten.

Noch an Popularität übertroffen wird der Kalte Markt vom **Zwiebelmarkt** in Weimar am zweiten Wochenende im Oktober. Große und kleine, dicke und schmale Zwiebelrispen, dazu filigrane Kränze und Gebinde bereichern das

Stadtbild. Und das schon seit 1653, denn da soll der Markt zum ersten Mal stattgefunden haben.

Nur ausgewählte Töpfer sind im Juni zum **Töpfermarkt** in Bürgel zugelassen. An die 100 Teilnehmer zeigen dann die ganze Bandbreite der Töpferwaren in traditionellem blau-weißem Dekor.

In der Weihnachtszeit

In Lauscha, der Stadt des Christbaumschmucks, verwandelt sich zum **Kugelmarkt** am 1. und am 2. Adventswochenende das Zentrum zu einer großen Fußgängerzone mit einer Vielzahl von Ständen. Weihnachtsmelodien erklingen und der Duft von Glühwein und Pfefferkuchen liegt in der Luft. Weihnachtsmärkte finden vielerorts statt, in Schmalkalden heißt er seit jeher **Herscheklas** und beginnt am ersten Mittwoch im Dezember, und in Suhl wird er **Chrisamelmarkt** genannt. Chrisamel bedeutet in der Suhler Mundart Christstollen. Mit dem größten **Weihnachtsmarkt** wartet Erfurt auf, vom Domplatz über den Fischmarkt bis zum Anger sind mehr als 200 Holzhäuschen aufgebaut, in denen Thüringer Spezialitäten angeboten werden. In Pößneck wird seit mehr als 500 Jahren das **Lichterfest** begangen. Am Heiligabend strömen Tausende Pößnecker mit bunten Laternen zu ihrem Marktplatz, nach dem Gottesdienst in der Stadtkirche wird gegen 17.30 Uhr mit dem Turmblasen vom Rathausturm begonnen. Chöre und Musikanten sorgen für weihnachtliche Stimmung, der Weihnachtsmann verteilt Süßigkeiten an die Kinder und zum Schluss singen alle gemeinsam das Weihnachtslied »Oh, du fröhliche ...«, das von Johann Daniel Falk stammt, der als Dichter und Pädagoge in Weimar wirkte.

Auf dem Bürgeler Töpfermarkt

Sport frei!

Für sportlich Interessierte ist Mitte Mai der **GutsMuths-Rennsteiglauf** eine feste Größe – Mitteleuropas größter Crosslauf und wohl einer der schönsten. Er führt auf dem Rennsteig entlang und jedes Jahr nehmen über 10 000 Läufer daran teil, die von etwa 100 000 Zuschauern an der Strecke begleitet werden, etwa 1300 Helfer sind im Einsatz (www.rennsteiglauf.de).

KUNST UND ARCHITEKTUR

Baukunst

Bauliche Höhepunkte sind Kirchen, Klöster und Schlösser, die den Freistaat regelrecht übersähen. Aber auch viele Rats- und Bürgerhäuser gehören zu den Schmuckstücken. Seit der Einheit wurden viele von ihnen wunderschön restauriert. Die Denkmalpflege Thüringen hat seit 1990 eine halbe Milliarde Euro an Landes- und Bundesmitteln für Restaurierungsmaßnahmen ausgegeben, dazu kommt noch das Acht- bis Zehnfache an Privatinvestitionen. Aber nicht nur einzelne Gebäude, ganze Innenstädte wurden seit der Einheit in Thüringen erneuert und laden heute zum Besuch ein.

Zu DDR-Zeiten verkamen die historischen Stadtzentren, an deren Rand wurden Plattenbau-Großsiedlungen für Zehntausende von Menschen in die Höhe gezogen. Da oftmals das Geld für den Abriss fehlte, blieb die alte Bausubstanz erhalten, so beispielsweise in Mühlhausen, Meiningen, Saalfeld und Weimar. Nach der deutschen Einheit setzte eine enorme Bautätigkeit ein, ganze Straßenzüge wurden instand gesetzt und das Einheitsgrau der Plattenbauten verschwand weitestgehend. Mühlhausen, Jena und Weimar gehören zum Kreis der Modellstädte, deren historische Zentren heute wieder so schön sind wie in alten Zeiten.

Als bedeutendstes romanisches Bauwerk Thüringens gilt der Palas der Wartburg, als sehenswerteste mittelalterliche Baugruppe die Doppelkirchenanlage Dom und Severikirche in Erfurt. In Eisenach präsentiert sich die Südstadt mit ihren prachtvollen Villen in großer architektonischer Vielfalt. Auch Gera besitzt herrschaftliche Villen, rund 200 sind es noch, an denen der Reichtum der Stadt um 1900 abzulesen ist. Das Haus Schulenburg mit Turm und Walmdach in der Straße des Friedens 120 stammt von dem berühmten Jugendstilarchitekten Henry van de Velde, der in Weimar die Kunstgewerbeschule leitete. Sein Nachfolger im Amt, Walter Gropius, gründete dort 1919 das Staatliche Bauhaus. Die avantgardistischen Ideen der Gestalterschule beeinflussten weltweit Künstler und Architekten.

Regionale Bautraditionen haben sich in Thüringen ebenfalls erhalten. Die waldreichen Gegenden schmücken sich mit kunstvollen Fachwerkbauten und im Südwesten des Landes, wo Schiefer abgebaut wird, werden bis heute Dächer und Fassaden mit Schieferschindeln verkleidet.

Einige technische Bauwerke besonderer Bedeutung sind in jüngster Zeit hinzugekommen: Als architektonische Meisterleistung wird die Talbrücke ›Wilde Gera‹ der A 71 bezeichnet, die mit 252 m Spannweite die größte Bogenbrücke Deutschlands ist. Der längste (7916 m) und modernste Autobahntunnel Deutschlands, der Rennsteigtunnel, leitet seit 2003 den Verkehr der A 71 zwischen Suhl und Gräfenroda unter dem Thüringer Wald durch.

Blick vom Weimarer Schloss Belvedere auf die Kavaliershäuser

Bildende Kunst

In Thüringen lebten und wirkten bedeutende Maler, zu ihnen gehören Tilman Riemenschneider, der in Heiligenstadt geboren wurde, und Lucas Cranach d. Ä., der seine letzten Lebensmonate in Weimar verbrachte und der Stadt mit dem dreiflügeligen Altargemälde für die Herderkirche ein Kunstwerk von europäischem Rang bescherte. In Gera kam Otto Dix zur Welt, der in seinen Bildern schonungslos Krieg und soziales Elend anprangerte und der seiner Geburtsstadt bis zu seinem Tod verbunden blieb. Eine bedeutende Ausbildungsstätte für Künstler war die 1860 gegründete Großherzogliche Kunstschule in Weimar, zu deren Schülern Max Liebermann gehörte. Am Rand von Bad Frankenhausen malte Werner Tübke zwischen 1976 und 1987 das größte Ölgemälde der Welt.

Viele bildende Künstler Thüringens sind namenlos geblieben, erwähnt seien der unbekannte Schöpfer des Bildes »Gothaer Liebespaar«, das im Gothaer Schlossmuseum hängt und in keinem Kunstführer fehlt, genauso wie die Gestalter der reizvollen Porzellanfiguren aus Thüringer Manufakturen, deren Arbeiten in zahlreichen Museen ausgestellt sind.

Literatur

Thüringen ist das Land von Johann Wolfgang von Goethe und Friedrich Schiller, von Christoph Martin Wieland und Johann Gottfried Herder. Weimar war rund ein halbes Jahrhundert das ›Hellas‹ der deutschen Klassik. Im Goethe- und Schiller-Archiv werden deren Nachlässe aufbewahrt, dazu die vieler anderer Berühmtheiten wie Achim und Bettina von Arnim und

GROSSE GEISTER THÜRINGENS

Abbe, Ernst (1840–1905): Physiker, Industrieller, Sozialreformer; in Eisenach geboren, in Jena gewirkt. Er entwickelte und verbesserte mit Carl Zeiß optische Linsen für Mikroskope und gründete die Firma ›Jenaer Glaswerk Schott und Gen.‹. Als Sozialreformer führte er Mitbestimmung, Achtstundentag, Gewinnbeteiligung, bezahlten Urlaub für die Arbeitnehmer ein.

Bach, Johann Sebastian (1685–1750): Komponist, Organist, Kantor; Spross einer weit verzweigten aus Wechmar bei Gotha stammenden Musikerfamilie. In Eisenach geboren und aufgewachsen, wirkte er in Ohrdruf, Arnstadt, Mühlhausen und Weimar. Er ist der weltweit meistgespielte Komponist.

Brahms, Johannes (1833–1897): bedeutender Komponist der Spätromantik; zahlreiche Aufenthalte in Meiningen, das Meininger Orchester brachte seine 4. Sinfonie zur Uraufführung.

Brehm, Alfred (1829–1884): in Renthendorf geborener und verstorbener Zoologe und Forschungsreisender, sein »Tierleben« gilt noch heute als Standardwerk.

Cranach, Lucas d. Ä. (1472–1553): Maler der Reformation, Kupferstecher; verbrachte sein letztes Lebensjahr in Weimar.

Dix, Otto (1891–1969): Maler, Grafiker; in Gera geboren, wurde 1933 als ›entarteter Künstler‹ aus der Dresdner Akademie entlassen. Er gilt als gesellschaftskritischer künstlerischer Protagonist der Nachkriegsjahre und der Weimarer Republik.

Elisabeth von Thüringen (1207–1231): Als 14-Jährige kam sie von Ungarn nach Thüringen, um den Landgrafen Ludwig IV. zu heiraten. Schon mit 20 Jahren Witwe, widmete sie sich der Armen- und Krankenpflege. Nach ihrem frühen Tod wurde sie bereits 1235 heilig gesprochen.

Feininger, Lyonel (1871–1956): Maler, Grafiker; war von 1919 bis 1933 Lehrer am Bauhaus, davon bis 1925 in Weimar, 1937 kehrte er, weil als ›Entarteter‹ diffamiert, in die USA zurück.

Fichte, Johann Gottlieb (1762–1814): Philosoph; zählte in Jena, wo er als Professor wirkte, zum Kreis der Romantiker.

Fröbel, Friedrich Wilhelm August (1782–1852): Pädagoge, Begründer des ganzheitlichen Ansatzes, geboren in Oberweißbach; seine Liebe zu Kindern und zur Pädagogik ließ ihn den ersten Kindergarten in Bad Blankenburg eröffnen.

Goethe, Johann Wolfgang von (1749–1832): Deutschlands bedeutendster Dichter, aber auch Philosoph, Naturwissenschaftler, Staatsmann. Verbrachte mehr als 50 Jahre seines Lebens bis zu seinem Tod in Weimar und beeinflusste mit seinem Wirken als Universalgenie die Zeitgeschichte.

Gropius, Walter (1883–1969): Architekt; begründete 1919 das Staatliche Bauhaus in Weimar und revolutionierte damit die Architektur.

GutsMuths, Johann Christoph Friedrich (1759–1839): schuf in Schnepfenthal bei Waltershausen ein beispielhaftes System des Schulturnens.

Haeckel, Ernst (1834–1919): bedeutender Naturforscher und Philosoph, der als Professor in Jena wirkte.
Herder, Johann Gottfried (1744–1803): Philosoph, Theologe, Schriftsteller; kam 1776 als Superintendent und Hofprediger nach Weimar und gehörte neben Goethe, Schiller und Wieland zum Vierergespann der Weimarer Glorien.
Liszt, Franz (1811–1886): Pianist, Komponist, Dirigent; von 1848–1861 Hofkapellmeister in Weimar, führte das Musikleben in Weimar zu neuer Blüte. Ab 1869 jährliche mehrmonatige Aufenthalte in der Residenzstadt.
Luther, Martin (1483–1546): Reformator; zahlreiche Orte in Thüringen sind eng mit dem Namen Luthers verbunden, auf der Wartburg bei Eisenach übersetzte er das Neue Testament aus dem Griechischen in die deutsche Sprache.
Meyer, Joseph (1796–1856): Verleger; wirkte in Gotha und Hildburghausen, schuf hier ab 1840 sein berühmtes Lexikon. Verlegte auch »Brehms Tierleben«.
Nietzsche, Friedrich (1844–1900): Der von Krankheit gezeichnete umstrittene Philosoph verbrachte seine letzten Lebensjahre in Weimar bei seiner Schwester.
Reuter, Fritz (1810–1874): Der erfolgreichste niederdeutsche Schriftsteller aus dem mecklenburgischen Stavenhagen. Er lebte ab 1863 in Eisenach.
Schiller, Friedrich von (1759–1805): Dichter, Dramatiker, Historiker; kam 1782 nach Thüringen, wirkte auf Vermittlung von Goethe als Geschichtsprofessor in Jena, lebte ab 1799 bis zu seinem Tod in Weimar. Die enge Freundschaft zu Goethe befruchtete das literarische Schaffen beider.
Schütz, Heinrich (1585–1672): in Bad Köstritz geboren, später auch in Gera tätig. Er brachte italienische Einflüsse in die deutsche Musik und gilt als der Begründer der protestantischen Vokalmusik in Deutschland.
Storm, Theodor (1817–1888): Jurist, Dichter; der Friese wirkte von 1856–1864 als Kreisrichter in Heiligenstadt und widmete sich auch hier seinem reichen literarischen, vor allem lyrischen Schaffen.
Telemann, Georg Philipp (1681–1767): Komponist; von 1709–1712 als Kapellmeister in Eisenach tätig.
Velde, Henry van de (1863–1957): belgischer Maler, Architekt und Kunstgewerbler; von 1902–1917 Direktor der Kunstgewerbeschule in Weimar, des Vorläufers des Bauhauses.
Vogelweide, Walter von der (um 1170–um 1230): Dichter; führte ein Wanderleben als Minnesänger und stand auch bei den Thüringer Fürsten in Diensten.
Wagner, Richard (1813–1883): Komponist; weilte mehrfach in Eisenach und Weimar. Trug mit seiner Oper »Tannhäuser« wesentlich zum Ruhm der Wartburg bei.
Wieland, Christoph Martin (1733–1813): Schriftsteller; kam 1772 als Prinzenerzieher an den Weimarer Hof und blieb bis zu seinem Tod. Er gab die Zeitschrift »Der Teutsche Merkur« heraus und übersetzte die Werke Shakespeares.
Zeiß, Carl (1816–1888): Mechaniker, Industrieller; der in Weimar geborene Techniker gründete 1846 eine Werkstatt, die zum bedeutendsten optischen Industrieunternehmen der Welt werden sollte. Gemeinsames Wirken mit Ernst Abbe.

Open-Air-Theater in Bad Langensalza

Friedrich Hebbel. 2002 wurde der literarische Nachlass von Goethe von der UNESCO in das so genannte Weltgedächtnis, das Memory of the World, aufgenommen.

Zu Thüringen gehören auch der niederdeutsche Dichter Fritz Reuter, der seinen Lebensabend in Eisenach verbrachte, die Verfasserin tränentreibender Romane, Eugenie John, die unter dem Pseudonym Marlitt bekannt wurde, der Märchensammler Ludwig Bechstein und der Schriftsteller Rudolf Baumbach, dessen »Hoch auf dem gelben Wagen« noch heute zu den gern gesungenen Volksliedern zählt. Joseph Meyer, der in Gotha das Bibliographische Institut gegründet hatte, konnte sich mit seinem Lexikon einen ständigen Platz in der Lexikographie sichern. Johann Georg Justus Perthes, der Gründer der ›Geographischen Anstalt und Verlagsbuchhandlung‹, erlangte mit seinem »Gothaischen Hofkalender« Berühmtheit, dem 1763 erstmals erschienenen Verzeichnis der deutschen Adelshäuser.

Wertvolle Bücher, darunter Erstausgaben der deutschen Klassik sowie bibliophile Raritäten, bewahrt die Herzogin-Anna-Amalia-Bibliothek in Weimar auf, eine kulturgeschichtliche Forschungsstätte von internationalem Rang. »Die Bibliothek ist bis jetzt der interessanteste Punkt für mich in Weimar«, meinte der Dichter Ferdinand Freiligrath im 19. Jh. Goethe hatte 38 Jahre lang die Oberaufsicht über die Bibliothek, die heute einen Bestand von etwa 1 Mio. Büchern beherbergt. Ein Großbrand im September 2004 vernichtete etwa 50 000 Bücher.

Überregionale Bedeutung besitzt auch die Forschungs- und Landesbibliothek im Gothaer Schloss Friedenstein. Alle Herzöge förderten die Vermehrung der Bestände, nicht selten durch Ankäufe ganzer Nachlässe. Heute besitzt die Gothaer Bibliothek etwa 530 000 Bände.

Musik und Theater

In Eisenach wurde Johann Sebastian Bach geboren, der meistgespielte Komponist der Welt. 32 Jahre verbrachte er in Thüringen. Bad Köstritz ist die Geburtsstadt von Heinrich Schütz, der der protestantischen Kirchenmusik neue Wege wies, und in Weimar und Meiningen wirkten Franz Liszt, Richard Strauß, Max Reger und Richard Wagner. Die reichen Musiktraditionen Thüringens setzen sich bis in die Gegenwart fort. Thüringen ist aber nicht nur ein Land der Musik, es ist auch ein Land der Theater. Das resultiert aus der einstigen Kleinstaaterei, denn die Fürsten förderten in ihren Residenzen ein vielfältiges, ja einzigartiges Musik- und Theaterschaffen.

Gotha besitzt mit dem ältesten barocken Schlosstheater in Deutschland ein Juwel in der Bühnenlandschaft, in dem sich die hölzerne Bühnentechnik aus dem 17. Jh. bis heute nahezu original erhalten hat. Ab 1775 besaß Gotha das erste fest angestellte Schauspielensemble. Im Schloss von Sondershausen öffnete sich um 1850 erstmals der Vorhang im Liebhabertheater mit einer Bühne von nur fünf mal fünf Metern. Wie in Gotha wird auch in Sondershausen heute noch Theater gespielt.

In Weimar leitete Goethe 1791 bis 1817 das Theater und brachte Schillers große Dramen zur Aufführung. Bis 1890 tourte die Theatertruppe von Herzog Georg II. von Sachsen-Meiningen (s. Thema S. 154) durch ganz Europa und gab Vorstellungen in Städten wie London und Stockholm.

Thüringen hat das dichteste Netz von Theatern und Orchestern aller Flächenstaaten der Bundesrepublik. Für ein abwechslungsreiches Angebot auf dem Gebiet der Schauspielkunst und Musik sorgen neun Theater mit sieben Theaterorchestern sowie drei weitere selbstständige Orchester, dazu kommen noch eine Reihe privater Theaterensembles. Pro Monat finden allein auf den festen Bühnen rund 300 Veranstaltungen statt, die jährlich von etwa 860 000 Gästen gesehen werden. 2003 wurde mit der Auftragsarbeit »Luther« das Opernhaus in Erfurt als erster Theaterneubau des 21. Jh. in Deutschland eröffnet.

Freilichtgalerie

Nicht die imposante Klosterkirche Mildenfurth ist in **Wünschendorf** die Überraschung, sondern die Freilichtgalerie im Kloster- und Schlosskomplex. Bronze- und Tonfiguren stehen und liegen vor den alten Mauern und Wänden, aber auch im Tonnengewölbe. Geschaffen hat das 2 km von Weida entfernte Refugium der Bildhauer Volkmar Kühn mit seiner Frau Marita (Tel. 03 66 03/8 82 76).

ESSEN UND TRINKEN

Die Thüringer Bratwurst hat als kulinarische Spezialität fast schon Weltruf erlangt, der Thüringer Kloß steht ihr kaum nach. »Ein Sonntag ohne Klöße verlöre viel von seiner Größe« lautet ein geflügeltes Wort hierzulande. Der Kloßteig für die ›echten‹ Thüringer Klöße besteht zu einem Drittel aus gekochten, zu Brei zerdrückten Kartoffeln und zu zwei Dritteln aus rohen, geriebenen Kartoffeln. In die Kloßmitte kommen geröstete Semmelwürfel. Gar sind die Klöße, wenn sie im Topf nach oben steigen und einzelne Kartoffelfasern glasig schimmern. Wenn der Gast während des Essens rätselt, ob er die Klöße als Beilage oder als Hauptspeise essen soll, dann hat er von Hand gemachte Klöße und keine aus der Pulvertüte serviert bekommen. Eins ist noch wichtig zu wissen: Der Kloß wird nicht zerschnitten, sondern auseinander gerissen und mit viel Soße gegessen.

Kloßmuseen

Dem Nationalgericht der Thüringer sind in **Heichelheim** ›Das Thüringer Kloßmuseum‹ (Di–So 11–16 Uhr (www.klossmuseum.de) und in **Großbreitenbach** das ›1. Deutsche Kloßpressenmuseum‹ gewidmet (Di–Fr 10–18, Sa, So 13–17 Uhr). Der Besucher erfährt: Ein Sonntag ohne Klöße ist für die meisten Thüringer wie das fehlende Amen in der Kirche.

Fast jede Region Thüringens besitzt ihren Gaumenschmaus. Die Eichsfelder beispielsweise schwören nicht nur auf die Bratwurst, sondern auch auf den Eichsfelder Feldgieker und die Eichsfelder Kälberblase, zwei harte Mettwurstsorten aus Schweinefleisch. Erst nach einer Lufttrocknung von mindestens sechs Monaten erlangen sie ihre richtige Reife und Würze. In Ostthüringen steht der Mutzbraten hoch im Kurs. Mutzbraten, das sind mit Senf bestrichene, mit Salz, Pfeffer und Majoran gewürzte und mit Schwarzbier begossene Schweinekammstücke, die zusammen mit Zwiebelscheiben mindestens zwölf Stunden mariniert werden. Am Spieß über Birkenholzfeuer braun gebraten, kommen sie mit Sauerkraut, Brot und Senf auf den Tisch. Traditionell trinken die Thüringer Bier dazu, Wein wird nur zu besonderen Anlässen eingeschenkt. Wer Handfestes mag, lässt sich einen Nordhäuser Doppelkorn servieren.

Kuchen, unter dem sich die Kaffeetafel biegt, mögen alle Thüringer. Lecker sind die Blechkuchen, aber auch der Zwiebelkuchen, der warm gegessen wird. Er besteht aus Hefeteig mit einem Belag aus Zwiebeln, Bauchspeck und Eiern, mit Salz, Paprika und Kümmel gewürzt. Wer Schmandkuchen liebt, fährt am besten ins Eichsfeld, dort soll es den besten geben.

Die Auswahl an lohnenden Essadressen ist groß. Immer mehr Thüringer Restaurants halten mittlerweile Einzug in die namhaften Gourmetführer.

THÜRINGER ROSTBRATWURST

Über Thüringen schwebt der würzige Duft der Bratwurst, denn sie gehört zu diesem Land wie die Klöße, die Wartburg, Goethe und Schiller. Kein Marktplatz, kein Dorffest, keine Kirmes ohne Holzkohlegrill mit Bratwürsten, im Osten des Landes kurz Roster genannt. Es ist ja auch nicht irgendeine Wurst, es ist die Thüringer. Und die genießt seit Januar 2004 sogar EU-Schutz. Europaweit darf die Wurst nicht nachgemacht werden, was als Thüringer Bratwurst angeboten wird, muss wirklich aus dem Freistaat kommen. Da hierzulande (fast) alles reglementiert wird, machen die Verordnungen auch um die Thüringer Bratwurst keinen Bogen: ›Mindestens 15–20 cm hat sie lang zu sein und sie muss mindestens 51 Prozent Fleisch von Thüringer Schweinen enthalten.

Bereits vor fast 600 Jahren soll es die Thüringer Volksspeise Nr. 1 gegeben haben. In einem Rudolstädter Archiv fand man vor einigen Jahren eine Rechnung von 1404 des Arnstädter Jungfrauenklosters für »darme czu brotwurstin«. Der Legende nach soll die Bratwurst so entstanden sein: Im 7. Jh. sei es bei den damals im östlichen Thüringen siedelnden Stämmen üblich gewesen, in Därme gefülltes Hackfleisch als Wegzehrung mitzunehmen. Als eines Tages starker Regen zur Rast zwang, hielt man die gefüllten Därme über das Feuer – und fertig war die erste Thüringer Bratwurst.

Fast jeder Fleischer in Thüringen hat sein eigenes Rezept für diese Leckerei, Kenner merken auch den Unterschied. Als Nichtkenner outet sich übrigens, wer zum bereitstehenden Ketchup greift. Denn die Thüringer Rostbratwurst wird mit Senf gegessen!

Herzhafte Leckerbissen: Thüringer Rostbratwürste vom Holzkohlegrill

PALL MALL

Tipps für Ihren Urlaub

Jenaer Kontraste:
Altstadtleben und Intershop-Tower

REISEZIEL THÜRINGEN

Pauschal oder individuell?

Alle großen Reiseveranstalter, die TUI ebenso wie Thomas Cook, haben Thüringen in ihren Reiseprogrammen. Aber auch viele touristische Unternehmen Thüringens sowie Hotels warten mit Pauschalangeboten auf, sie beinhalten Übernachtung und Frühstück meist noch mit Halbpension und organisierten Ausflügen. Oft wird mit Zugaben gelockt, einem Candlelight-Dinner, einem regionalen Geschenk oder der Gästekarte, die attraktive Ermäßigungen bietet.

Doch der größte Teil der Gäste besucht Thüringen individuell, sucht sich die Unterkunft selbst aus und erkundigt sich vor Ort nach Restaurants sowie kulturellen und sportlichen Freizeitangeboten. Kompetent für Auskünfte sind die Tourist-Informationen, die alle größeren Ferienorte in Thüringen eingerichtet haben.

Fast immer lohnt es sich, nach ermäßigten Preisen zu fragen, beispielsweise nach Familientickets beim Eintritt in Museen, Besucherbergwerken oder Freizeitbädern. Lohnend sind die Touristen-Cards, die große Städte wie Erfurt, Eisenach, Gera und Weimar anbieten und die viele Preisvorteile bringen.

Thüringen-Card

Freien Eintritt in mehr als 160 Sehenswürdigkeiten und Freizeiteinrichtungen gibt es mit der Thüringen-Card. Für 24 Stunden sind 13 €, für drei frei wählbare Tage 31 € und für sechs frei wählbare Tage im Kalenderjahr 49,90 € zu zahlen. Die Karte ist in Tourist-Informationen, vielen Museen und Freizeiteinrichtungen erhältlich (Tel. 03 61/3 74 20, www.thueringencard.info).

Übernachtung

Das Angebot reicht von Privatzimmern und Jugendherbergen bis zu 5-Sterne-Hotels. Nach der Wiedervereinigung wurden fast alle Hotels und Pensionen restauriert und modernisiert, sie entsprechen internationalem Standard. Namhafte Hotelketten wie Dorint, Radisson SAS, Marriott und Steigenberger sind vertreten. Das Zimmerangebot ist groß, nur wer zu besonderen Veranstaltungen reist, sollte sein Zimmer rechtzeitig reservieren, angesagt ist das auch in den Gebirgsorten zum Jahreswechsel. Privatzimmer stehen fast überall bereit, wer kein Schild ›Zimmer frei‹ sieht, erkundigt sich in den Tourist-Informationen.

Die in diesem Band genannten Zimmerpreise für ein Doppelzimmer mit Frühstück sind jeweils die günstigsten; sie sollen der Orientierung dienen. Sich nach Sonderangeboten zu erkundigen lohnt fast immer.

Highlights

Umfragen zeigen es immer wieder: Die Thüringer Rostbratwürste und Klöße sind in ganz Deutschland bekannt. Doch diese kulinarischen Spezialitäten braucht niemand als ›Muss‹ ins Reiseprogramm aufzunehmen, die gibt es sozusagen als Zugabe überall. Im Bekanntheitsgrad ebenfalls ganz oben rangiert die Wartburg bei Eisenach. Sie hat in diesem Reiseführer ein eigenes Kapitel erhalten, denn nicht wenige kommen nur ihretwegen nach Thüringen. Das Goethehaus in Weimar und der Thüringer Wald gehören ebenfalls zu den besonderen Highlights.

Bei einer Thüringen-Rundreise nicht verpassen sollte man wegen des mittelalterlichen Flairs einen Bummel durch Mühlhausen und einen Besuch des Panorama-Museums in Bad Frankenhausen. In Erfurt sind der Domberg mit Dom und Severikirche sowie die ega, einer der schönsten und größten Freizeit- und Erholungsparks in Deutschland, sehr sehenswert. Das Zeiss-Planetarium in Jena, die Feengrotten in Saalfeld sowie die Erlebnisbergwerke in Merkers und Sondershausen gehören ebenso zu den Top-Attraktionen.

Wer die Natur liebt, der sollte zur Hohenwartetalsperre fahren, deren schroffe Hänge und malerische Buchten an nordische Fjorde erinnern, oder zum Kyffhäuser-Gebirge und dort im Kaiser-Wilhelm-Nationaldenkmal über 232 Stufen zur Aussichtsplattform hochsteigen. Für Kulturinteressierte wiederum empfiehlt es sich, nach Thüringen zu reisen, wenn das Sommerfestival ›Kulturarena‹ in Jena oder in Weimar das Kunstfest ›Pèlerinages‹ stattfinden.

Unterwegs mit Bahn, Bus und Auto

Etliche Orte haben seit jeher keinen Bahnanschluss, dazu kommt, dass auch in Thüringen in den vergangenen Jahren das Bahnnetz ausgedünnt wurde. Von den großen Städten aus sind fast alle umliegenden Touristenziele mit Linienbussen zu erreichen. In kleineren Orten fährt dagegen manchmal nur ein- bis zweimal täglich ein Bus zu Zielen in der Umgebung. Da hilft nur eins: Fahrrad ausleihen, wandern oder, sofern vorhanden, den eigenen Pkw nutzen. Da es bei den Busverbindungen oftmals Änderungen gibt, sollte man sich bei den Tourist-Informationen nach den Linien und Abfahrtszeiten erkundigen. Am besten reist es sich in Thüringen mit dem Pkw. Wie oft in Gebirgsregionen führen die Straßen allerdings vielfach auf Umwegen zum Ziel.

Kuren

Seit mehr als 150 Jahren wird in Thüringen gekurt. Natürliche Heilmittel wie Schwefel, Sole, Mineralwasser und Moor sowie das milde Mittelgebirgsklima sind beste Voraussetzungen. Mehr als 20 Heilbäder und Kurorte warten mit vielseitigen Angeboten auf. Seit der Einheit sind mit Unterstützung des Freistaates modernste Kureinrichtungen entstanden.

Den Veränderungen im Gesundheitswesen ist es geschuldet, dass immer mehr Gäste einen gesundheitsorientierten Urlaub in Thüringen buchen, weil hier alle Heilbäder und Kurorte in landschaftlich schönen Regionen mit einer interessanten touristischen Infrastruktur liegen. Immer umfangreicher wird das Wellnessangebot, denn Fitness ohne Stress und Quälerei – wie Experten das Wort Wellness definieren – ist gefragt. Informationen erteilt der Thüringer Heilbäderverband: Tel. 0 36 03/89 33 47, www.heilbaeder-thueringen.de. Viele Hotels haben sich dem Trend der Zeit angepasst und warten mit attraktiven Wellnessangeboten auf.

Sport, Spaß und Action

In Thüringen wird nicht nur gewandert und geradelt. Es wird gepaddelt und gesegelt, nach Gold geschürft, in Oberhof im Gästebob zu Tal gejagt und in Hochseilgärten geklettert. Flöße und Kanus überwinden auf Werra und Saale Stromschnellen, Paraglider schweben von Bergen und in Suhl treffen sich Sportschützen in einer der modernsten Schießsportanlagen der Welt. Auf der Unstrut ist Rafting angesagt. Vielerorts sind Skateranlagen entstanden, so in Walterhausen an der Ortsstraße in Richtung Schnepfenthal.

Vielfältig sind die Wintersportmöglichkeiten, von sanften Abfahrtshängen bis zur ›schwarzen Piste‹ für Könner ist alles vorhanden. Über die aktuellsten und interessantesten Angebote informieren die lokalen Tourist-Informationen.

Angeln

Angler fahren gern nach Thüringen, die Bleilochtalsperre ist für ihre Zanderfänge geradezu berühmt. Auch die Hohenwartetalsperre gehört zu den beliebten Angelrevieren. Neben den Talsperren wird im Bergsee Ratscher, in der Werra und der Saale geangelt – vor allem Hecht, Barsch, Karpfen und Aal beißen. Freier Fischfang ist nicht gestattet. Voraussetzung ist ein auf den Namen des Anglers ausgestellter Fischereischein, mit dem die Erlaubnis für das jeweilige Gewässer erworben wird. Auskunft erteilen die lokalen Tourist-Informationen.

Baden

Viele kleine Ferienorte haben oftmals reizvoll gelegene Freibäder. Gebadet wird auch in den Saaletalsperren. An kalten Tagen und in den unfreundlichen Jahreszeiten warten zahlreiche Freizeit- und Kurbäder mit angenehm warmen Wassertemperaturen auf. Besonders beliebt ist der supermoderne Badetempel Toskana-Therme in Bad Sulza (s. S. 123), wo nicht nur im Wasser, sondern auch in Musik und Licht gebadet wird. Liquid Sound, flüssiger Klang, sagen die Experten dazu.

Nordic Walking

Nichts bringt Körper, Seele und Geist besser in Einklang als der gleichmäßige Rhythmus beim Walken. Als Sommer- oder Imitationstraining der nordischen Skisportler entwickelt, wird dieses sanfte Ganzkörpertraining auch in

Pferdeschlittenfahrt im Thüringer Wald

Thüringen in vielen Ferienorten angeboten. Oftmals gibt es Schnupperkurse. Noch ist auch in Thüringen der Anblick der Menschen mit den Stöcken gewöhnungsbedürftig, doch in Skandinavien gehört Nordic Walking, das sanfte Gehen, schon lange zur freizeitsportlichen Normalität.

Radfahren

In den vergangenen Jahren entstand ein großzügiges Radwandernetz, auf dem zu schönen Touren geladen wird. So auf dem Ilmtal-Radwanderweg zur familienfreundlichen Teiltour »Von Gartenhaus zu Gartenhaus«, die von Goethes Weimarer Gartenhaus zur Replik nach Bad Sulza führt (www.Ilmtal-Radwanderweg.de). Reizvoll ist auch eine Tour auf dem Saale-Radwanderweg, der von der Quelle bis zur Mündung eine Länge von 520 km hat (www.Saale-Radwanderweg.de).

Eine Herausforderung an den Mountainbiker ist der Thüringer Wald mit seinen Steigungen und Gefällen, besonders der neue Höhenfernradweg Rennsteig über 190 km. Er verläuft fast parallel zum beliebten Kammweg (www.radweg.rennsteigportal.de).

Fahrräder werden in allen Ferienorten verliehen, wo, das wissen die Tourist-Informationen. Viele Hotels halten für ihre Gäste mittlerweile Mietfahrräder bereit.

Reiten

Reiten wird immer beliebter. Die zahlreichen Reiterhöfe, allein in Ostthüringen sind es mehr als 40, warten mit einem breiten Spektrum an Angeboten auf. Wer noch nie auf einem Pferd gesessen hat, kann einen Schnupperkurs buchen sowie Reitunterricht nehmen. Die Könner unternehmen Gelände- und Wanderritte, sogar Lehrgangsangebote für Turnier- und Springreiten gibt es. Etliche Reiterhöfe haben Reithallen und beleuchtete Reitplätze (Auskunft: Service-Center Thüringen, Tel. 03 61/3 74 20).

Wandern

In Thüringen wird seit jeher gewandert, allein im Thüringer Wald gibt es mehr als 6000 km markierte Wege. Gewandert wird mit Gepäcktransfer oder mit dem Rucksack auf dem Rücken. Besonders erlebnisreich sind Wanderungen auf weniger bekannten und ausgetretenen Wegen, so zum Beispiel auf dem Lutherweg, der über 17 km von Tambach-Dietharz nach Schmalkalden führt, oder auf dem Benediktinerpfad, einem 15 km langen Rundwanderweg zwischen Waltershausen, Friedrichroda und Tabarz.

Die Hauptwanderwege sind mit blauen Markierungssymbolen auf weißem Grund, die Gebietswanderwege mit roten Symbolen auf weißem Grund und die Ortswanderwege mit grünen bzw. gelben, waagerechten Strichen, Quadraten, Punkten oder Dreiecken sowie dem Andreaskreuz gekennzeichnet.

Wassersport

Ein Eldorado für Wassersportler sind die Bleilochtalsperre und der Hohenwartestausee, auf denen gerudert, gepaddelt, gesegelt und gesurft wird. Auf beiden Talsperren dürfen auch Motorboote fahren (Auskunft: Service-Center Thüringen, Tel. 03 61/3 74 20). Auf Saale, Werra, Unstrut und Weißer Elster lassen sich Schlauchboot- oder Kanu-Touren unternehmen, Floßfahrten erfolgen auf Saale und Werra.

Wintersport

Der Wintersport hat in Thüringen Tradition, in Oberhof fand 1906 das erste Bobrennen auf deutschem Boden statt. Heute warten 1800 km Skiwanderwege, rund 200 km Loipen und 40 Skilifte auf Skifahrer. An fast 20 Liftanlagen wurde Flutlicht installiert. Beliebtester Wintersportort ist Oberhof (www.oberhof.de), u. a. mit einem 800 m langem Skihang mit Flut-

Rasante Fahrten

Der Adrenalinspiegel schießt in die Höhe bei einer rasanten Fahrt im Rafting-Bob auf der vereisten **Oberhofer Rennschlitten- und Bobbahn!** Besetzt mit zehn Gästen und einem erfahrenen Piloten rast der Bob auf der 1132 m langen Strecke durch 14 Kurven zu Tal. Die Fahrzeit beträgt 60 Sek. (Tel. 0173/3 90 15 64, www.gaestebob.de).

licht und Beschneiungsanlage, auf dem auch Snowboarder dem Abfahrtsvergnügen frönen.

Einen guten Ruf als Wintersportort hat sich in jüngster Zeit das kleine Steinach am Südwestrand des Thüringer Schiefergebirges durch seine 3500 m lange Skiarena ›Silbersattel‹ erworben. Steinach besitzt Thüringens steilste Piste mit einer Neigung von 63 Prozent (www.silbersattel.de). Über aktuelle Schneehöhen und Wintersportmöglichkeiten informiert vom ersten Schneefall bis zum Ende der Saison das Schneetelefon Thüringen, Tel. 03 68 70/5 33 99.

Reisen mit Kindern

Thüringen kann für Kinder ein spannendes Land sein. Nicht wenige Hotels liegen im Grünen, und was gibt es Schöneres, als gleich nach dem Frühstück über Wiesen zum Wald zu laufen. Auch Wanderungen müssen für Kinder keinesfalls langweilig sein, denn in vielen Regionen wurden Naturlehrpfade eingerichtet, sodass es beim Wandern immer etwas Spannendes zu entdecken gibt. Empfehlenswert sind auf jeden Fall Besuche in den Aquarien in Oberhof (s. S. 170) und Suhl (s. S. 172), im Affenpark in Straußberg (s. S. 57) und im alternativen Bärenpark in Worbis (s. S. 58). Unterirdische Abenteuer versprechen Besuche in den Erlebnisbergwerken, hier muss jedoch beachtet werden, dass Kinder oftmals erst ab einem bestimmten Alter Zutritt haben. Das Spielzeugmuseum in Sonneberg (s. S. 178), der Miniaturenpark in Ruhla (s. S. 166), die Märchenhöhle in Walldorf (s. S. 152), der Zwergenpark in Trusetal (s. S. 165), die Märchenwiese in Tabarz (s. S. 160), die Mini-Eisenbahnanlagen in Wiehe (s. S. 72), der Aufstieg zur Wartburg auf dem Rücken eines Esels oder die rasante Abfahrt auf einer Sommerrodelbahn gehören ebenfalls zu Kinderwünschen. Begeistert sind die Kleinen auch von der Flugschau in Kranichfeld (s. S. 120), wenn Adler und Falken am Himmel kreisen, um plötzlich blitzschnell auf den Handschuh des jungen Falkners zu stürzen. Spaß- und Erlebnisbäder laden überall zum Herumtoben ein.

Reisezeit und Kleidung

Thüringen ist ein Land für alle Jahreszeiten, man sollte nur die entsprechende Kleidung bei sich haben. Der flache Norden ist deutlich milder und trockener als der südliche Teil mit dem Thüringer Wald und dem Thüringer Schiefergebirge. Die unterschiedlichen Höhenlagen führen zu starken Abweichungen bei Klima und Niederschlagsmengen. Während beispielsweise in der Tiefebene um Weimar und Bad Sulza bereits die Krokusse blühen, liegt auf dem Rennsteig noch Schnee, der sich dort oft bis in den April hält. Mit 1348 mm im Jahr verzeichnet der Rennsteig bei Oberhof die doppelte Niederschlagsmenge als beispielsweise Eisenach. Wer in der Niederung bei Sonnenschein loswandert oder -fährt, sollte vorsichtshalber den Regenschutz mitnehmen. Denn in den Kammlagen überraschen oft Nebel und Regen.

UNTERWEGS IN THÜRINGEN

Ein Leitfaden für die Reise und viele Tipps für unterwegs.

Genaue Beschreibungen von Städten und Dörfern, Landschaften, Ausflugszielen, Sehenswürdigkeiten und Reiserouten.

Thüringen erleben: Ausgesuchte Hotels, Restaurants, Hinweise auf Feste und Angebote für den Aktivurlaub.

Rast am Rennsteig

30
Boulevardmoden

Der Norden

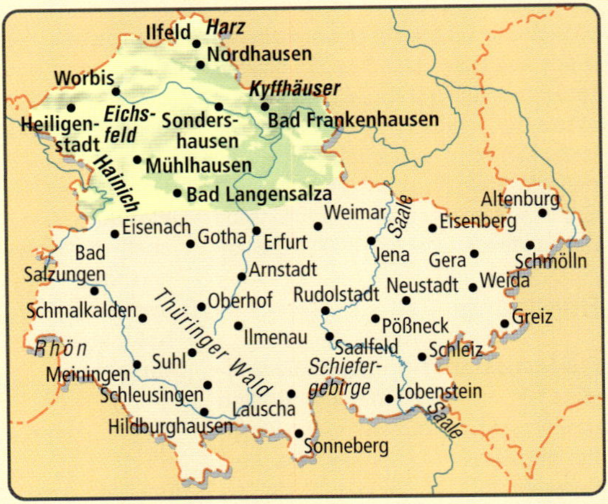

Heilbad
Heiligenstadt

Reiseatlas S. 234/235

UNTERHARZ, EICHSFELD UND HAINICH

›Ganz oben‹ heißt der Slogan von Nordhausen, Thüringens nördlichster Stadt am Fuße des Unterharzes. In südlicher Richtung schließt sich das Eichsfeld an mit stillen Dörfern und beschaulichen Städten. Geschichtsträchtigste Stadt im Nordwesten Thüringens ist jedoch das über tausend Jahre alte Mühlhausen.

Nordhausen

Reiseatlas: S. 235, D 1
Nordhausen (44 500 Ew.), das Thüringer Tor zum Harz, empfängt seine Gäste mit hübschen Fachwerkbauten, die vom Petri-Turm, den Türmen der Blasiikirche und dem Turm des Doms überragt werden. In den verschwiegenen Winkeln verbergen sich Restaurants und Kneipen. Nordhausen, im 13. Jh. zur freien Reichsstadt ernannt, entwickelte sich rasch und war bald die ›Perle des Harzvorlandes‹. Ein schwerer Bombenangriff im April 1945 zerstörte drei Viertel der Innenstadt. Die letzten Wunden dieses Luftangriffes, an den die Stele zwischen Rathaus und Stadthaus erinnert, wurden anlässlich der Landesgartenschau 2004 beseitigt.

Rundgang

Das **Renaissance-Rathaus** am Marktplatz wird vom 3,20 m hohen **Roland** geschmückt. Die mittelalterliche Skulptur mit rotem Mantel und blankem Schwert, 1411 zum ersten Mal erwähnt, symbolisierte das Marktrecht. Der **Rathausbrunnen** dagegen plätschert erst seit 2003. Die Engelsburg genannte Straße führt zur **Blasiikirche** (15. Jh.) mit zwei ungleichen achteckigen Türmen. Schon seit Jahrhunderten scheinen sich die beiden zu mögen, denn sie neigen sich einander zu. Die Statiker haben aber unlängst wieder Entwarnung gegeben: Ein Einstürzen sei nicht zu befürchten.

Vom Blasiikirchplatz wird nach rechts in die Barfüßerstraße eingebogen, die mit ihren Kneipen, Cafés und Restaurants in restaurierten Fachwerkhäusern stimmungsvolles Altstadtleben bietet. Hier steht auch eins der beiden ältesten erhaltenen Gebäude von Nordhausen, die um 1500 errichtete **Flohburg.** Einige Jahre mehr zählt noch die **Finkenburg,** ebenfalls ein beeindruckender Fachwerkbau, in der Domstraße 23. Wer danach den **Domhof** betritt, fühlt sich ins Mittelalter versetzt.

Korn und Kautabak

Bekannt, zumindest in den neuen Bundesländern, ist der Nordhäuser Doppelkorn, ein würzig milder Roggenbrand. Seit Generationen brennt man in Nordhausen Korn, im 18. Jh. gab es zeitweise rund 100 Brennereien, die jährlich fünf Millionen Liter Kornbranntwein verließen. Daneben war auch die Kautabakproduktion von 1817 bis 1992 ein bedeutender Wirtschaftszweig. Im **Museum Tabakspeicher** ist viel über die Industriegeschichte der Stadt zu erfahren (Di–Fr 10–17, Sa, So 13–18 Uhr; Bäckerstr. 20, Tel. 0 36 31/ 98 27 37).

Der Kornbrennerei, die sich bis heute behaupten konnte, ist sogar ein eigenes Museum gewidmet: In der **Traditionsbrennerei** werden im Brennraum mit der originalgetreuen Einrichtung von 1908 Kornspezialitäten hergestellt (Mo–Fr 10–16 Uhr; Grimmelallee 1, Tel. 0 36 31/99 49 70, www.traditionsbrennerei.de).

An der Alexander-Puschkin-Straße umgibt ein reizvoller Park das **Kunsthaus Meyenburg.** Das herrliche Jugendstilhaus (1908) mit Aussichtsturm, in das auch zu Konzerten geladen wird, birgt eine Sammlung bedeutender druckgraphischer Werke aus dem 19. und 20. Jh., darunter von Ernst Barlach und Max Slevogt (Di–So 10–17 Uhr; Tel. 0 36 31/88 10 91). Vom Turm des Kunsthauses bietet sich ein schöner Blick, der mit dem vom **Petri-Turm** wetteifert, der auf dem Landesgartenschau-Gelände steht. Der 62 m hohe Petri-Turm ist der Rest der im Zweiten Weltkrieg zerstörten Petri-Kirche.

Erinnerung an großes Leid

Am Rand von Nordhausen, im Ortsteil Krimderode, errichteten die Nationalsozialisten den weltweit größten unter-

Bewahrt ein altes Gewerbe: die Nordhäuser Traditionsbrennerei

NOSTALGIE AUF SCHIENEN

Kinderaugen leuchten und das Herz von Eisenbahnfreaks schlägt schneller, wenn die Harzquerbahn pfeifend und schnaufend angerattert kommt. Die Schmalspurstrecke führt vom thüringischen Nordhausen (s. S. 54) ins sachsen-anhaltische Wernigerode. ›Quirl‹ wird sie von den Einheimischen aufgrund der kurvenreichen Streckenführung genannt.

1897 bekam zum ersten Mal ein Dampfzug in Nordhausen-Nord grünes Licht, doch die Gleise mit der Spurbreite von 1000 mm führten zunächst nur bis Ilfeld, zwei Jahre später waren sie durchgängig bis Wernigerode befahrbar. In Drei Annen Hohne teilt sich die Strecke, hier zweigt die Brockenbahn nach Schierke und zum höchsten Berg Norddeutschlands ab. Vor allem bei langen Bergfahrten, bei Steigungen von bis zu 1 : 25, werden an Lokführer, Heizer und die 700-PS-Lokomotiven höchste Anforderungen gestellt. Die schneereichen Harzer Winter brachten auch schon manches Mal den Fahrplan durcheinander, beispielsweise im Januar 1948, als die Behrebrücke zwischen Ilfeld und Netzkater von den reißenden Sturzbächen der Schneeschmelze weggerissen worden war.

17 Dampflokomotiven verkehren noch auf den drei Schmalspurstrecken im Harz, die älteste ist Baujahr 1897, der überwiegende Teil stammt aber aus den 1950er Jahren. Eisenbahnfreunde kommen heute von weit her angereist, um die Züge mit den Dampfrössern zu bewundern, die zurück in die Tage der Großeltern versetzen. Die Harzquerbahn und ihre beiden Schwesterverbindungen sind für viele längst kein Mittel zum Reisen mehr, sondern das Ziel von Reisen (Tel. 0 39 43/ 55 80, www.hsb-wr.de).

Dicke Dampfwolken begleiten die Lokomotiven der Harzbahnen

irdischen Rüstungsbetrieb. In den Stollen des Kohnsteins mussten mehr als 60 000 Häftlinge die V2-Raketen produzieren, mehr als 20 000 Menschen fanden unter den mörderischen Arbeits- und Lebensbedingungen den Tod. Untergebracht waren die Häftlinge im Konzentrationslager Mittelbau-Dora. Auf dessen Gelände entstand die **Mahn- und Gedenkstätte** mit dem ersten Museumsneubau in einer KZ-Gedenkstätte, der anlässlich des 60. Jahrestages der Befreiung des Lagers im April 2005 eingeweiht wurde (April–Sept. Di–So 10–18, Okt.–März bis 16 Uhr; Tel. 0 36 31/49 58 20, www.dora.de).

Stadtinformation: Markt 1, 99734 Nordhausen, Tel. 0 36 31/69 67 97, Fax 69 67 99, stadtinfo@nordhausen.de, www.nordhausen.de

Hotel am Stadtpark: Parkallee 8a, Tel. 0 36 31/98 21 75, Fax 98 21 04, www.am-stadtpark-nordhausen.de, 30 Zi., DZ/F ab 60 €. Moderner Komfort, verbunden mit gastlicher und freundlicher Atmosphäre.

Landgasthof Zur goldenen Aue: Nordhäuser Str. 135, 99735 Bielen, 4 km von Nordhausen entfernt, Tel. 0 36 31/60 30 21, Fax 60 30 23, www.hotel-zur-goldenen-aue.de, 40 Zi., DZ/F ab 65 €. Moderner Standard und angenehme, familiäre Atmosphäre.

Zum Stepel: Barfüßerstr. 37, Tel. 0 36 31/98 46 73, So geschl., Hauptgerichte 5–14 €. Uriges, rustikales Ambiente, preiswerte Gerichte, zu den Spezialitäten gehört die Stepel-Platte mit hausgemachter Bratwurst, auch Knackwurst genannt.

Affenfreuden

In **Straußberg,** 12 km von Nordhausen entfernt, tummeln sich Berberaffen, Totenkopfäffchen und Kängurus. Auf einem Rundweg spazieren die Besucher durch die beiden Anlagen und kommen den possierlichen Äffchen sehr nahe (April–Okt. 10–18 Uhr; Tel. 03 63 34/5 32 14, www.affenwald.de).

Felix: Barfüßerstr. 12, Tel. 0 36 31/60 22 00, tgl. geöffnet, Hauptgerichte 3–10 €. Tolle Stimmung im sanierten Fachwerkhaus. Deutsche Küche.

Alte Weberei: Salzaquellweg 11, Tel. 0 36 31/90 08 97, www.alte-weberei.de, Do, Fr, Sa 22–5 Uhr. Auf 2000 m^2 drei Diskotheken, Club, Café, Foyer, Biergarten mit Pool.

Stadttheater: Käthe-Kollwitz-Str. 15, Tel. 0 36 31/62 60-0, www.theater-nordhausen.de. Attraktiver Spielplan. Aufführungen auch in Sondershausen, mit dessen Loh-Orchester zusammengearbeitet wird.

Nordhäuser Rolandfest: 2. Wochenende Juni; **Nordhäuser Altstadtfest:** 1. Wochenende August; **Nordhäuser Kultursommer:** Juni–Sept.

Badehaus: tgl. geöffnet, Grimmelallee 40, Tel. 0 36 31/47 99-0, www.badehaus-nordhausen.de. Das 1907 im Jugendstil erbaute Bad bietet seinen Gästen Badespaß für Groß und Klein, Erlebnisbad, Sportbad, Gesundheitsbad und Saunalandschaft.

Bahn: nach Erfurt, mit der Harzer Schmalspurbahn nach Wernigerode und zum Brocken über Ilfeld (siehe Thema S. 56).
Bus: in alle touristisch interessanten Orte der Umgebung.
Stadtverkehr: Straßenbahn- und Buslinien.

Ausflug nach Ilfeld

Reiseatlas: S. 235, D 1
Mit einem herzlichen ›Glück auf‹ beginnt die Führung im Besucherbergwerk **Rabensteiner Stollen,** 10 km von Nordhausen entfernt. Von 1737, mit oftmals großen Unterbrechungen, wurde im Ortsteil Netzkater bis 1949 Steinkohle abgebaut. Nach rund 500 m und einer knappen Stunde werden die Besucher vom Grubenführer wieder ans Tageslicht entlassen (Führungen Di–So 10–17, Nov.–März bis 16 Uhr; Tel. 03 63 31/4 81 53, www.rabensteiner-stollen.de).

Vom nahen 1894 errichteten **Poppenbergturm,** die Einheimischen sprechen liebevoll von ihrem kleinen Eiffelturm, reicht der Blick bis zum Brocken im Harz. Das eiserne Bauwerk mit Aussichtsplattform steht auf dem 601 m hohen gleichnamigen Berg und ist jederzeit zu besteigen. Vom Rabensteiner Stollen sind es nur 4 km bis zur ganzjährig zugänglichen **Burgruine Hohnstein,** einer der besterhaltenen im Norden Thüringens.

Ilfeld-Information: Ilgerstr. 51, 99768 Ilfeld, Tel. 93 63 31/3 20 33, Fax 3 20 55, info@suedharztourstik.de, www.suedharztouristik.de

Worbis

Reiseatlas: S. 234, B 1/2
Wahrzeichen des Eichsfeld-Städtchens (4600 Ew.) mit vielen Fachwerkhäusern ist das ehemalige **kurmainzische Amtshaus.** Der beeindruckende Bau aus der ersten Hälfte des 16. Jh. erinnert an die jahrhundertelange Herrschaft der Mainzer Erzbischöfe. Gegenüber dem Amtshaus, das zu den ältesten Gebäuden des Eichsfeldes gehört, befindet sich im Haus **›Gülden Creutz‹** das Stadtmuseum (Mo–Mi 9–12, 14–16.30, Do bis 17.30, Fr bis 12.30 Uhr; Rossmarkt 3). Nicht entgehen lassen sollte man sich einen Blick in die Kirche **St. Antonius,** die zum 1825 aufgehobenen Franziskanerkloster gehörte. Ihr Inneres beeindruckt mit einer reichen spätbarocken Ausstattung, was sie zu einem der schönsten Gotteshäuser des Eichsfeldes macht.

Über die Regionalgrenzen hinaus bekannt ist der **Alternative Bärenpark.** In der naturbelassenen Anlage mit Teichen, Wald und Höhlen leben in Not geratene Bären, beispielsweise aus in Konkurs gegangenen Zirkussen oder als Tanzbären missbrauchte Tiere. Auch ein Wolfsrudel fühlt sich in der Anlage wohl. Die Besucher passieren den Park gefahrlos in einem Gittertunnel (April–Okt. tgl. 9–19 Uhr, Nov.–März bis Einbruch der Dunkelheit; Duderstädter Str. 36 a, Tel. 03 60 74/9 29 66, www.baerenpark.de).

Information/Bürgerbüro: Rossmarkt 3, 37339 Worbis (Postanschrift Triftweg 2–4, 37327 Leinefelde-

Nachtwanderung

Zweistündige Nachtwanderungen zum Wolfsrudel bietet der Alternative **Bärenpark** in Worbis. Bei dem Rundgang nimmt man an einer Wolfsfütterung teil und erfährt viel Wissenswertes über die Tiere. Mit etwas Glück hört man die Wölfe auch heulen. Termine unter Tel. 03 60 74/9 29 66.

Worbis), Tel. 03 60 74/20 03 11, Fax 20 04 99, tourismus@leinefelde-worbis.de, www.leinefelde-worbis.de

Drei Rosen: Bergstr. 1, Tel. 03 60 74/97 60, Fax 9 76 66, www.3rosen.de, 44 Zi., DZ/F ab 78 €. Saniertes Fachwerkhaus mit modern eingerichteten Zimmern.

Zur Musselei: Kirchstr. 4, Tel. 03 60 74/3 02 66, Sa geschl., Hauptgerichte 6–9 €. Kleine, rustikale Kneipe mit preiswerter Eichsfelder Hausmannskost, z. B. Mussels Schlachteplatte.

Glashaus-Center: Duderstädter Str. 36, Tel. 03 60 74/99 00, www.glashaus-center.de. Topmoderne Diskothek. Auf mehreren Ebenen steppt hier Fr und Sa der Bär, Musik- und Lasershow, Magic-Disko.

Bärenparkfest: ein So Mitte Mai; **Krengeljägerfest** (Stadtfest): Pfingsten; **Wipperfest:** Ende Sept.

Bahn: nach Erfurt, Nordhausen, Gotha; **Bus:** nach Leinefelde, Teistungen.

Heilbad Heiligenstadt

Reiseatlas: S. 234, A 2

Die wohl schönsten Worte zu Heiligenstadt (17 300 Ew.) und zum Eichsfeld fand der Dichter Theodor Storm: »Ich weiß nicht, daß ich jemals von der zauberhaften Schönheit eines Erdflecks so innerlich berührt worden wäre.« Theodor Storm dürfte vor allem die Altstadt des Fachwerkstädtchens fasziniert haben, die auch den Besucher unserer Tage begeistert. Heiligenstadt ist traditionell der Hauptort des südlichen Eichsfeldes, auch Oberes Eichsfeld genannt. Der nördliche Teil, das Untere Eichsfeld mit Duderstadt, gehört zu Niedersachsen. Die Teilung dieser rauen Landschaft abseits ausgetretener Touristenpfade erfolgte nach dem Wiener Kongress 1815.

Rundgang

Schon aus weiter Entfernung sind die Wahrzeichen von Heiligenstadt zu sehen, die beiden achteckigen Türme der im 14. Jh. erbauten **Marienkirche.** Das mittelalterliche **Rathaus** an der Ratsgasse, dessen älteste Teile aus dem 13. Jh. stammen, brannte bei dem großen Feuer von 1739 aus und blieb 50 Jahre lang Ruine. Der mittelalterliche Bau schien den Stadtoberen nicht mehr zu gefallen. Direkt am Marktplatz ließen sie sich ein herrliches Barockpalais errichten, das **Neue Rathaus.** Der barocke **Neptunbrunnen** von 1736 am anderen Marktplatzende wurde im 19. Jh. vom Schlossvorplatz an seinen jetzigen Standort verlegt. Von hier sind es bis zur reich ausgestatte-

Die Wilhelmstraße in Heiligenstadt

ten **Ägidienkirche,** der Kirche der Neustadt, nur wenige Schritte. Im linken Seitenschiff steht das Prunkstück des Gotteshauses, der Vierzehn-Heiligen-Altar von 1698.

Am Marktplatz führt die **Wilhelmstraße** vorüber, die freundliche, farbenfrohe Gebäude aus dem 18. und 19. Jh. säumen. Sie führt in westlicher Richtung zur **Martinskirche,** auch Stifts- oder Bergkirche genannt, einem prachtvollen Zeugnis gotischer Baukunst, dessen Errichtung von 1304 bis 1487 dauerte. In dem Gotteshaus ließ sich am 28. Juni 1825 der unbekannte 29-jährige Göttinger Jurastudent Harry Heine auf den Namen Heinrich taufen, um zum Protestantismus zu konvertieren. Mit dem Taufschein erhielt er als Jude das ›Entreebillett zur europäischen Kultur‹. Das benachbarte dreigeschossige barocke **Schloss** am Friedensplatz (heute Landratsamt), das aus einer Burganlage hervorgegangen ist, entstand 1736–1738 als kurmainzische Statthalterei. 1342 hatten die Mainzer Erzbischöfe das Eichsfeld erworben, 1803 fiel es an Preußen.

Zwei Museen

Von 1856 war für acht Jahre Theodor Storm als Kreisrichter in Heiligenstadt tätig. Dem Schöpfer von »Der kleine Häwelmann«, »Der Schimmelreiter« und »Pole Poppenspäler« ist das nach ihm benannte **Literaturmuseum** gewidmet. Sein Domizil fand es im Mainzer Haus von 1436, dem ältesten Haus von Heiligenstadt (Di–Fr 9–12, 13–16, Sa, So 14–16 Uhr; Kasseler Tor 2, Tel. 0 36 06/61 37 94).

Theodor Storm war oft und gern beim ›Klausmüller‹ zu Gast, dem damaligen Besitzer der **Klausmühle** am Klaussteg. In dem Haus soll der Bildschnitzer Tilman Riemenschneider um 1460 geboren worden sein. Das behaupteten die Heiligenstädter seit langem, doch der Geburtsort von Riemenschneider blieb umstritten. Erst linguistische Untersuchungen der Freien Universität Berlin im Jahr 2000 lieferten den Beweis, dass der berühmte Bildhauer der Spätgotik tatsächlich in Heiligenstadt zur Welt gekommen ist. Über ihn wird im **Eichsfelder Heimatmuseum** informiert, das sich im ehemaligen Schulgebäude der **Jesuiten** (1740) befindet (Di–Fr 10–12.30, 14–16.30, Sa 14–16 Uhr, April–Aug. auch So; Kollegiengasse 10, Tel. 0 36 06/61 26 18). Dahinter lädt der kleine Barockgarten der Marienkirche zum Spaziergang ein.

Heiligenstadt trägt offiziell den Beinamen ›Heilbad‹, denn in der Stadt werden Rheuma sowie Erkrankungen der Gelenke, der Haut, der Atemwege und des Herzens behandelt. Die Patienten, aber auch die Einwohner und Gäste bummeln gerne im **Heinrich-Heine-Park** mit einem 7 m hohen künstlichen **Wasserfall** sowie dem ältesten **Denkmal,** das an die Völkerschlacht bei Leipzig erinnert. 1815 wurde es von Heiligenstädter Kriegsteilnehmern errichtet.

Tourist-Information: Wilhelmstr. 50, 37308 Heilbad Heiligenstadt, Tel. 0 36 06/67 71 41, Fax 67 71 40, touristinfo@heilbad-heiligenstadt.de, www.heilbad-heiligenstadt.de

Hotel Jüdenhof: Jüdenhof 5–7, Tel. 0 36 06/6 70 80, Fax 67 08 43, www.heilbad-heiligenstadt.de, 25 Zi., DZ/F ab 64 €. Ruhige gemütliche Atmosphäre im ehemaligen Mühlenviertel und gastlich eingerichtete Zimmer.

Hotel Eichsfelder Hof: Wilhelmstr. 56, Tel. 0 36 06/6 60 30, Fax 66 03 83, www.eichsfelder-hof.de, 30 Zi., DZ/F ab 53 €. In der Fußgängerzone der historischen Altstadt, zeitgemäß ausgestattete Zimmer.

Altheiligenstädter Gasthaus ›St. Martin‹: Wilhelmstr. 22, Tel. 0 36 06/60 28 60, tgl. geöffnet, Hauptgerichte 7–17 €. Im Gewölbekeller oder der gemütlichen Junkerstube wird deftig geschmaust.

Norddeutscher Bund: Göttinger Str. 25, Tel. 0 36 06/5 53 00, www.hotel-norddeutscher-bund.de, tgl. geöffnet, Hauptgerichte 6–14,50 €. Rustikaler Gasthof von 1855 mit bodenständiger Küche, insbesondere Eichsfelder Gerichte. Empfehlenswert: Großmütterchens Lendchenpfanne.

Palmsonntagsprozession: s. S. 31; **Stormtage:** letzte Juniwoche im Literaturmuseum; **Fest der Möhrenkönige:** 2. Wochenende im Sept.

Eichsfeld-Therme: tgl. geöffnet, In der Leineaue 1, Tel. 0 36 06/6 63 90, www.vitalpark-heilbad-heiligenstadt.de. Abwechslungsreiche Wasserlandschaft mit Whirlpools, sieben verschiedenen Saunen, Sprudelliegen, Strömungskanal, Außenbecken und separatem Sportbecken.

Bahn: nach Leinefelde, Nordhausen; **Bus:** nach Leinefelde, Worbis, Nordhausen; **Stadtverkehr:** verschiedene Buslinien.

Mühlhausen

Reiseatlas: S. 234, C 3
Rund 400 Häuser stehen in Mühlhausen (38 000 Ew.) unter Denkmalschutz, dazu kommen noch elf Kirchen, was Mühlhausen den Beinamen ›Steinerne Chronik Thüringens‹ einbrachte. Die zwischen dem Hainich und dem Höhenzug Dün gelegene Stadt war vom 9. bis zum Beginn des 13. Jh. bevorzugter Aufenthaltsort deutscher Könige und Kaiser, 1180 wurde ihr der Status einer freien Reichsstadt verliehen. Vieles erinnert an den deutschen Bauernkrieg 1524/25, dessen geistiger Führer in Thüringen der Theologe Thomas Müntzer war. Am 27. Mai 1525 wurde er mit weiteren Anführern des Bauernheeres vor den Toren der Stadt hingerichtet. Zum Gedenken an den radikalen Theologen und Reformator bekam Mühlhausen 1975 von den DDR-Oberen den Beinamen ›Thomas-Müntzer-Stadt‹ verordnet, den es nach der Einheit 1991 ablegte.

Rundgang

Die mittelalterliche **Stadtmauer** blieb auf nahezu der ganzen Länge von 2,7 km erhalten. Von der Stadtseite des **Inneren Frauentores** 1 sind auf rund 300 m Länge die Befestigungsanlagen zu besichtigen, darunter der **Rabenturm** 2, von dessen Aussichtsplattform der Blick weit ins Land bis zum Eichsfeld reicht (April–Okt. Di–So 10–17 Uhr; Tel. 0 36 01/81 60 20, www.muehlhaeuser-museen.de). Vorbei an der **Hospitalkapelle St. Antonii** 3 aus dem 13. Jh. und dem ehemaligen **Wirtschaftshof des Klosters Zella** 4 am Ende der Straße, der lange als Thurn- und Taxis'scher Posthof diente, führt der Rundgang zur **Marienkirche** 5. Das Baudenkmal von nationalem Rang ist nach dem Erfurter Dom die zweitgrößte Hallenkirche Thüringens. In allen Epochen der Mühlhäuser Stadtgeschichte spielte sie eine bedeutende Rolle: Hier verkündeten mittelalterliche Herolde die Rechtsentscheidungen des Kaisers, ließen sich reiche Bürger der Stadt begraben, predigte Thomas Müntzer und hielten die Fürsten die Bauernkriegs-Siegesfeier ab. Seit 1975 ist das Gotteshaus **Müntzer-Gedenkstätte** (Di–So 10–17, Nov.–April ab 11 Uhr; Tel. 0 36 01/87 00 23, www.muehlhaeuser-museen.de).

Neben der Kirche, am Platz ›Bei der Marienkirche‹, Ecke Herrenstraße, steht das **Pfarrhaus** 6, das seine heutige Gestalt nach dem Stadtbrand von 1689 bekam. Eine Gedenktafel teilt mit, dass dort von Februar bis Mai 1525 Thomas Müntzer nach seiner Wahl zum Pfarrer der Marienkirche wohnte, eine andere, dass in dem Haus 1800 Friedrich August Stüler geboren wurde, der sich später in Berlin einen Namen als Architekt machte.

Das verwinkelte Rathaus

Das verwinkelte **Rathaus** 7, eingezwängt in kleine Straßen und Gassen, vereint Gotik, Renaissance und Frühbarock. Es bekam im Laufe der Jahrhunderte viele Anbauten und musste manchen Umbau erdulden. Die einzelnen ab 1300 entstandenen Gebäude

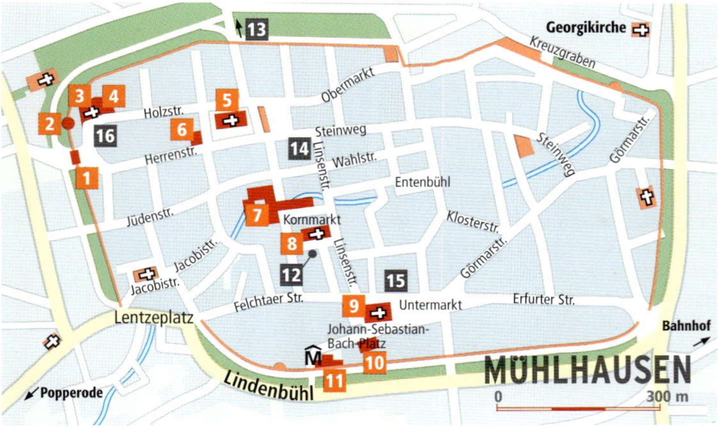

werden im Inneren durch unzählige Durchgänge und äußerlich durch einen Brückengang miteinander verbunden. Historisch und künstlerisch bedeutend ist die im Renaissancestil gestaltete Große Ratsstube, in der sich während des Bauernkrieges der aus 16 Bürgern bestehende ›Ewige Rat‹ zusammenfand. Auch im Rathaussaal hat sich viel von der ursprünglichen Ausstattung erhalten (Mo, Mi, Do, Fr 9–17, Di 9–18, Sa, So 10–17 Uhr).

Wenige Schritte vom Rathaus entfernt wird die ehemalige gotische Franziskanerkirche St. Crucius erreicht, die heutige **Kornmarktkirche** 8, in der der ›Ewige Rat‹ aus requirierten Glocken Geschütze gießen ließ. In der heutigen **Gedenkstätte deutscher Bauernkrieg** ist seit 2003 die Dauerausstellung »Mühlhausen 1525« zu sehen, die über die Bauernaufstände des 16. Jh. informiert (Di–So 11–17; Tel. 0 36 01/40 46 84, www.muehlhaeuser-museen.de). Am 2005 herrlich herge-

Sehenswürdigkeiten

1 Inneres Frauentor
2 Rabenturm
3 Hospitalkapelle St. Antonii
4 Wirtschaftshof des Klosters Zella
5 Marienkirche
6 Pfarrhaus
7 Rathaus
8 Kornmarktkirche
9 Divi-Blasii-Kirche
10 Annenkapelle
11 Museum am Lindenbühl

Übernachten

12 Brauhaus zum Löwen
13 Hotel Ammerscher Bahnhof

Essen und Trinken

14 Weinstube im Postkeller
15 Mälzerhof
16 Wirtshaus Antonius Mühle

richteten Untermarkt dominiert die frei stehende gotische **Divi-Blasii-Kirche** 9, die Hauptkirche der Altstadt. Besonders wenn die Sonne scheint, erfreuen die gotischen Glasfenster im Chor mit ihrer Farbenpracht. Sie sind auf 1330/60 datiert und gehören somit zu den ältesten in Thüringen. Vorbei an der gotischen **Annenkapelle** 10 wird zum Alten Gymnasium weitergelaufen. Der Neorenaissancebau beherbergt das **Museum am Lindenbühl** 11, das Stadt- und Regionalgeschichtsmuseum (Di–So 10–17 Uhr; Kristinaplatz 7, Tel. 0 36 01/8 56 60, www.muehlhaeuser-museen.de).

Tourist-Information: Ratsstr. 20, 99974 Mühlhausen, Tel. 0 36 01/45 23 21, Fax 45 23 16, touristinfo@stadtverwaltung.muehlhausen.de, www.muehlhausen.de

Brauhaus zum Löwen 12: Kornmarkt 3, Tel. 0 36 01/47 10, Fax 47 12 22, www.brauhaus-zum-loewen.de, 33 Zi., DZ/F ab 80 €. Im historischen Altstadtkern, angenehme Zimmer.
Hotel Ammerscher Bahnhof 13: Ammerstr. 83/85, Tel. 0 36 01/87 31 32, Fax 44 07 50, www.ammerscherbahnhof.de, 14 Zi., DZ/F 70 €. Individuelles Haus in der Nähe der Altstadt. Das Restaurant ist bekannt für seine Thüringer Küche.

Weinstube im Postkeller 14: Steinweg 6, Tel. 0 36 01/81 39 16, www.postkeller.net, Mo geschl., Hauptgerichte 7,50–14 €. Entspannte Atmosphäre in gemütlichen Ecken und Nischen, internationale und Thüringer Gerichte, preiswerter Mittagstisch.

Divi-Blasii-Kirche in Mühlhausen

Mälzerhof 15: Untermarkt 35, Tel. 0 36 01/81 24 46, Mo geschl., Hauptgerichte 7–13 €. Niveauvolle Gastlichkeit in historischen Gemäuern von 1763. Es wird vorwiegend Thüringer Küche serviert.
Wirtshaus Antoniusmühle 16: Am Frauentor 7, Tel. 0 36 01/40 38 50, Mo geschl., Hauptgerichte 4–14 €. Uriges rustikales Ambiente auf zwei Etagen.

Vinothek: Obermarkt 11, Tel. 0 36 01/88 58 64, So, Mo geschl. 180 Weine aus aller Welt, große Auswahl an Saale-Unstrut-Weinen, im Weingarten kann probiert werden.

Leo: Kornmarkt 3 (im Brauhaus zum Löwen), Tel. 0 36 01/47 10, www.brauhaus-zum-loewen.de, Mi–Sa ab 19 Uhr. Lockere Thekenatmosphäre mit Musik, jeden Fr und Sa tobt der ›Löwe‹.

Thüringer Bachwochen: März/April; **Brunnenfest:** am Brunnenhaus Popperode, Mitte Juli; **Stadtkirmes:** letzte Woche im Aug.

Thüringen-Therme: tgl. geöffnet, Lindenbühl 10, Tel. 0 36 01/4 01 23, www.thueringentherme.de. Schwimmen, Saunieren, Spaß und Entspannen für die ganze Familie. Sport- und Wellenbecken mit Wasserfall, Sprungturm und 75-m-Riesenrutsche.
Thuringia-Funpark: Industriestr., Tel. 0 36 01/44 44 55, www.thuringia-funpark.de, tgl. geöffnet. Die Skateranlage lässt keine Wünsche offen, die Halfpipe ist 4 m hoch und 17 m breit. Platten und Spielfelder für Streetball, Badminton und Tischtennis sind ebenfalls vorhanden.

Bahn: nach Erfurt, Weimar, Gotha; **Bus:** Volkenroda, Niederdorla.

Ausflug nach Volkenroda

Reiseatlas: S. 234, C 2
Nach dem Ende der Expo 2000 ist der für die Weltausstellung geschaffene **Christus-Pavillon** auf Wanderschaft gegangen. Er wurde in Hannover demontiert und hat 10 km östlich von Mühlhausen eine neue Heimat gefunden. Auf dem Weltausstellungsgelände war die kubische Stahl-und-Glas-Konstruktion für Zehntausende ›Tankstelle für die Seele‹. Heute ist sie das modernste Bauwerk im romanischen **Kloster Volkenroda** (Mai–Okt. Di–Sa 10–17, So 11–17 Uhr; Tel. 03 60 25/5 27 81, Info-Büro, www.kloster-volkenroda.de).

Die romanische Kirche des Zisterzienserklosters Volkenroda wurde 1150 vom Mainzer Erzbischof geweiht, 1968 musste sie wegen Baufälligkeit ihre Tore schließen. Ab 1994 wurde das Kloster als Europäisches Jugendbildungszentrum wieder zu einem Ort der geistlichen Einkehr, 1999 war die Sanierung weitgehend vollendet. Auf engstem Raum erleben die Besucher heute einen faszinierenden architektonischen Kontrast zwischen dem historischen Sakralraum der Kirche aus dem 12. Jh. und dem modernen Sakralraum des Christus-Pavillons aus dem 20./21. Jh.

... nach Niederdorla

Reiseatlas: S. 234, C 3
Nur 5 km von Mühlhausen entfernt unternehmen Besucher eine Reise in die Vergangenheit, wenn sie die Holz-

Moderne Klosterarchitektur: Christus-Pavillon in Volkenroda

brücke zum rekonstruierten **germanisch-frühdeutschen Dorf** am Niederdorlaer Erdfallsee überschreiten. Die Häuser des Ausstellungs-Freigeländes entstanden mit Handwerkstechniken, die vor 2000 Jahren verbreitet waren. Die Wände sind aus Flechtwerk, das mit Lehm verputzt wurde, die Dächer sind mit Schilfmatten gedeckt. Knüppelwege führen in der Schilflandschaft zu Kult- und Opferstätten.

1957 entdeckten Torfarbeiter im Moor Gebäudereste. Archäologische Grabungen in den darauf folgenden Jahren förderten eine germanische Kultanlage zutage. Die Funde sind im **Ausstellungspavillon ›Opfermoor Vogtei‹** zu sehen (tgl. 10–18 Uhr; Tel. 0 36 01/75 60 40, www.opfermoor.de).

... zum Hülfensberg

Reiseatlas: S. 234, B 3
Auf dem 448 m hohen bewaldeten Hülfensberg südlich von Geismar befindet sich das bedeutendste sakrale Kunstwerk des Eichsfeldes: das romanische Hülfenskreuz aus der Mitte des 12. Jh., das Christus als goldgekrönten König und Sieger über den Tod zeigt. Aufbewahrt wird es in der gotischen **Wallfahrtskirche.** Zu dem 25 km von Mühlhausen entfernten Hülfensberg, auf dem seit 1860 Franziskaner tätig sind, finden Wallfahrten statt (Tel. 03 60 82/4 55 00, www.huelfensberg.de). Weithin sichtbar ist das 18,60 m hohe **Konrad-Martin-Kreuz,** das 1933 zu Ehren des in Geismar geborenen Bischofs von Paderborn errichtet wurde.

DER KYFFHÄUSER UND SEIN VORLAND

Im Kyffhäuser-Gebirge soll, so sagt es die Legende, Kaiser Friedrich Barbarossa in einer Höhle schlafen. Das Mini-Gebirge gilt als verkleinertes Abbild des Harzes. Wer sich vom berühmten Kyffhäuser-Denkmal nach unten ins Vorland wendet, kommt in Orte, die Überraschendes an Geschichte und Kultur bereithalten, Schlösser und Burgen, Liebhabertheater und die älteste befahrbare Kaligrube der Welt.

Das Kyffhäuser-Gebirge

Reiseatlas: S. 235, E 1/2

Wie eine Insel ragt das nur 65 km^2 große Kyffhäuser-Gebirge aus der flachen Umgebung auf, im Volksmund nur ›der Kyffhäuser‹ genannt. Natur und Geschichte sind auf engstem Raum vereint, was den Kyffhäuser zu einem der interessantesten Mittelgebirge macht – und zu einem besonders sagenumwobenen. Mit dem Gebirge verbindet sich eine der bekanntesten deutschen Sagen, von der es angeblich 99 Varianten geben soll: Kaiser Friedrich I. Barbarossa schläft in einer Höhle. Alle hundert Jahre erwacht er aus seinem tiefen Schlaf, winkt dem treuen Zwerg Alberich zu und bittet ihn hinaufzugehen und nachzuschauen, ob die Raben noch um den Berg fliegen und krächzen. Ist dies der Fall, wird der Kaiser traurig und murmelt in seinen roten Bart, dass er noch hundert Jahre warten müsse, um zurückzukehren und Frieden und Einheit zu stiften. Seufzend schließt er die Augen und schläft abermals hundert Jahre.

Im 11. und 12. Jh. war auf dem nordöstlichen Bergsporn, dem Burgberg, die mächtige **Reichsburg Kyffhausen** entstanden, um die im Tal liegende Kaiserpfalz Tilleda, heute zu Sachsen-Anhalt gehörend, zu schützen. Von der einst gewaltigen Anlage mit 600 m Länge und 60 m Breite finden sich heute nur noch Reste. Am besten erhalten blieb die Unterburg, deren Ringmauer sich teilweise in Originalhöhe zeigt. Von der Oberburg sind noch das romanische Erfurter Tor, der Burgbrunnen mit 176 m Tiefe und der restaurierte Bergfried zu sehen, der so genannte Barbarossa-Turm. Drei Mauern schirmen den Turm vom lang gestreckten Vorhof ab. Doch ob der rotbärtige Herrscher jemals auf der Burg weilte, konnte bis heute nicht bewiesen werden (tgl. April–Okt. 9.30–18, Nov.–März 10–17 Uhr; Tel. 03 46 51/27 80, www.kyffhaeuser-denkmal.de).

Das Kyffhäuser-Denkmal

Anziehungspunkt im Kyffhäuser bildet das weithin sichtbare am 18. Juni 1896 eingeweihte **Kaiser-Wilhelm-Denkmal.** Errichtet wurde es, um an die Reichsgründung 1871 und die Proklamation des preußischen Königs Wilhelm I. zum deutschen Kaiser zu erinnern. Der ›Weißbart‹ hatte die Einheit Deutschlands verwirklicht, von der Kaiser Barbarossa, der ›Rotbart‹, geträumt hatte. Im Felsenhof am Fuß des Denkmals sitzt der etwa 6,50 m hohe steinere Barbarossa, und darüber reitet hoch zu Ross Kaiser Wilhelm I. Das monumentale Reiterstandbild misst von der Fußspitze des Pferdes bis zur Pickelhaube 9,70 m. 247 Stufen führen hinauf zur Krone, der Aufstieg wird mit einer tollen **Rundsicht** belohnt (April–Okt. tgl. 9.30–18, Nov.–März tgl.10–17 Uhr; Tel. 03 46 51/27 80, www.kyffhaueser-denkmal.de).

Kyffhäuser-Information: Anger 14, 06567 Bad Frankenhausen, Tel. 03 46 71/7 17 16, Fax 7 17 19, info@kyffhaeuser-tourismus.de, www.kyffhaeuser-denkmal.de

Gastronomische Einrichtungen sind im Bereich der gesamten Anlage vorhanden.

Bad Frankenhausen

Reiseatlas: S. 235, E 2
Am Südhang des Kyffhäuser wurden bereits 998 in einer Schenkungsurkunde zwei Salzsiedestellen erwähnt. Die Salzgewinnung ließ den an dieser

Das Kyffhäuser-Denkmal beeindruckt durch seine imposante Größe

DAS SUPERGEMÄLDE

Rund 3000 Personen, zum Teil in doppelter Lebensgröße, sind auf dem größten Ölgemälde der Welt zu sehen. 14 m in der Höhe und 123 m in der Länge misst das Panoramabild, das weder einen Anfang noch ein Ende hat. Etwa zwölf Jahre hat der 2004 verstorbene Maler Werner Tübke, häufig bis zur Erschöpfung arbeitend, für diese Riesenaufgabe benötigt. 2000 kg Ölfarbe haben er und seine Mitarbeiter dabei verbraucht. Am 16. Oktober 1987 signierte Tübke sein Werk. Zu sehen ist die größte Leinwand, die je bemalt wurde, auf dem Schlachtberg bei Bad Frankenhausen (s. S. 69).

1976 nahm der damals bereits international bekannte Leipziger Maler, Grafiker und Akademieprofessor Werner Tübke den Auftrag für das Monumentalgemälde vom DDR-Kulturministerium an. Nach einer längeren Vorbereitungs- und Einarbeitungsphase, in der Tübke Historiker beratend zur Seite standen, fertigte er von 1979 bis 1981 eine detaillierte 1:10-Entwurfsfassung an, die von 1983 an mit nur wenigen Veränderungen auf die Leinwand übertragen wurde. Zu Beginn standen Tübke im Leipziger Großatelier 15 Assistenten zur Seite, die meisten Absolventen der Leipziger Kunsthochschule. Schwierig gestaltete sich aber die Anpassung des Stils, denn schließlich sollte das Riesenbild wie von einer Hand gemalt erscheinen. Die Assistenten trainierten ein Jahr lang regelrecht für diese Aufgabe, fünf von ihnen wurden schließlich als Mitarbeiter ausgewählt, weil ihr Malstil dem des

Im Panorama-Museum auf dem Schlachtberg hängt das größte Ölgemälde der Welt

Meisters am nächsten kam. Dennoch bemalte Tübke schließlich rund zwei Drittel der Fläche selbst, das sind mehr als 1000 m^2.

Eigens für das gewaltige Rundbild errichtete das DDR-Kulturministerium auf dem Schlachtberg am Rand von Bad Frankenhausen einen kesselförmigen Betonbau, dem der Volksmund rasch den Namen Elefantenklo gab. Die im sowjetischen Textilkombinat Kursk gewebte 1,1 t schwere Leinwand wurde im Mai 1982 in Bad Frankenhausen zusammengenäht. Sie hängt an 576 Metallschellen, die an einem im Gewölbe verankerten Stahlring befestigt sind. Ein zweiter Ring hält die untere Verspannung.

Das Bild trägt den Titel »Frühbürgerliche Revolution in Deutschland«, denn als solche verstand die DDR die Bauernerhebung. Geplant war denn auch ein propagandistisch motiviertes Gemälde, das den DDR-Staat ideologisch untermauern sollte. Als Vorbild für das Museum schwebte den DDR-Oberen die Borodino-Anlage in Moskau mit dem Panoramagemälde zur Borodino-Schlacht (1812) vor. Gegenüber dem staatlichen Auftraggeber setzte Werner Tübke jedoch von Anfang an durch, dass er frei arbeiten und »den Auftrag in der ihm eigenen Malweise realisieren« konnte. So entstand unter seinen Händen ein monumentales Historienbild ganz nach seiner persönlichen bildnerischen Konzeption.

Ein reines Schlachtengemälde hatte Werner Tübke schon im Vorfeld ausgeschlossen, darum zeigen die ineinander greifenden Bildszenen neben den Ereignissen des Bauernkrieges auch das politische, gesellschaftliche und geistige Panorama der Epoche. Wichtige Persönlichkeiten der damaligen Zeit wirken wie zufällig eingestreut, an einem Brunnen beispielsweise stehen Luther und Melanchthon, Dürer, Cranach und andere. Die Kriegsszenen beziehen sich inhaltlich auf den 15. Mai 1525. An diesem Tag hatten sich etwa 6000 Thüringer Bauern und Bürger auf dem Hügel oberhalb der Stadt Frankenhausen versammelt, ihr Anführer war Thomas Müntzer. Den Aufständischen gegenüber standen die Truppen des Landgrafen von Hessen und die Söldner des Herzogs Georg von Sachsen. Zu einer Schlacht kam es allerdings nicht, wie Historiker schreiben, sondern zu einer Schlächterei. Die zahlenmäßig überlegenen Bauernhaufen wurden niedergemetzelt, nur wenige konnten fliehen, bei den Söldnern gab es kaum Verluste. Mit dieser Niederlage der Aufständischen endete der Thüringer Bauernkrieg.

»Voller Bewunderung und Staunen« schrieb der Historiker und Publizist Golo Mann ins Gästebuch, der zu den ersten Besuchern zählte. Und so geht es wohl jedem, der in die abgedunkelte Rotunde tritt. Die Leinwand leuchtet wie buntes Glas, die überwältigende Farbigkeit und die Dichte der Darstellung faszinieren, und es fällt leicht, in Tübkes Welttheater rund um den Thüringer Bauernkrieg einzutauchen. Die künstlerische Ausführung, die geistige Dichte sowie die Einmaligkeit dieses gigantischen Unternehmens sind unumstritten, dennoch gehört das Supergemälde zu den meistdiskutierten der jüngsten Kunstgeschichte in Deutschland (Di–So April–Okt. 10–18, Nov.–März bis 17, Juli, Aug. auch Mo 13–18 Uhr; Tel. 03 46 71/61 90, www.panorama-museum.de).

Mini-Züge

33 km sind es von Bad Frankenhausen nach **Wiehe,** wo Eisenbahnfreaks das Herz schneller schlägt. Auf rund 30 km langen Gleisen rattern mehrere hundert Mini-Züge. Thüringen wird im Maßstab 1:87 in den 1960er und 1970er Jahren gezeigt, als noch Dampflokomotiven durch die Landschaft zuckelten (tgl. 10–18 Uhr; Tel. 03 46 72/8 36 30, www.modellbahn-wiehe.de).

Stelle entstandenen Ort Frankenhausen (8900 Ew.) wachsen. In der Blütezeit der Salzsiederei im 16. Jh. verließen täglich über 400 Ztr. Salz die 117 Siedehäuser. Ein nachgebautes Salzsiedehaus im oberen Bereich des Kurparks veranschaulicht, wie es vor Jahrhunderten zuging. Um 1800 erkannte man die Heilwirkung der Sole, 1927 bekam die Stadt offiziell den Beinamen ›Bad‹ und entwickelte sich rasch zu einem bedeutenden Kurort.

Zum Wahrzeichen von Frankenhausen wurde der 56 m hohe **Turm der Liebfrauenkirche,** auch Oberkirche genannt, der sich durch Salzauswaschungen seit Jahrhunderten immer weiter nach Nordosten neigt. Gegenwärtig beträgt die Schieflage fast 4 m, damit ist er der schiefste Turm Deutschlands. Von der bis ins 16. Jh. bewohnten Oberburg stehen noch der Palas (13. Jh.) und Reste des Burgturms, **Hausmannsturm** genannt. Als ein wahres Kleinod gilt die **Altstädter Kirche St. Petri** zwischen Lange und Breite Straße, ein Gotteshaus im Miniformat, das wegen seines schlichten Äußeren wenig Beachtung findet. Die ältesten Teile dieses romanischen Bauwerkes stammen wahrscheinlich aus dem 10. Jh.

Im unscheinbaren **Renaissanceschloss** (1533) befindet sich das **Kreisheimatmuseum.** Es zeigt naturkundliche und stadtgeschichtliche Ausstellungen sowie ein Zinnfigurendiorama zur entscheidenden Bauernkriegsschlacht in Thüringen (Di–So 10–17 Uhr; Tel. 03 46 71/6 20 86). Die fand am 15. Mai 1525 statt und endete mit einer vernichtenden Niederlage des Bauernheeres. Seitdem trägt der Weiße Berg einen Kilometer nördlich der Stadt den Namen Schlachtberg. Dort entstand in den 1970er Jahren das **Panorama-Museum** mit dem größten auf Leinwand gemalten Ölgemälde der Welt (s. Thema S. 70).

Kyffhäuser-Information: Anger 14, 06567 Bad Frankenhausen, Tel. 03 46 71/7 17 16, Fax 7 17 19, info@kyffhaeuser-tourismus.de, www.kyffhaeuser-tourismus.de, www.bad-frankenhausen.de

Hotel Residenz: Am Schlachtberg 3, Tel. 03 46 71/75-0, Fax 7 53 00, www.residenz-frankenhausen.de, 85 Zi., DZ/F ab 99 €. Idyllische Hanglage mit herrlichem Blick auf Bad Frankenhausen, Wellness- und Beautybereich.
Hotel Reichental: Rottleber Str. 4, Tel. 03 46 71/6 80, Fax 6 81 00, www.hotelreichental.de, 50 Zi., DZ/F ab 85 €. Helle, freundliche Zimmer, Wellnessbereich.

Thüringer Hof: Anger 15, Tel. 03 46 71/5 10 10, www.thueringerhof.com, tgl. geöffnet, Hauptgerichte 7,50–15 €. Im rustikalen Ambiente wird Thüringer Küche serviert.

Fliederfest: 3. Wochenende im Mai; **Lindenblütenfest:** 2. Wochenende im Juni; **Historischer Bauernmarkt:** 3. Wochenende im Sept.

Kyffhäuser-Therme: tgl. geöffnet, Tel. 03 46 71/51 23, www.kyffhäuser-therme.de. Fünf verschiedene Becken, Massagebänke, Wasserfall, Riesenrutsche und vieles mehr.

Bahn: über Sondershausen-Bretfeld Anschluss nach Erfurt, Nordhausen; **Bus:** nach Sondershausen, zum Kyffhäuser, zur Barbarossahöhle.

Ausflug zum Geopark Barbarossahöhle

Reiseatlas: S. 235, E 2
Fünf Jahre lang hatten Bergleute auf der Suche nach Kupfer einen Stollen in den Berg getrieben. Am 23. Dezember 1865 waren sie nahezu 178 m tief in das Gestein vorgedrungen, als sich ihnen plötzlich natürliche Hohlräume von beeindruckender Schönheit boten. Die **Barbarossahöhle** bei Rottleben, 4 km von Bad Frankenhausen entfernt, war entdeckt. Heute gehört sie mit einer Länge von etwa 700 m zu den schönsten und größten Gipshöhlen Deutschlands. In ihr herrschen sommers wie winters eine Temperatur von 9° C und eine Luftfeuchtigkeit von weit über 90 Prozent (Führungen April–Okt. tgl. 10–17, Nov.–März Di–So 10–16 Uhr; Tel. 03 46 71/54 513, www.barbarossahoehle.de).

Sondershausen

Reiseatlas: S. 235, D 2
Inmitten der Hügellandschaft von Hainleite und Windleite liegt Sondershausen (21 000 Ew.). Die Stadt war 600 Jahre lang, bis 1918, die Residenz der Fürsten von Schwarzburg-Sondershausen. An diese reiche Vergangenheit erinnert vor allem das bau- und kunstgeschichtlich bedeutende Schloss. Sondershausen war aber auch Bergarbeiterstadt, von 1893 bis 1991 prägte der Kalibergbau die Gemeinde. Der **Förderturm** des Petersenschachts an der Straße Am Petersenschacht, der ein wenig Ähnlichkeit mit dem Pariser Eiffelturm besitzt, erinnert an diese Zeit, und im **Besucherbergwerk ›Glück auf‹** wird der Kaliabbau wieder lebendig (s. Thema S. 75).

Am **Schloss,** das von fast allen Ecken der Stadt zu sehen ist, lassen sich die verschiedenen Bauphasen vom Mittelalter bis in das 19. Jh. ablesen. In der unregelmäßigen Vierflügelanlage zeigt das **Schlossmuseum** prunkvolle Ausstattungen sowie kostbare und kuriose Sammlungen aus dem Besitz der einstigen Regenten. Herausragend der sich über das gesamte zweite Obergeschoss des Südflügels erstreckende Festsaal, den 16 überlebensgroße vollplastische Stuckfiguren antiker Gottheiten beherrschen. Als Glanzstück der Ausstellung gilt die ›Goldene Kutsche‹ von Fürst Heinrich I., der von 1740 bis 1758 regierte. Es ist die einzige erhalten gebliebene französische Prunkkarosse auf deutschem Boden (Di–So 10–16 Uhr; Tel. 0 36 32/66 31 20).

Musikstadt mit Tradition

In der **Schlosskapelle** im ersten Obergeschoss des Renaissance-Nordflügels (18. Jh.) finden Orgelkonzerte statt und im **Liebhabertheater** mit seinen etwa 80 Plätzen kleine Aufführungen vornehmlich von Stücken aus dem 18. und 19. Jh. Die feierliche Eröffnung war 1834, die Mini-Bühne mit der original erhaltenen Vorhangmechanik misst nur fünf mal fünf Meter.

Der große, pavillonartige Bau beim Marstall wird für Konzerte und Ausstellungen genutzt, auch vom **Loh-Orchester,** das überregionale Bedeutung erlangte und ganzjährig Konzerte im Haus der Kunst, im Achteckhaus, im Blauen Saal des Schlosses und im Park veranstaltet. Das Orchester ist aus der vor etwa 350 Jahren gegründeten Hofkapelle hervorgegangen, die einst im Loh spielte, einem kleinen Wald des Schlossparks.

Vom Schloss führen eine breite Freitreppe und die Auffahrt hinunter zum Markt mit der klassizistischen **Hauptwache,** dem barocken **Prinzenhaus** und dem **Rathaus.** Durch die Stubengasse geht es weiter zur **Stadtkirche St. Trinitatis** mit der im 19. Jh. angebauten Gruft der Fürsten zu Schwarzburg-Sondershausen.

Auf zum Possen

Südöstlich von Sondershausen, mitten auf dem Höhenzug der Hainleite, ließ Fürst Günter 1732–1737 das Jagdschloss ›Possen‹ erbauen, später kamen Reithalle und Bärenzwinger dazu.

Die Kaligrube ›Glück auf‹ in Sondershausen ist heute Besucherbergwerk

UNTER TAGE

Fast 100 Jahre, von 1893 bis 1991, wurde in Sondershausen (s. S. 73) Kalisalz abgebaut. Tausende Kumpel verloren über Nacht ihren Arbeitsplatz, als nach der Einheit Deutschlands die Treuhandanstalt das Ende verkündete. Insgesamt förderte das Sondershausener Revier mehr als 100 Mio. t Rohsalz für die Produktion von Düngemitteln, bis zu 2,5 Mio. t waren es maximal im Jahr. Riesige Hohlräume entstanden dabei 700 bis 900 m tief unter der Erde. Das weit verzweigte unterirdische Netz der Stollen und Gänge soll in seinen Dimensionen dem Straßennetz der Landeshauptstadt Erfurt entsprechen. Die Grubenhohlräume werden nach und nach verfüllt, um die Dörfer der Region nicht durch Senkungen zu bedrohen.

Seit 1996 vermarktet die Betreibergesellschaft ›Erlebnisbergwerk‹ die Glitzerwelt der 230 Mio. Jahre alten Salzlagerstätte touristisch. Die Grube ›Glück auf‹, das älteste heute noch befahrbare Kalibergwerk der Welt, wurde zum Besucherbergwerk. Im Förderkorb sausen die Besucher in die Tiefe. Neben Schutzkittel und Helm erhält jeder eine Bergwerkslampe. Während der zweieinhalb- bis dreistündigen Befahrung im offenen Lkw werden bei angenehmen Temperaturen von 21° bis 24° C 15 km zurückgelegt.

Thüringen ist altes Bergbauland. Zeugnis von dieser reichen Geschichte legen mehr als ein Dutzend Besucherbergwerke ab. In Ilfeld (s. S. 58), Oehrenstock, Merkers (s. S. 148), Trusetal (s. S. 175), Schmalkalden (s. S. 149), Schmiedefeld und anderen Orten halten sie die Erinnerung an die schwere Arbeit der Bergleute unter Tage lebendig. Doch mit dem, was die Grube ›Glück auf‹ in Sondershausen alles bietet, kann keine andere nur annähernd mithalten. Neben den Grubenfahrten finden im Saal aus Salz Konzerte statt, auf dem Laugensee fahren originale Spreewaldkähne, Freunde treffen sich zum Kegeln, auf 300 m langen Gleisen verkehrt ein Zug mit Diesellok im Pendelbetrieb, und wer eine Mordsgaudi erleben will, bindet sich ein ›Arschleder‹ um, wie der Bergmann den Ledergürtel mit Rückenfortsatz nennt, und saust damit auf einer Rutsche mit 40 Prozent Gefälle bergab. In etwa 4 Sekunden werden die rund 28 Höhenmeter überwunden. Mountainbikefahrer treffen sich regelmäßig zu Wettkämpfen, die völlig ungewohnten Fahr- und Klimabedingungen bei etwa 20 Prozent Luftfeuchtigkeit über nur spärlich ausgeleuchtete Strecken sowie enge Kurven stellen an sie höchste Anforderungen. Jährlich Anfang Dezember wird ins Bergwerk zum ›Kristall-Lauf‹ geladen, der über 10 km führt. Das erste Rennen 1998 ging als erster untertägig durchgeführter Lauf in das Guinness-Buch der Rekorde ein. Jeder Teilnehmer erhält eine kleine Metallmarke, die er beim Verlassen wieder abgeben muss. So wird kontrolliert, ob nicht jemand die abgesteckten Wege verlassen und sich in dem weiträumigen Revier verlaufen hat. Denn Hinweisschilder wie bei Wanderungen durch Wiesen und Wald über Tage gibt es hier unten nicht (Grubenfahrten nur nach Voranmeldung Mo–Sa 10, 14, 16, So 11 Uhr; Tel. 0 36 32/65 52 80, www.erlebnisbergwerk.com).

Herbststimmung im Buchenwald

Und um einen guten Blick auf die Umgebung zu haben, wurde 1781 Europas höchster **Fachwerkturm** errichtet. Das achteckige Bauwerk ist 44,8 m hoch, 214 Stufen führen zur Aussichtsplattform. Der Possen ist heute ein **Freizeit- und Erholungspark** mit großem Kinderspielplatz und einem Tierpark. Im Jagdschloss etablierte sich ein Restaurant.

Sondershausen-Information: ›Alte Wache‹, Markt 9, 99706 Sondershausen, Tel. 0 36 32/78 81 11, Fax 60 03 82, sdh-info@kyffhaeuser-tourismus.de, www.sondershausen.de

Thüringer Hof: Hauptstr. 30–32, Tel. 0 36 32/65 60, Fax 6 56 11, www.thueringerhof.com, 49 Zi., DZ/F ab 62 €. Stadthotel mit modernem Komfort und familiärer Atmosphäre.

Restaurant ›Zum Possen‹: im Jagdschloss des Freizeit- und Erholungsparks Possen, Tel. 0 36 32/78 28 84, www.possen.de, tgl. geöffnet, Hauptgerichte 7–11,20 €. Gutbürgerliche Küche, besonders Wild.

Residenzfest: 1. Wochenende im Juni; **Bergmanns- und Familienfest:** ein Wochenende Ende Juni; **Orgelsommer:** Juli/Aug.

Freizeit- und Erholungspark Possen: Tel. 0 36 32/78 28 84, www.possen.de, tgl. geöffnet. Jagdschloss, Fachwerkturm, Tiergehege und Bärenzwinger, Sport und Spiel.

Bahn: nach Erfurt sowie mit der Kyffhäuser-Bahn nach Bad Frankenhausen; **Bus:** nach Mühlhausen, Bad Frankenhausen.

DURCH DAS THÜRINGER BECKEN

Die sanftwellige, waldarme Landschaft kennt keinen Massentourismus, die meisten Orte sind außerhalb der Landesgrenzen nahezu unbekannt. Doch das, was sie an Sehenswertem bereithalten, lohnt einen Besuch: das mittelalterliche Steinschleuderschießen in Weißensee, die Themengärten in Bad Langensalza, die germanische Wehrsiedlung in Westgreußen und das Kunsthaus in Apolda.

Weißensee

Reiseatlas: S. 235, E 3

Nach Weißensee (www.landgrafenstadt.de, 3800 Ew.) fährt man wegen der **Runneburg,** in deren Schutz das Städtchen Weißensee angelegt wurde. Die Runneburg galt im Mittelalter als uneinnehmbar, Kaiser Otto IV. rückte deshalb 1212 mit einem bis dahin in Deutschland unbekannten ›teuflischen Werkzeug‹ an: einer gewaltigen **Steinschleuder,** Triboc oder Blide genannt. Doch auch er konnte das Bauwerk nicht bezwingen. Der originale Nachbau einer solchen Furcht einflößenden Steinschleuder steht heute auf der Runneburg, 18 m hoch und TÜV-geprüft. Steine von 50 bis 100 kg Gewicht werden rund 400 m weit geschleudert. Mehrmals im Jahr sausen die schweren Kugeln beim mittelalterlichen Steinschleuderschießen durch die Luft. Im Palas informiert eine Ausstellung über die Burg (Führungen Di–So 10.30, 11.30, 13.30, 14.30, 15.30, 16.30 Uhr; www.runneburg.de, Tel. 03 63 74/2 07 85).

Hotel Promenadenhof: An der Promenade 16, Tel. 03 63 74/22 20, Fax 2 22 44, www.promenadenhof.de, 25 Zi., DZ/F 66 €, Restaurant tgl. abends geöffnet, Hauptgerichte 6–17 €. Alle Zimmer sind individuell eingerichtet. Die Küche wartet mit gekonnt zubereiteten Speisen auf.

Funkenburg

Das Archäologische Freilichtmuseum Funkenburg in Westgreußen, 12 km von Weißensee entfernt, zeigt, wie eine **germanische Wehrsiedlung** vor etwa 2000 Jahren ausgesehen hat. Ein Teil der Bauten wurde fast originalgetreu nachgebildet (April–Okt. tgl. 10–17, Nov.–März Mo–Fr 10–17 Uhr; Tel. 0 36 36/70 46 16, www.funkenburg-westgreussen.de).

Mittelalterspektakel auf der Runneburg: am letzten Wochenende im Juli.

Bahn: nach Erfurt.

Sömmerda

Reiseatlas: S. 235, E 3

In Sömmerda (21 000 Ew.) beeindrucken die gut erhaltene **Stadtbefestigung** aus dem 16. Jh. mit sechs Türmen und dem Erfurter Tor. Das **Rathaus,** ebenfalls aus dem 16. Jh., zählt zu den schönsten in Thüringen. Nördlich des Marktplatzes steht am Kirchplatz das Haus, in dem 1744 der Pädagoge **Christian Gotthilf Salzmann** geboren wurde. Auch das 1894 vor der Bonifatiuskirche enthüllte Denkmal ehrt den Pädagogen, der in seiner in Schnepfenthal gegründeten Erziehungsanstalt Wandern, Gymnastik und praktischen Werkunterricht als reguläre Schulfächer einführte. Vom Salzmann-Denkmal laufe man zur überdachten hölzernen Stadtparkbrücke, die sich über die Unstrut spannt. Von hier geht der Blick zur alten Dreyse-Wassermühle.

Sömmerda-Information: Marktstr. 1, 99610 Sömmerda, Tel. 0 36 34/35

Die Fronveste (links) und das Osthöfer Tor in Bad Tennstedt

02 41, Fax 35 03 51, information@stadt.soemmerda.de, www.soemmerda.de

Erfurter Tor: Kölledaer Str. 33, Tel. 0 36 34/33 20, www.hotel-erfurter-tor.de. 41 Zi., DZ/F 80 €, Hauptgerichte 9,50–17 €. Zeitgemäßer Komfort, im Restaurant regionale und internationale Küche.

Bad Tennstedt

Reiseatlas: S. 235, D 3
1811 wurde in Bad Tennstedt (2800 Ew.) eine Schwefelquelle entdeckt. Der Kurbetrieb begann kurz danach, bereits 1816 weilte Goethe sieben Wochen lang zur Kur. Während dieses Aufenthalts wohnte er im Haus des Badearztes Schmidt, Steinweg 10, und kurte im 1812 erbauten Badehäuschen im Kurpark (heute Rosencafé). Es waren für Tennstedt glückliche Umstände, dass Goethe in dem Ort Quartier nahm. Er befand sich auf der Reise zu einem Kuraufenthalt nach Baden-Baden, als ein Rad seiner Kutsche brach. »Wir verfügten uns ohne langes Besinnen nach Tennstedt«, schrieb der Dichter später, »wo ein Thüringer Schwefelwasser gute Wirkung versprach.«

Tennstedt war im Mittelalter durch den Waidhandel wohlhabend geworden, was sich noch heute an mehreren Bauwerken ablesen lässt, so am **Rathaus** am Markt, dessen älteste Teile aus dem 14. Jh. stammen. Beim Rundgang um das Rathaus fallen mehrere hübsche Details ins Auge, so an der Nordfront der **Brunnenlöwe mit Stadtwappen** vom einstigen Marktbrunnen, an der Ostseite ein Renaissancewappen aus Sandstein und an der Westseite die so genannten **Otterlöcher,** mit denen die Wasserdurchlässe aus den Kanälen gemessen wurden, sowie zwei gotische **Türeingänge** zu den Kellergewölben. Wahrzeichen von Bad Tennstedt wurde das **Osthöfer Tor,** das 1448 als erstes Bauwerk der Stadtbefestigung entstanden war. Von der mittelalterlichen Befestigung stehen neben großen Teilen der Mauer noch der **Ketzer-,** der **Pulver-** und der **Schalenturm** sowie die **Fronveste.**

Stille Exotik – Teichlandschaft und Pavillon im Japanischen Garten

Stadtinformation: Kurstr. 10, 99955 Bad Tennstedt, Tel./Fax 03 60 41/5 70 76, stadtinfo.badtennstedt@web.de, www.badtennstedt.de

Hotel am Kurpark: Am Osthöfer Tor 1, Tel./Fax 03 60 41/37 00, www.hotel-bad-tennstedt.de, 14 Zi., DZ/F ab 52 €. Kleines Hotel im Zentrum.

Restaurant Hügel: Markt 43, Tel. 03 60 41/5 70 43, Fr geschl., Hauptgerichte 7–13 €. Thüringer Küche.

Bus: nach Bad Langensalza.

Bad Langensalza

Reiseatlas: S. 234, C 3

Rosenstadt nennt sich Bad Langensalza (18 900 Ew.), das seine Gäste mit mehreren Parks und Themengärten, mittelalterlichen Stadttürmen sowie einer vielgestaltigen und gut erhaltenen Altstadt erwartet. 1811 wurde in Langensalza eine **Schwefelwasserquelle** entdeckt, ein Jahr später begann der Kurbetrieb. Im Jahr 1996 wurden weitere Sole- und Heilwasserquellen erschlossen.

Die Altstadt ist noch weitgehend von der mittelalterlichen **Befestigung** umsäumt. 17 ihrer einst 24 **Wehrtürme** sowie das Klagetor aus dem 14./15. Jh. haben die Jahrhunderte überdauert.

Vom barocken **Rathaus** (Mitte 18. Jh.) erklingt tagsüber zu jeder vollen Stunde das aus 32 verschieden großen Glocken bestehende Glockenspiel. Vor dem Bauwerk steht der **Marktbrunnen** (1582). Das Stadtbild von Langensalza prägen besonders viele Fachwerkhäuser – wenn auch oft mit Putzfassade versehen. Im Haus Kornmarkt 8 kam 1762 Christoph Wilhelm **Hufeland,** der Arzt von Goethe, Schiller und Herder, zur Welt, der später in Berlin Leibarzt des preußischen Königs und Leiter der Charité wurde. Der mächtige, 81 m hohe Turm der breit gelagerten **Bonifatiuskirche** aus dem 15. Jh. überragt die Dächer der Altstadt.

Stadt mit viel Grün

Entlang der Stadtmauer reihen sich die Kurpromenade und sieben **Themengärten,** so der Bauerngarten und das Arboretum mit heimischen und exotischen Baumriesen.

Im **Rosengarten** in unmittelbarer Nähe der Kurpromenade blühen Tausende von Rosen (tgl. Mai–Okt. 9–20 Uhr). Der reizvolle **Japanische Garten** verzaubert mit üppig blühenden Seerosen, einer Azaleenlandschaft und dem Pflanzenpavillon als Ruheoase (tgl. Mai–Okt. 9–20, Nov.–April 9–18 Uhr, Pflanzenpavillon 11–17 Uhr). Den Mittelpunkt des **Botanischen Gartens** unmittelbar am Kurpark mit der Friederikentherme bildet eine mit Pergolen umsäumte Fläche mit Sukkulenten und dem Sukkulentenhaus (tgl. Mai–Okt. 9–20 Uhr).

Zum Schloss umgebaut wurde im 17. Jh. die mittelalterliche **Dryburg,** die Stammsitz des Deutschordenshochmeisters Hermann von Salza war. Das zauberhafte **Friederikenschlösschen,** östlich der Altstadt am Straßenring gelegen, das sich Herzogin Friederike von Sachsen-Weißenfels im 18. Jh. als Witwensitz errichten ließ, dient heute als Haus des Gastes. Der Park des Schlosses mit Orangerie, Brunnenhäuschen und Remise lässt ein wenig die Ruhe und Beschaulichkeit des Rokoko aufkommen.

Gästeinformation Friederikenschlösschen: Kurpromenade 5 b, Tel. 0 36 03/83 44 24, Fax 83 44 21, gaesteinfo@thueringen-kur.de, www.bad-langensalza.de

Alpha-Hotel ›Hermann von Salza‹: Kurpromenade 1, Tel. 0 36 03/8 58 00, Fax 81 56 92, www.alphahotel.de, 73 Zi., DZ/F ab 64 €. Bequem eingerichtete Zimmer an der Promenade.

Zur Weintraube: Mühlhäuser Str. 11, Tel. 0 36 03/84 61 33, www.zur-weintraube.de, tgl. geöffnet, Hauptgerichte 6,50–14,50 €. Historisches Ambiente und Thüringer Küche.
Die tolle Knolle: Kornmarkt 2, Tel. 0 36 03/84 89 48, www.dietolleknolle.de, tgl. geöffnet, Hauptgerichte 7–13 €. Erstaunlich, wie vielseitig sich die braune Knolle zubereiten lässt.

Finnmännchenfest: 1. Wochenende im Juni; **Rosenfest:** ein Wochenende im Juli; **Mittelalterfest:** letztes Wochenende im Aug.

Friederiken-Therme: Böhmenstr. 5, Tel. 0 36 03/3 97 60, www.thueringen-kur.de, tgl. geöffnet. 32° C warmes Wasser, Sprudelliegen sowie mehrere Saunen.

Bahn: nach Erfurt, Gotha, Weimar, Jena, Mühlhausen; **Bus:** nach Eisenach, zum Nationalpark Hainich, Mai bis Sept. zum Baumkronenpfad (s. S. 15).

Gerold Stange
Blumen & Pflanzen

Die Landesmitte

Wochenmarkt
auf dem Weimarer
Marktplatz

Reiseatlas S. 234/235, 238/239

WELTKULTURERBE WARTBURG

Die Wartburg am Stadtrand von Eisenach ist nicht irgendeine unter den deutschen Burgen – die Wartburg ist ein deutsches Nationalheiligtum, sie ist ein Mythos. Die UNESCO hat sie auf die Welterbeliste gesetzt. Wer das Burggelände betritt, durchschreitet mehr als 900 Jahre bewegte deutsche Geschichte.

Die Wartburg

Reiseatlas: S. 234, B 4
Schon um die Gründung der Wartburg rankt sich eine Legende. »Wart' Berg, du sollst mir eine Burg werden!« – das soll 1067 Ludwig der Springer aus dem Geschlecht der Ludowinger gerufen haben, als ihn die Jagd bis an das Flüsschen Hörsel führte, wo er auf einem steilen Felsenberg eine Burg errichten wollte. Doch der Berg hatte bereits einen Besitzer. Ludwig ersann mit den zwölf Rittern, die ihn begleiteten, eine List. Er ließ Erde von seinem Grund und Boden herankarren und so konnten seine Vasallen vor dem Kaiser schwören, sie hätten die Schwerter in die Erde ihres Herren gerammt.

Von einer schlichten Grenzfeste wandelte sich die Wartburg zur landgräflichen Residenz und schließlich zu einem Nationaldenkmal in Deutschland. Die bedeutendsten Ereignisse in ihrer Geschichte: 1206 und 1207 sollen sich auf der Feste die berühmtesten Minnesänger zu einem Sangeswettstreit getroffen haben, die junge Landgräfin Elisabeth teilte Anfang des 13. Jh. Hab und Gut mit Kranken und Armen und wurde nach ihrer Heiligsprechung durch den Papst zur berühmtesten Frauenpersönlichkeit des Mittelalters. Martin Luther krönte 1521/22 mit der Übersetzung des Neuen Testaments auf der Wartburg sein reformatorisches Werk und die oppositionellen Burschenschaften erhoben 1817 von hier aus den Ruf nach nationaler Einheit und hissten zum ersten Mal die schwarz-rot-goldene Fahne. Richard Wagner setzte dem Bauwerk mit seiner romantischen Oper »Tannhäuser«, in der er die Sage vom Tannhäuser mit der Legende vom Sängerkrieg verschmolz, ein musikalisches Denkmal. Als Deutschlands Dichterfürst Goethe 1777 die Wartburg zum ersten Mal betrat, schrieb er an seine Vertraute Charlotte von Stein: »Hier oben! Wenn ich Ihnen nur diesen Blick, der mich nur kostet aufzustehn vom Stuhl, hinübersegnen könnte.«

Das Bauensemble

Romanik, Gotik, Renaissance und Historismus fügen sich harmonisch zu einer Einheit. Die Wartburg hat ihr heutiges Aussehen im Wesentlichen erst im 19. Jh. erhalten. Ein Blick zurück: Nachdem 1406 mit Balthasar der letzte auf ihr residierende Landgraf verstorben war, verlor die Wartburg, die in ihrer langen Geschichte nie erobert und zerstört worden war, ihre Bedeutung als fürstliche Residenz. Langsam verfiel sie. Erbgroßherzog Carl Alexander von Sachsen-Weimar-Eisenach entdeckte das Bauwerk bei Eisenach im 19. Jh. wieder und beschloss, es zu einem ›Stammschloss der Ahnen‹ und zu einem ›Museum für die Geschichte des Herzoghauses und des Landes als auch eine Weihestätte für die deutsche Nation‹ zu machen.

Die Wiederherstellung und Erneuerung übertrug er dem Gießener Universitätsprofessor Hugo von Ritgen, der mit großem Einfühlungsvermögen und ständigem Suchen nach historischen Befunden und Vorbildern ans Werk ging. Von Ritgen ließ die vorhandenen Burgbauten weitestgehend unverändert, als Nachahmungen entstanden Bergfried (1853–1859), Neue Kemenate (1853–1860), Dirnitz und Torhalle (1866/67), Gadem (1874–1877) und Ritterbad (1889/90). 1890 waren die Arbeiten im Wesentlichen abgeschlossen, Carl Alexander resümierte über die wieder hergestellte Wartburg: »... sie ist ein wahres Juwel geworden für die gebildete Welt überhaupt, für das deutsche Vaterland im Besonderen.«

Rundgang

Über die **Zugbrücke** [1] und durch das **Torhaus** [2] erreicht man den vorderen Burghof mit **Ritterhaus** [3] und **Vogtei** [4], der sein heutiges Aussehen im

Die Wartburg bildet eine harmonische bauliche Einheit

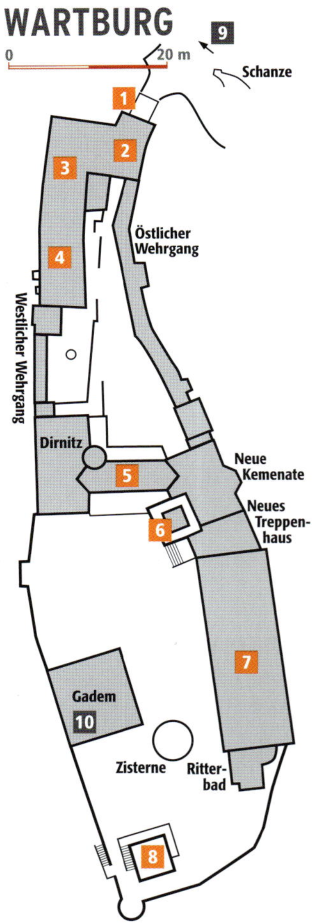

15. Jh. erhielt. Die Südwand der Vogtei schmückt seit der Wiederherstellung ein spätgotischer **Erker,** der jahrhundertelang ein Patrizierhaus am heutigen Hans-Sachs-Platz in Nürnberg zierte. Als das Gebäude dort 1872 abgetragen wurde, kam der Erker auf die Wartburg. Der zweite Burghof wird durch die **Torhalle** [5] betreten. Das etwa 3 m große, vergoldete Kreuz auf dem **Bergfried** [6] kündet weithin von der religiösen Bedeutung der Burg.

Sehenswürdigkeiten
- 1 Zugbrücke
- 2 Torhaus
- 3 Ritterhaus
- 4 Vogtei
- 5 Torhalle
- 6 Bergfried
- 7 Palas
- 8 Südturm

Übernachten und Essen
- 9 Hotel auf der Wartburg
- 10 Burgschenke

An die Südwand des **Palas** [7], eines Musterbeispiels spätromanischer Baukunst aus dem 12. Jh., hat Hugo von Ritgen als letztes Bauwerk das **Ritterbad** (1889/90) angefügt. Die Kreuzritter hatten solche Bäder im Orient kennen gelernt, die danach in vielen Burgen Europas Einzug hielten. Auch die Wartburg, das geht aus den Annalen hervor, besaß im Mittelalter ein solches Bad. Der 20 m hohe **Südturm** [8], von dem der Blick weit ins Thüringer Land reicht, ist im 13. Jh. entstanden.

Der Besuch der Wartburg ist das ganze Jahr über täglich individuell und ohne Eintritt möglich, die Besichtigung der Innenräume des Palas, des romanischen Hauptgebäudes der Burg, dagegen nur im Rahmen einer etwa 45 Minuten dauernden Führung, die auch in den **Speisesaal** mit der original erhaltenen flachen Eichenbalkendecke führt. Danach geht es in die **Elisabethkemenate,** ein Musterbeispiel der Mittelalter-Begeisterung vor rund 100 Jahren. Eine Million farbige Glassteine, Blattgold und Perlmutt wurden 1902–1906 zu einem prunkvollen Mosaik im byzantinischen Stil zusammengefügt. Die Arbeit von August Oetken, die Szenen aus dem Leben der hl. Elisabeth zeigt, war ein Geschenk von Kaiser Wilhelm II. an den Großherzog in Weimar. Ebenfalls aus dem Leben der hl. Elisabeth berichten sechs große Fresken des Spätromantikers Moritz von Schwind in der **Elisabethgalerie,** dem Arkadengang im ersten Obergeschoss.

Ende des 12., Anfang des 13. Jh. entwickelte sich der Thüringer Hof zur hervorragenden Pflegestätte höfisch-ritterlicher Kultur. Höhepunkt dürfte der legendäre Sängerkrieg 1206/07 gewesen sein, den Moritz von Schwind 1855 im **Sängersaal** eindrucksvoll auf dem großflächigen Wandbild gestaltete und der dem Raum zu seinem Namen verhalf. Schwind verlieh einigen der historischen Figuren porträthafte Züge von Persönlichkeiten der Zeitgeschichte, so bekam die Landgräfin Sophie z. B. das Aussehen der Herzoginwitwe zur Goethezeit, Anna Amalia. Ein Drittel des Raumes ließ Friedrich der Freidige um 1320 für die **Burgkapelle** abtrennen, in der in den Sommermonaten Gottesdienste und kleine Konzerte stattfinden. Im **Landgrafenzimmer** setzte Moritz von Schwind in einem romantischen Bilderfries sieben Thüringer Sagen in Szene.

Das zweite Obergeschoss nimmt der großzügige, üppig dekorierte **Festsaal** ein. Bayernkönig Ludwig II. war 1867 von dem Raum so begeistert, dass er für sein Märchenschloss Neuschwanstein eine kleinere Kopie anfertigen ließ. Auch in unserer Zeit wird der Festsaal für bedeutende gesellschaftliche und kulturelle Veranstaltungen genutzt, Musiker rühmen ihn wegen der hervorragenden Akustik.

Blick in das Kunstmuseum

An den Rundgang durch den Palas schließt sich das **Museum** an. In ihm sind die schönsten und wertvollsten Stücke der mehr als 8000 Objekte umfassenden Sammlungen zu sehen, vor allem Kunsthandwerk, Textilien, Möbel sowie Gemälde, Plastiken und Graphiken. Zu den Exponaten von unschätzbarem Wert gehört das Gebetbuch der hl. Elisabeth, eine 113-seitige Handschrift auf Pergament aus dem letzten Drittel des 13. Jh. Sie stammt aus dem Kloster Altenberg bei Wetzlar, dem Elisabeths jüngere Tochter Gertrud vorstand. Hans von Ritgen konnte das Gebetbuch 1886 für den Großherzog erwerben. Szenen aus den letzten vier Lebensjahren der hl. Elisabeth, also aus ihrer Marburger Zeit, sind auf dem 1480–1890 in Basel gefertigten Elisabeth-Teppich zu sehen. Ältestes Stück der nahezu 300 Objekte umfassenden textilen Sammlung ist ein Halbseidengewebe aus Regensburg mit der Darstellung der Geburt Christi von Ende des 13. Jh. Zu bewundern ist auch der

RENDEZVOUS MIT MARTIN LUTHER

Am 4. Mai 1521 erfolgt nördlich von Bad Liebenstein (s. S. 167) ein spektakulärer Scheinüberfall. Als Martin Luther und zwei seiner Begleiter mit der Kutsche durch den Glasbachgrund (heute Luthergrund genannt) rumpeln, stoppen bewaffnete Reiter den Wagen und zerren den Reformator heraus. Seit 1857 erhebt sich an dieser Stelle ein fast 8 m hohes Denkmal. Der Scheinüberfall erfolgte, um den mit Reichsacht und Kirchenbann belegten ›Abweichler‹ auf die Wartburg in Sicherheit zu bringen. Über Umwege, um Spuren zu verwischen, erreichen die Reiter ihr Ziel. Gegen 23 Uhr traben sie über die Zugbrücke, das hölzerne Tor öffnet sich und Burghauptmann Hans von Berlepsch – in den Scheinüberfall eingeweiht – begrüßt den Mann in der Kleidung der Augustiner achtungsvoll.

Luther hatte mit seinen in Wittenberg angeschlagenen 95 Thesen für Aufruhr in der Kirche gesorgt. Papst Leo X. strafte ihn mit dem Kirchenbann und als sich der Theologieprofessor hartnäckig weigerte, seine Schriften zu widerrufen, kam noch die Reichsacht hinzu – ausgesprochen von Kaiser Karl V. auf dem Reichstag 1521 in Worms. Der Gestrafte war der bußlosen Tötung durch jedermann ausgeliefert, also vogelfrei. »Ich lass mich eintun und verbergen, weiß selbst noch nicht wo ...«, teilte Luther nach der Abreise aus Worms seinem Freund, dem berühmten Maler Lucas Cranach d. Ä., mit. »Es muß ein klein Zeit geschwiegen und gelitten sein.«

Auf der Wartburg (s. S. 84) befand sich Luther unter kurfürstlich-sächsischem Schutz. Ein karg eingerichteter Raum in der Vogtei bot ihm für zehn Monate Unterschlupf. Um nicht erkannt zu werden, musste Luther sein Äußeres verändern, wie, schrieb er seinem Freund Spalatin: »... meine Kutte hat man mir abgenommen und ein Reitersgewand angezogen. Ich lasse mir Haare und Bart wachsen. Du würdest mich schwerlich erkennen ...« Aus Luther war der Junker Jörg geworden. Während seines Wartburgaufenthaltes verfasste er zahlreiche theologische und weltliche Schriften und übersetzte das Neue Testament aus dem Griechischen in eine dem gesamten deutschen Volk verständliche Sprache.

Auf den Augustinermönch und Theologieprofessor Martin Luther trifft man in Thüringen vielfach. Eisenach (s. S. 91) nannte er »meine liebe Stadt«, 1520 schrieb er: »In Eisenach sitzt fast meine ganze Verwandtschaft, ich bin daselbst bei ihr bekannt und auch heute wohl angesehen, da ich dort vier Jahre lang den Wissenschaften oblag.« Unweit vom Markt steht das hübsche Lutherhaus, in dem der Reformator als Lateinschüler von 1498–1501 wohnte, und in der nahen Georgenkirche am Markt predigte er 1521, bereits unter Reichsacht stehend. Am Nikolaiplatz befindet sich das Lutherdenkmal von Adolf von Donndorf.

Vieles erinnert auch in dem Dorf Möhra nahe Eisenach an Luther, denn der Vater des Reformators stammte von hier. Luther predigte noch am Tag seiner Flucht auf die Wartburg auf dem Möhraer Dorfplatz unter freiem Himmel, weil die Kirche die erschienenen Menschen nicht fassen konnte. Den schlichten Fachwerkbau unterhalb der Kirche erbaute 1618 Georg Luther auf den Grundmauern des alten Luther-Stammhauses. Der Brunnen auf dem Platz stammt noch aus der Zeit des Reformators, das Denkmal von 1861 daneben zeigt Luther überlebensgroß mit der aufgeschlagenen Bibel in der Hand. In der Dorfkirche sind in einer kleinen Ausstellung verschiedene Erinnerungsstücke an den Doktor der Theologie zu sehen.

Bei seinem Schmalkaldenbesuch 1537 wohnte Luther im Fachwerkhaus Lutherplatz 7. Er hatte von seinem Gastgeber das Eckzimmer im zweiten Obergeschoss zugewiesen bekommen. Die Gedenktafel an der Hauswand mit dem Wappen Luthers ließ der damalige Hausbesitzer 1637 anbringen. Auf der Fahrt von Schmalkalden (s. S. 149) nach Wittenberg soll sich der Reformator 1537 in Tambach-Dietharz am Lutherbrunnen, früher Dambachsborn genannt, erquickt haben und von seinen starken Blasenschmerzen erlöst worden sein. Doch war es wohl eher das Schütteln in der Kutsche auf holprigen Wegen, das ihn von den Nierensteinen befreite.

In Erfurt (s. S. 103) klopfte Luther am 15. Juli 1505 an die Pforte des Augustinerklosters und bat um Aufnahme. Die Zelle, in der er als Student und Mönch lebte, ist zu besichtigen. Und in Jena (s. S. 124) wird in der Kirche St. Michael die bronzene Platte aufbewahrt, die das Grab Martin Luthers in der Wittenberger Schlosskirche zieren sollte. Durch den Schmalkaldischen Krieg gelangte die 1549 in Erfurt gegossene Platte jedoch nur bis Jena, Wittenberg erhielt später eine Kopie.

Die Lutherstube auf der Wartburg

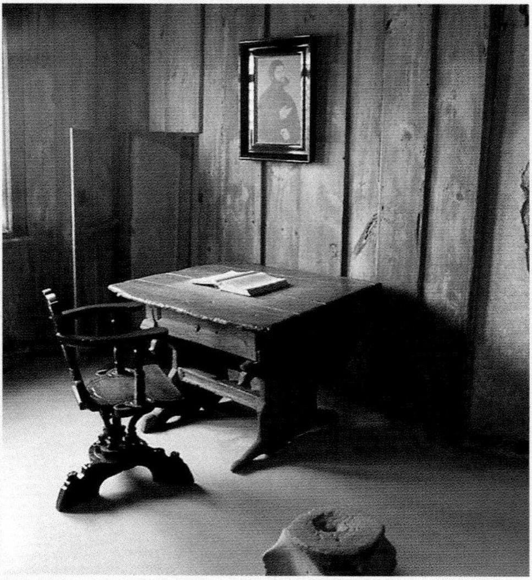

große Dürerschrank, eins der schönsten Möbelstücke, das aus der Übergangszeit von der Spätgotik zur frühen Renaissance erhalten geblieben ist. Das kunsthandwerkliche Meisterwerk wurde vermutlich zwischen 1510–1515 in Nürnberg hergestellt. Seinen Namen bekam der Schrank, weil für die figürlichen Reliefschnitzereien vor allem Kupferstiche Albrecht Dürers als Vorlage dienten.

Zur berühmten Lutherstube

Der Weg vom Museum zur Lutherstube führt vorbei am **Eseltreiberstübchen,** einem schlichten Erkerraum, der den Eseltreibern zum Ausruhen diente. In die folgende obere Vogteistube wurde bei den Umbauten im 19. Jh. das **Studierstübchen** des Humanisten Willibald Pirckheimer eingebaut, einem Zeitgenossen Luthers. Großherzogin Sophie von Sachsen-Weimar-Eisenach erwarb das spätgotische Zimmer 1867 in Nürnberg und schenkte es ihrem Gemahl Carl Alexander. Krönenden Abschluss des Rundgangs bildet die **Lutherstube,** in der Martin Luther vom 4. Mai 1521 bis zum 1. März 1522 lebte. In dem kleinen, karg möblierten Raum, der mit den Holzwänden und der Holzdecke sein mittelalterliches Aussehen bewahrte, übersetzte der Reformator in nur zehn Wochen das Neue Testament aus dem griechischen Urtext in eine volkstümliche, bildhafte Sprache, die in allen deutschen Gebieten verstanden wurde. Nicht mehr vorhanden ist der berühmte, ab 1650 genannte Tintenfleck. Besucher trugen ihn als Erinnerung millimeterweise von der Wand ab. 1894 soll er zum letzten Mal nachgefärbt worden sein. Der Fleck befand sich neben dem Kachelofen, dort, wo der Putz fehlt. Auch den Arbeitstisch Luthers trugen die Besucher Span für Span als Souvenir davon. Der heute in dem Raum stehende spätgotische Kastentisch stammt aus dem Möhraer Elternhaus Luthers und kam 1817 auf die Burg (März–Okt. Führungen 8.30–17, Schließung des Burgtors 20, Nov.–Feb. Führungen 9–15.30, Schließung des Burgtors 17 Uhr).

Wartburg-Stiftung: Auf der Wartburg, 99817 Eisenach, Tel. 0 36 91/25 00, Fax 20 33 42, info@wartburg-eisenach.de, www.wartburg-eisenach.de

Hotel auf der Wartburg 9: Auf der Wartburg, Tel. 0 36 91/79 70, Fax 79 71 00, www.wartburghotel.de, 35 Zi., DZ/F ab 230 €. Stilvolles 5-Sterne-Hotel direkt unterhalb der Wartburg mit Blick auf den Thüringer Wald.

Landgrafenstube: im Hotel auf der Wartburg, Tel. 0 36 91/25 00, tgl. geöffnet, Hauptgerichte 11,50–22 €. Hausgemachte Thüringer Spezialitäten und saisonale Küche.
Burgschenke 10: im Gadem der Wartburg, Tel. 0 36 91/79 72 21, tgl. geöffnet, Hauptgerichte 3,50–9,50 €. Kleines Speisenangebot, Getränke, Kaffee und Eis.

Konzerte: von Mai bis Okt. im Festsaal und im Burghof; **Sommertheater:** Juli/Aug.

Historischer Weihnachtsmarkt: Advent-Wochenenden.

Bus: Linienbus nach Eisenach.

DIE STÄDTEACHSE

Die größten Städte Thüringens, die links und rechts der A4 liegen, bilden in der Mitte des Freistaates eine Achse: Eisenach, Gotha, die Landeshauptstadt Erfurt, Weimar sowie Jena und Gera. Sie alle bieten Sehenswertes: liebevoll restaurierte Altstadtkerne, architektonische Meisterwerke und Originalschauplätze großer geschichtlicher Ereignisse.

Eisenach

Reiseatlas: S. 234, B 4
Am Nordwestende des Thüringer Waldes entstand Eisenach (43 910 Ew.), zunächst in einem Talkessel, später dann wuchsen die Häuser die grünen Berghänge hinauf. Durch die Wartburg (s. S. 84) wurde die Stadt in der ganzen Welt bekannt. Doch Eisenach ist mehr als die berühmte Burg. Viele Persönlichkeiten sind mit der Stadt verbunden, Johann Sebastian Bach und Martin Luther, Goethe, der oft in Eisenach weilte, und der niederdeutsche Dichter Fritz Reuter, der am Rand des Thüringer Waldes seinen Lebensabend verbrachte. Die Stadt ist aber alles andere als ein Museum für geistige Größen. Eisenach ist ein bedeutender Wirtschaftsstandort, ab Mitte des 19. Jh. wurde es mehr und mehr Industriestadt.

Rundgang

Der nahezu quadratische Marktplatz mit der **Georgenkirche** 1 an der Südseite bildet das Herzstück der Altstadt. In dem Gotteshaus hat Martin Luther 1521 gepredigt, wurde 1685 Johann Sebastian Bach getauft. In der Vorhalle ehrt ein monumentales Standbild den genialen Musiker. An den Chorwänden stehen zwölf Grabsteine thüringischer Landgrafen und ihrer Gemahlinnen, die 1952 aus Reinhardsbrunn überführt wurden. Der Grabstein von Ludwig dem Springer, dem Wartburggründer, verzeichnet das Todesjahr 1123. Vor dem Portal der Kirche krönt der vergoldete Drachentöter St. Georg den Marktbrunnen von 1549. An der Ostseite des Platzes steht das **Renaissance-Rathaus** 2 aus dem 16. Jh., das Bomben im Zweiten Weltkrieg rund zur Hälfte vernichteten. 1995/96 wurde es mit modernen Anbauten verbunden. Die Nordseite des Platzes nimmt das **Schloss** 3 von Mitte des 18. Jh. ein, das nur acht Jahre als Residenz diente. Im Marstall zeigt das **Thüringer Museum** in Sonderausstellungen Teile aus seinen reichen kunsthandwerklichen und volkskundlichen Sammlungen (Di–So 11–17 Uhr; Markt 24, Tel. 0 36 91/67 04 50).

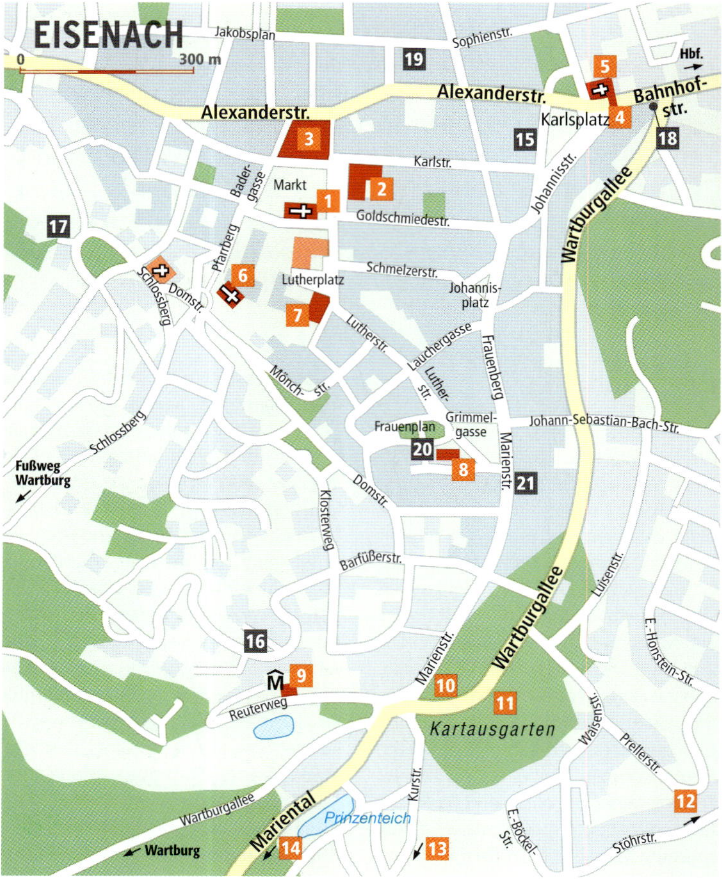

Die seit 1977 den Fußgängern reservierte Karlstraße führt vom Markt zum Nikolaiplatz mit dem **Nikolaitor** [4], dem ältesten erhaltenen Stadttor im romanischen Stil in Thüringen und dem einzigen, das den Eisenachern von ihren einst fünf Toren erhalten blieb. Der **Nikolaikirche** [5] gaben Umbauten 1886/87 ihr heutiges äußeres Aussehen. In der Mitte des Platzes steht überlebensgroß **Martin Luther.** Ein Abstecher in den Norden von Eisenach führt zur **Automobilen Welt** im authentischen Werksgebäude 02, die die Pkw-Herstel-

Sehenswürdigkeiten

1 Georgenkirche
2 Renaissance-Rathaus
3 Schloss
4 Nikolaitor
5 Nikolaikirche
6 Predigerkirche
7 Lutherhaus
8 Bachhaus
9 Reuter-Wagner-Museum
10 Goldener Löwe
11 Kartausgarten
12 Burschenschaftsdenkmal
13 Südstadt
14 Drachenschlucht

Übernachten

15 Thüringer Hof
16 Haus Hainstein
17 Eisenacher Hof

Essen und Trinken

18 Turmschänke
19 Das verrückte Kartoffelhaus
20 B-A-C-H Restaurant
21 Konditorei & Café Brüheim

lung in Eisenach dokumentiert (Di–So 10–17 Uhr; Friedrich-Naumann-Str. 10, Tel. 0 36 91/7 72 12; s. Thema S. 94).

Westlich vom Markt erhebt sich die 1240 vollendete **Predigerkirche** 6, in der nur etwa 300 Jahre Gottesdienste stattfanden. Danach diente sie als Lagerraum. Bereits an der Wende zum 20. Jh. baute man die Kirche zum Museum um, in dem heute die Ausstellung »Mittelalterliche Schnitzplastik in Thüringen« gezeigt wird (Di–So 11–17 Uhr; Predigerplatz 1, Tel. 0 36 91/78 46 78).

Im **Lutherhaus** 7, einem spätgotischen Fachwerkhaus oberhalb des Marktplatzes, soll Martin Luther während seiner Schulzeit 1498–1501 bei der Familie Cotta gewohnt haben. In der modernen Ausstellung wird Luther als Schüler und als Bibelübersetzer vorgestellt, aber auch als Lehrer der Kirche und Erzieher des deutschen Volkes (tgl. 10–17 Uhr; Lutherplatz 8, Tel. 0 36 91/2 98 30, www.lutherhaus-eisenach.de).

Besuch bei Bach und Reuter

»Nicht Bach, sondern Meer sollte er heißen wegen seines unendlichen, unausschöpflichen Reichtums von Tonkombinationen und Harmonien!«, meinte Ludwig van Beethoven. Im **Bachhaus** 8 am Frauenplan wird seit 1907 umfassend über Johann Sebastian Bach informiert. Zu seinem Namen kam das bereits um 1590 urkundlich erwähnte Bürgerhaus, weil es der mündlichen Überlieferung zufolge für das Geburtshaus von Bach gehalten wurde. Zu jedem Rundgang gehört ein Mini-Konzert auf historischen Instrumenten. Gegenwärtig entsteht neben dem historischen Bachhaus ein neues Bachmuseum in der Form eines Konzertflügels (tgl. 10–18 Uhr; Frauenplan 21, Tel. 0 36 91/7 93 40, www.bachhaus.de).

1863 wählte Mecklenburgs ›Nationaldichter‹ Fritz Reuter Eisenach zum Alterssitz. An der Eingangstür zum heutigen **Reuter-Wagner-Museum** 9 befindet sich noch wie einst das Schild: »Dr. Fritz Reuter. Morgens nicht zu

LEGENDE WARTBURG

1991 lief in Eisenach (s. S. 91) der letzte Wartburg vom Band. Nachdem die Trabi-Produktion bereits eingestellt worden war, endete damit der DDR-Automobilbau. Es war ein knallroter ›1.3er‹, der den Schlusspunkt unter die rund 95-jährige eigenständige Eisenacher Automobilbaugeschichte setzte. Er steht heute im Automobilbaumuseum (Di–So 10–17 Uhr; Friedrich-Naumann-Str. 10, Tel. 0 36 91/ 7 72 12).

Eisenach ist eine Wiege der deutschen Automobilindustrie. 1898 begann die Produktion: Aus Eisenach kam der berühmte Dixi und ab 1928 bauten hier die Bayerischen Motorenwerke (BMW) ihre ersten Autos. Nach dem Zweiten Weltkrieg verließen noch bis 1953 340er-BMW-Limousinen die Eisenacher Werkhallen, zuletzt mit dem Firmenlogo EMW versehen, das sich vom bayerischen durch rote Ecken im Kreis unterschied. Danach begann die Herstellung des Zweitakters F 9 und schließlich ab 1955 die des Wartburgs 311, dem 1963 der Wartburg 353 folgte. Bis Oktober 1988 liefen 1 224 662 Wagen vom Band. Wer einen fahren wollte, musste sich anmelden und bis zu 15 Jahre auf die Lieferung warten. Das letzte Modell der Eisenacher war der Wartburg 1.3 mit einem VW-Motor.

Mit dem Ende der Wartburg-Produktion endete in Eisenach aber nicht der Fahrzeugbau. General Motors/Opel setzt die Pkw-Herstellung in einem modernen Werk fort. An das alte erinnert nur noch das BMW-Tor, das nicht mit abgerissen werden durfte. Es steht unter Denkmalschutz.

Im Museum gelandet: der Wartburg 313-1 von 1958

sprechen«. 1895 gelangte aus Wien durch Kauf eine Wagnersammlung in das Haus, nach der in Bayreuth die umfangreichste und wertvollste über den Komponisten (Di–So 11–17 Uhr; Reuterweg 2, Tel. 0 36 91/74 32 93).

1869 war der Saal der Gaststätte ›Goldener Löwe‹ Veranstaltungsort des ›Allgemeinen deutschen sozialdemokratischen Arbeiterkongresses‹, zu dem Delegierte aus Deutschland, Österreich und der Schweiz zusammenkamen, unter ihnen August Bebel und Wilhelm Liebknecht. Der Kongress führte zur Gründung der Sozialdemokratischen Arbeiterpartei. Gezeigt werden in der heutigen Gedenkstätte **›Goldener Löwe‹** 10 die Ausstellungen »August Bebel 1840–1913, ein Großer der deutschen Arbeiterbewegung« sowie »Eisenach zur Zeit des Kongresses 1869« (Mo–Fr 9–16, Sa, So mit Voranmeldung; Marienstr. 57, Tel. 0 36 91/7 54 34, www.august-bebel-gesellschaft.de).

Im Süden der Stadt

Der **Kartausgarten** 11, Eisenachs schönste Parkanlage, ist eine grüne Oase in der Stadt. Den Straßenlärm schirmt die Wandelhalle von 1906 ab, die als Relikt des Kurbetriebes stehen blieb, den Großherzog Wilhelm Ernst 1906 hier eröffnete und der 1938 erfolglos endete. Ausgeschenkt wurde das Wasser der Karolinenquelle bei Creuzburg, das über eine eigens dafür gelegte Leitung bis nach Eisenach gelangte.

Östlich des Kartausgartens krönt der 35 m hohe Rundbau des **Burschenschaftsdenkmals** 12 die Göpelskuppe. Er entstand zur Erinnerung an das Wartburgtreffen der Burschenschaften 1817. Am Kartausgarten beginnt östlich des Prinzenteichs das Villenviertel **Südstadt** 13 mit einer architektonischen Vielfalt, wie sie in Deutschland nur selten zu finden ist. Zwischen 1862 und dem Ersten Weltkrieg wählten betuchte Pensionäre, Industrielle und Künstler aus ganz Deutschland den Süden Eisenachs als Alterssitz.

Wer im Süden vom Kartausgarten die B 19 weiter stadtauswärts läuft, erreicht die **Drachenschlucht** 14. Die knapp 200 m lange dunkle Felsenschlucht, durch die der mit Rundhölzern abgedeckte Steinbach rauscht, misst an der schmalsten Stelle lediglich 86 cm.

Tourist-Information: Markt 9, 99817 Eisenach, Tel. 0 36 91/7 92 30, Fax 79 23 20, tourist-info@eisenach-tourist.de, www.eisenach-tourist.de

Steigenberger Hotel Thüringer Hof 15: Karlsplatz 1, 99817 Eisenach, Tel. 0 36 91/2 80, Fax 2 81 90, www.eisenach.steigenberger.de, 126 Zi., DZ/F ab 90 €. Historisches, stilvoll eingerichtetes Gebäude mit komfortablen, individuell gestalteten Zimmern und Wellness-Bereich.

Hotel Haus Hainstein 16: Am Hainstein 16, 0 36 91/24 20, Fax 24 21 09, www.hainstein.de, 67 Zi., DZ/F ab 70 €. In einem idyllischen parkähnlichen Gelände am Fuße der Wartburg.

Eisenacher Hof 17: Katharinenstr. 11–13, 99817 Eisenach, Tel. 0 36 91/2 93 90, Fax 29 39 26, www.eisenacherhof.de, 43 Zi., DZ/F ab 69 €. Stilvoll eingerichtete Zimmer in Innenstadtlage.

Turmschänke 18: Wartburgallee 2 (im Hotel Kaiserhof), Tel. 0 36 91/ 21 35 33, So geschl., nur abends. Hauptgerichte 14–25 €. Sehr gute historische Weinschänke im Nikolaitor.

Das verrückte Kartoffelhaus 19: Sophienstr. 44, Tel. 0 36 91/73 26 26, tgl. geöffnet. Hauptgerichte 7–20 €. Die braune Knolle ist ›Hauptperson‹ in diesem gemütlich eingerichteten Restaurant.

B-A-C-H Restaurant & Eiscafé 20: Frauenplan 32/33, Tel. 0 36 91/21 55 22, tgl. geöffnet. Hauptgerichte 5–10 €. Der Name ist Programm, gegenüber dem Bachhaus hat sich das sympathische Restaurant mit preiswerter Küche etabliert.

Konditorei & Café Brüheim 21: Marienstr. 1, Tel. 0 36 91/20 35 09, tgl. geöffnet. Konditorei- und Kuchenspezialitäten aus eigener Herstellung.

Die Geschäfte konzentrieren sich in der **Fußgängerzone** in der Karlstraße und der Querstraße.

Dance Club Fourty: Katharinenstr. 11–13 (im Hotel Eisenacher Hof), Tel. 0 36 91/29 39-0. Do–Sa geht hier die Post ab.

Theater Eisenach: Theaterplatz 4–7, Kartenbestellung Tel. 0 36 91/ 25 62 32, www.theater-eisenach.de. Das Musiktheater kooperiert mit dem Theater Meiningen.

Kulturfabrik Alte Mälzerei: Palmental 1, Tel. 0 36 91/73 27 08. In den Gewölbekeller der ehemaligen Malzfabrik ist der Jazzkeller ›Posaune‹ gezogen.

Marktkonzert: Juli/Aug. Mo–Sa 11 Uhr Orgelkonzert in der Georgenkirche.

Sommergewinn: 3. Sa vor Ostern, s. S. 30; **Bachwochen:** März/April; **Lutherfest:** 3. Wochenende im Aug. (Mittelaltermarkt, historischer Umzug).

Bahn: ICE-Bahnhof; u. a. nach Erfurt, Weimar, Jena; **Bus:** in alle touristisch interessanten Orte der Umgebung; **Stadtverkehr:** Buslinien.

Ausflug nach Creuzburg

Reiseatlas: S. 234, B 3

Die romanische Creuzburg hoch über der gleichnamigen Kleinstadt (2500 Ew.) wirkt durch ihre wuchtigen Bauten und die 12 m hohe Ringmauer wie eine Festung (April–Okt. Di–So 10–17, Nov.–März Sa, So 10–16 Uhr). Auf der vermutlich Ende des 12. Jh. erbauten Burg schenkte die hl. Elisabeth 1222 ihrem einzigen Sohn Hermann II. das Leben. Dessen Vater ließ ab 1215 die **Nikolaikirche** errichten, die zu den großartigsten Kirchenbauten Thüringens gehört. Über die bereits 1225 erwähnte **Werrabrücke** ritten schon die Thüringer Landgrafen. Das siebenbogige Bauwerk gilt als älteste Steinbrücke nördlich des Mains. Die schlanke **Liboriuskapelle** am östlichen Brückenkopf entstand 1499.

Fremdenverkehrsbüro Creuzburg: Marktstr. 2, 99831 Creuzburg, Tel./Fax 03 69 26/9 80 47, fvv@creuzburg-online.de, www.creuzburg-online.de

Restaurant ›Auf der Creuzburg‹: Burgberg 1, 99813 Creuzburg, Tel. 03 69 26/7 13 04, www.burg-creuzburg.de, Mo geschl., Hauptgerichte 7–14,50 €. Tafeln wie die Landgrafen!

Mittelalterfest: Pfingsten auf der Creuzburg.

Gotha

Reiseatlas: S. 235, C/D 4

Zu den Perlen der Kultur gehört Gotha (48 100 Ew.), die ehemalige Residenzstadt des Herzogtums Sachsen-Gotha. Weithin ist das Schloss Friedenstein zu sehen, in dem reiche Kunst- und Kulturschätze verwahrt werden. Im 17. und 18. Jh. erlangte das Gothaer Verlagswesen eine über die deutschen Grenzen hinausgehende Bedeutung. Aus dem 1765 erstmals erstellten deutschen Adelskalender ging das Personalverzeichnis des deutschen Adels hervor, das als »Der Gotha« weithin bekannt wurde. Bis in die 1930er Jahre hieß Gotha auf Poststempeln ›Stadt der Versicherungen‹, denn in Gotha nahmen 1820 die erste überregionale Feuerversicherung und 1827 die erste überregionale Lebensversicherung ihren Geschäftsbetrieb auf.

Rundgang

Deutschlands größte frühbarocke Schlossanlage, **Schloss Friedenstein** [1], wurde zum Wahrzeichen der Stadt. Der auf einem Hügel thronende, weithin sichtbare imposante Bau soll einst über 365 Räume verfügt haben, also über so viele, wie ein Jahr Tage hat. Die gewaltige Dreiflügelanlage mit den zwei Ecktürmen, der erste Schlossneubau nach dem Dreißigjährigen Krieg, beherbergt das **Schlossmuseum.** Es zeigt Kunst- und Kulturschätze von der Antike bis zur Gegenwart, zu den besonderen Kostbarkeiten zählt der »Gothaer Tafelaltar«, ein vierflügeliges Bildwerk aus dem frühen 16. Jh. 157 Einzeldarstellungen, auf denen die Lebensgeschichte Christi erzählt wird, machen ihn zum bilderreichsten deutschen Altar. Beim Rundgang durch die historischen Räume, unter denen der Thronsaal mit seinem reichen Stuckdekor herausragt, erfährt man allerlei Wissenswertes über das Leben am Hof (Mai–Okt. Di–So 10–17, Nov.–April bis 16 Uhr; Tel. 0 36 21/82 34 51, www.stiftungfriedenstein.de). Die **Schlosskirche** besitzt eine doppelte Empore und die 1697 eingeweihte Fürstenloge (April–Sept. Mo–Fr 10–16 Uhr).

Im Westturm des Schlosses befindet sich das **Ekhof-Theater.** Es ist das älteste barocke Schlosstheater Deutschlands. In dem Juwel der Bühnenarchitektur hat sich die hölzerne Bühnentechnik aus dem 17. Jh. nahezu original erhalten. Das Theater ist nach Conrad Ekhof benannt, der schon zu Lebzeiten als ›Vater der deutschen Schauspielkunst‹ galt. Ab 1774 leitete er in Gotha das erste Theater mit einem festangestellten Schauspielensemble. Im **Museum für Regionalgeschichte und Volkskunde** informiert ein Ausstellungsbereich über die Blütezeit des Theaters, in dem in den Sommermonaten auch heute noch gespielt wird (Mai–Okt. Di–So 10–17, Nov.–April bis 16 Uhr; Tel. 0 36 21/82 54 51).

Zur Wehr- und Befestigungsanlage von Schloss Friedenstein gehören die **Kasematten** [2], ein gruseliges Gewölbesystem von etwa 2,5 km Länge. In drei Ebenen verbirgt es sich unter dem Schlosspark. Nach dem Dreißigjährigen Krieg entstand die Anlage auf den

Trümmern der geschleiften Festung Grimmenstein. Sie ist wohl deshalb noch so gut erhalten, weil sie nie benötigt wurde (45-minütige Führungen Di–Fr 11, Sa, So 11, 14 Uhr; Tickets an der Schlosskasse).

Im **Museum der Natur** [3], dem größten seiner Art in Thüringen, gehört das 40 m² große Diorama mit lebensgroßen Sauriern zu den Anziehungspunkten. Die riesigen Tiere tummeln sich in einer Landschaft, wie sie vor etwa 290 Millionen Jahren im heutigen Mitteleuropa existiert haben könnte (Di–So 10–17, Nov.–April bis 16 Uhr; Tel. 0 36 21/8 23 00).

In der Altstadt

Der Weg zum lang gestreckten Hauptmarkt führt vorbei am überlebensgroßen **Standbild Herzogs Ernst I.** [4], dem Bauherrn von Schloss Friedenstein, und der **Wasserkunst** [5], der Kaskade des Leina-Kanals, die in drei Stufen vom Schloss in Richtung Altstadt gurgelt. Das Pumpwerk für die Wasserkunst von 1895 befindet sich im Keller des **Lucas-Cranach-Hauses** [6]. Im Vorgängerbau des zweigeschossigen Barockgebäudes wurde die Ehefrau von Lucas Cranach d. Ä. geboren, später wohnte seine Tochter Ursula hier.

Sehenswürdigkeiten
1 Schloss Friedenstein
2 Kasematten
3 Museum der Natur
4 Standbild Herzogs Ernst I.
5 Wasserkunst
6 Lucas-Cranach-Haus
7 Rathaus
8 Augustinerkloster
9 Haus der Versicherungsgeschichte

Übernachten
10 Hotel Am Schlosspark
11 Best Western Hotel Lindenhof
12 Quality Hotel am Tierpark

Essen und Trinken
13 Restaurant Pagenhaus
14 Weinschänke
15 Café Lösche

Den Mittelpunkt am Hauptmarkt, der als historisches Bauensemble unter Denkmalschutz steht, bildet das **Rathaus** 7, dessen Nordseite man anschauen sollte: eine der schönsten Renaissancefassaden ganz Thüringens. Bei der Kopfskulptur über der Uhr, deren Unterkiefer sich zu jeder vollen Stunde bewegt, soll es sich um den 1567 hingerichteten Ritter Wilhelm von Grumbach handeln. Von der Plattform des Rathausturmes in 23 m Höhe bietet sich ein herrlicher Blick auf Gotha (tgl. April–Okt 11–18, Nov.–März bis 16 Uhr).

Westlich vom Hauptmarkt, an der Klosterstraße, empfängt den Gast seit über 700 Jahren eine Oase der Stille: das **Augustinerkloster** 8 mit Kirche, Kreuzgang und Kapitelsaal. In der barock ausgestatteten Kirche mit einer prachtvollen Orgel, deren Prospekt von 1692 stammt, hat Martin Luther gepredigt (Mo–Fr 10–12, 14–16 Uhr). Östlich vom Hauptmarkt, beim Buttermarkt und beim Neumarkt, erstreckt sich ein idyllischer, den Fußgängern reservierter Altstadtbereich mit Geschäften, Kneipen und Cafés.

Im Gothaer **Haus der Versicherungsgeschichte** 9 in der Bahnhofstr. 3a ist eine Ausstellung zu sehen, die historische Feuerversicherungsschilder, Bilder und Berichte von bedeutenden Schadensereignissen und vieles mehr zeigt, denn Gotha gilt als die Geburtsstadt des deutschen Versicherungswesens (Sa 10–12 Uhr, April–Okt. auch Mi 14–16 Uhr; Tel. 0 36 21/3 67 03).

Gotha-Information: Hauptmarkt 2, 99867 Gotha, Tel. 0 36 21/22 21 38, Fax 22 21 34, tourist-info@gotha.de, www.gotha.de

Hotel Am Schlosspark 10: Lindenauallee 20, Tel. 0 36 21/44 20, Fax 44 24 52, www.hotel-am-schlosspark.de, 95 Zi., DZ ab 100 €. Angenehmes Haus mit großzügigen Zimmern unweit von Schloss Friedenstein und Schlosspark.
Best Western Hotel Lindenhof 11: Schöne Aussicht 5, Tel. 0 36 21/77 20, Fax 77 24 10, www.lindenhof.bestwestern.de, 90 Zi., DZ/F ab 77 €. Am Stadtrand von Gotha, sehr ruhig gelegen, bietet das Hotel allen erwarteten Komfort.
Quality Hotel am Tierpark 12: Ohrdrufer Str. 2b, Tel. 0 36 21/71 70, Fax 71 75 00, www.quality-Hotel-Gotha.de, DZ/F ab

72 €. 120 klimatisierte Zimmer, davon viele für Nichtraucher.

Romantik Restaurant Pagenhaus 13: Schloss Friedenstein, Tel. 0 36 21/40 36 12, tgl. geöffnet, Hauptgerichte 6,50–18,50 €. Verarbeitet werden vor allem Produkte aus der Region.
Weinschänke 14: Gartenstr. 28/Ecke Lutherstr., Tel. 0 36 21/30 10 09, Mo geschl., Hauptgerichte 7,50–15 €. Thüringer Küche, aber auch exotische Fleischgerichte wie Straußen- oder Kängurusteak.
Café Lösche 15: Buttermarkt 6, Tel. 0 36 21/2 40 25, tgl. geöffnet. Hauseigene Kuchen- und Eisspezialitäten.

Gotano Weinmarkt: Stielerstr. 4 (Zufahrt über Mozartstr.), Tel. 0 36 21/85 40 88, www.gotano.de. Der traditionsreiche Gotano Vermouth aus DDR-Zeiten kann hier in verschiedenen Geschmacksrichtungen gekostet und gekauft werden.

Ekhof-Festival: www.ekhof-festival.de, Mitte Juni bis Mitte Aug.

Gothardusfest (Stadtfest): 1. Wochenende im Mai, www.gothardusfest.de; **Barockfest:** letztes Augustwochenende.

Galopprennbahn Boxberg: Pferderennbahn von 1878. Die im Jugendstil erbaute hölzerne Tribüne zeugt vom Glanz vergangener Jahre.

Tierpark: im Naturschutzgebiet ›Kleiner Seeberg‹ südöstlich von Gotha, tgl. geöffnet. Auf 6 ha Fläche leben rund 140 Tierarten.

Bahn: nach Erfurt, Weimar, Eisenach, Mühlhausen, mit der Thüringerwaldbahn nach Friedrichroda und Tabarz; **Bus:** nach Oberhof und zu vielen Orten in der Umgebung; **Stadtverkehr:** Straßenbahnlinien.

Ausflug nach Waltershausen

Reiseatlas: S. 234, C 4
Waltershausen (12 000 Ew.) entwickelte sich ab dem ausgehenden 12. Jh. zu einer ummauerten Stadt. Das **Klaustor** aus dem 14. Jh. ist von der Wehranlage erhalten geblieben. Das Stadtbild prägen am Markt Thüringens ältestes **Fachwerk-Rathaus** (1441) und die Stadtkirche, eine barocke Rundkirche von 1723 mit einer imposanten Barockorgel. Zu Beginn des 19. Jh. machte sich Waltershausen als Zentrum der anspruchsvollen Puppenproduktion in Thüringen einen Namen. Das **Museum Schloss Tenneberg** weiß davon zu berichten (Mi–So 9–16 Uhr, Mai–Okt. auch Di; Tel. 0 36 22/6 91 70).

Im Ortsteil Schnepfenthal befindet sich der **historische Waldturnplatz** von 1785, den Johann Christoph Friedrich GutsMuths 1801 erweiterte. Es ist der erste deutsche Gymnastikplatz, die historischen Turngeräte wurden nachgestaltet. Hierher kam GutsMuths mit den Zöglingen der nahen **Erziehungsanstalt,** um mit ihnen zu springen, zu balancieren und zu klettern. Er war Erzieher an der von dem Pädagogen Christian Gotthilf Salzmann gegründeten Erziehungsanstalt oberhalb der Straße, die eine natürliche Ausbildung von Körper und Geist zum Ziel hatte.

Am Gothaer Hauptmarkt

MIT DER LINIE 4 INS GRÜNE

Ab dem Hauptbahnhof in Gotha (s. S. 97) verkehrt die Linie 4, eine der schönsten Überlandstraßenbahnen in Deutschland. 1929 fuhr die elektrische Bahn mit der Spurbreite 1000 mm zum ersten Mal unter dem Namen Thüringerwaldbahn von Gotha nach Friedrichroda und Tabarz. Heute sind es mehr als 20 Fahrten täglich, die Höchstgeschwindigkeit beträgt 65 km/h.

Zunächst führt die Strecke 15 Min. durch die Straßen Gothas mit Blick auf Schloss Friedenstein und andere Sehenswürdigkeiten. Nach der Haltestelle Sundhausen taucht am Horizont erstmals der Große Inselsberg (s. S. 160) auf. Parallel zur Landstraße nach Waltershausen (s. S. 102) erreicht die Bahn die Haltestelle Waltershausen-Gleisdreieck. Hier zweigt die 2,4 km lange Strecke zum Bahnhof Waltershausen ab, die von einem Zug im Pendelverkehr betrieben wird. Nur 7 Min. dauert die Fahrt bis zur Endstation unweit vom Marktplatz.

Auf der Stammstrecke geht es weiter zur Haltestelle Waltershausen-Schnepfenthal mit dem historischen Turnplatz von GutsMuths (s. S. 100). Ab hier verlaufen die Waldbahngleise über 2 km auf einem gemeinsamen Bahndamm parallel zu den Schienen der Eisenbahnstrecke Fröttstädt–Friedrichroda. Für Fotofreunde seit jeher ein beliebtes Motiv. Nach weiteren zwei Stationen hält die Bahn in Friedrichroda (s. S. 161). Ideal für alle, die die Marienglashöhle besuchen möchten, ist der nächste Ausstieg – nur etwa 200 m liegt die Haltestelle von der Schauhöhle entfernt. Nach 21,7 km und 59 Min. Fahrzeit wird die 23. Haltestelle Tabarz (s. S. 160) erreicht (Tel. 0 36 21/43 10, www.waldbahn-gotha.de).

Stadtinformation: Markt 1, 99880 Waltershausen, Tel. 0 36 22/63 01 48, Fax 90 25 55, stadtinfo@stadt-waltershausen.de, www.waltershausen.de

Hotel Waldhaus: Zeughausstr. 5, Tel. 0 36 22/6 90 03, Fax 90 22 49, www.waldhaushotel.de, 10 Zi., DZ/F ab 62 €. Zentrale und ruhige Lage.

Restaurant M 1: Gothaer Str. 1, Tel. 0 36 22/40 03 56, tgl. geöffnet, Hauptgerichte 7–13,50 €. Helle und freundliche Gasträume mit viel Holz, Thüringer und internationale Küche, regelmäßige Tanzabende.

Schloss-Café: Schloss Tenneberg, Tel. 0 36 22/40 16 16, www.schlosscafe-tenneberg.de, Mai–Okt. Mo geschl., Nov.–April Mo, Di geschl., Hauptgerichte 7–10,50 €. Herrlicher Blick vom Schloss auf die Stadt, im Sommer sitzt es sich besonders gut im lauschigen Innenhof, der Kuchen wird selbst gebacken.

Gleisdreieck: Steinbachstr. 18, Tel. 0 36 22/90 20 27, www.freizeitzentrum-waltershausen.de. Sport- und Freizeitkomplex mit solarbeheiztem Freibad, Fitnesscenter und moderner Saunalandschaft, vier Bowlingbahnen, von Okt. bis März überdachte Kunsteisbahn.

Bus: nach Gotha, Tabarz; **Straßenbahn:** mit der Thüringerwaldbahn nach Gotha, Friedrichroda und Tabarz.

… zu den Drei Gleichen

Reiseatlas: S. 235, D 4
In einer Nacht im Mai 1231 soll ein Kugelblitz drei Burgen in Brand gesetzt haben: die Burg Gleichen, die Wachsen- und die Mühlenburg. Seitdem heißen die Festungen trotz ihrer unterschiedlichen historischen Entwicklung die Drei Gleichen. Wer die Autobahn A 4 zwischen Gotha und Erfurt entlangfährt, den grüßen schon von weitem die drei burgbekrönten Kuppen.

Namensgeber für das Burgen-Trio war die 1089 erstmals erwähnte **Burg Gleichen.** Im Burgturm befindet sich ein kleines Museum zur Flora und Fauna der Region sowie zur Geschichte der Burg (April–Okt. tgl. 9–18, Nov., Dez., März bis 17, Jan., Feb. Sa, So 9–17 Uhr; Tel. 03 62 02/8 24 40). Die **Wachsenburg,** Mitte des 10. Jh. erbaut, beherbergt heute ein Hotel und eine Burggaststätte sowie ein kleines Museum (April–Okt. tgl. 11–17, Nov.–März Di–So 11–16 Uhr). Die **Mühlburg,** bereits 704 in einer Urkunde genannt, ist zur Ruine verfallen.

Von der Burg Gleichen sind es etwa 5 km bis **Wechmar,** gern Wiege der Musikerfamilie Bach genannt. Hier, im Oberbackhaus, in dem von 1571 bis 1964 Brot gebacken wurde, war um 1600 die Wohn- und Wirkungsstätte von Veit Bach und seinem Sohn Hans. Beide gelten als die Stammväter der großen Musikerfamilie Bach, deren berühmtester Sprößling Johann Sebastian ist. Heute befindet sich in dem Haus ein kleines Museum (tgl. 10–17 Uhr; Tel. 03 62 56/2 26 80, www.wechmar-bach.de).

Veste Wachsenburg: 99310 Holzhausen, Tel. 0 36 28/7 42 40, Fax 74 24 61, www.veste-wachsenburg.com, Restaurant Sa geschl., Nov.–April auch Mo, 13 Zi., DZ/F ab 80 €, mit WC/Dusche auf der Etage 60 €, Hauptgerichte 8,50–21 €. Zimmer im Palas und in der Kemenate. Wer einen Traumblick genießen möchte, bucht das Grafenzimmer. Gehobene Küche.

Erfurt

Reiseatlas: S. 235, E 4
Die Landeshauptstadt (200 000 Ew.) erscheint dem Besucher wie ein riesiges Freilichtmuseum der Architektur. In der City stehen ganze Straßenzüge unter Denkmalschutz, was historisch wertvoll ist, hat rote Straßenschilder bzw. Hausnummern erhalten. Die Altstadt verströmt ein Flair wie wohl keine andere Stadt in Thüringen. An prachtvollen Bürgerhäusern und unzähligen Kirchen lässt sich der einstige Wohlstand ablesen, der sich auf den drei ›W‹ – Wein, Waid und Wolle – begründete. Erfurt spielte aber auch in der Politik seit jeher eine bedeutende Rolle, in der Stadt fanden Reichs- und Parteitage sowie Fürstenkongresse statt.

Rundgang

Der Anger war im Mittelalter Erfurts größter Waidmarkt und damit ein bedeutender europäischer Handelsplatz. Der Rundgang beginnt an seinem nördlichen Ende, wo er sich zu einer dreieckigen Fläche weitet. Hier fällt an der Ecke Bahnhofstraße ein prächtiger Barockbau mit reichem plastischem

Schmuck ins Auge. Das Haus ist Domizil des **Angermuseums** [1], das bildende Kunst und Kunsthandwerk vornehmlich aus Thüringen ausstellt. Überregional bedeutend sind die Sammlungen mittelalterlicher Kunst sowie von Fayencen und Porzellan (Di–So 10–18 Uhr; Tel. 03 61/55 45 60, www.angermuseum.de). Das erstmals 1183 in den Annalen genannte **Ursulinenkloster** [2] wird noch heute von Ordensschwestern bewohnt. Hinter dem **Martin-Luther-Denkmal** steht die schlichte **Kaufmannskirche** [3] aus dem 13./14. Jh., deren Glocken am 18. April 1668 für die Hochzeit von Johann Sebastian Bachs Eltern läuteten. Wer sich für die Erfurter Stadtgeschich-

Sehenswürdigkeiten

1 Angermuseum
2 Ursulinenkloster
3 Kaufmannskirche
4 Stadtgeschichtsmuseum
5 Kaisersaal
6 Ägidienkirche
7 Krämerbrücke
8 Augustinerkloster
9 Michaeliskirche
10 Allerheiligenkirche
11 Dom
12 Severikirche
13 Zitadelle Petersburg
14 Haus ›Zum Sonneborn‹
15 Naturkundemuseum
16 Waidspeicher
17 Predigerkirche
18 Haus ›Zum Breiten Herd‹
19 Haus ›Zum Roten Ochsen‹
20 Rathaus
21 Neue Mühle
22 Barfüßerkirche
23 Kurmainzische Statthalterei
24 Angerbrunnen
25 Wigbertikirche
26 Bartholomäuskirche
27 ega Erfurt
28 Thüringer Zoopark

Übernachten

29 Sorat Hotel
30 Radisson SAS Hotel
31 Hotel Nikolai
32 Erfurtblick

Essen und Trinken

33 Alboth's
34 Il Cortile
35 Waldkasino
36 Rathaus-Arcade

te interessiert, sollte dem **Stadtgeschichtsmuseum ›Haus zum Stockfisch‹** 4, das sich in einem repräsentativen Spätrenaissance-Haus befindet, einen Besuch abstatten (Di–So 10–18 Uhr; Johannesstr. 169, Tel. 03 61/6 55 56 44). Ganz in der Nähe, im **Kaisersaal** 5 in der Futterstraße, wurde im 19. Jh. europäische Geschichte geschrieben. 1808 hatte Napoleon zum Fürstenkongress in das damalige Ballhaus der Universität geladen. Zwei Kaiser, vier Könige und 18 Fürsten saßen sich gegenüber. Seit 1994 wird das klassizistische Gebäude, dessen Name an die bedeutende Zusammenkunft erinnert, wieder als Tagungs-, Konzert- und Ballhaus genutzt.

Zur Krämerbrücke

Die Futterstraße mündet in den Wenigemarkt mit Bürgerhäusern aus dem 19. Jh. und einem modernen Brunnen von 1969. Hinter der **Ägidienkirche** 6 am westlichen Platzende versteckt sich eins der Wahrzeichen von Erfurt: die **Krämerbrücke** 7, die längste durchgehend mit Häusern bebaute und bewohnte Brücke nördlich der Alpen. 32 bunte Fachwerkhäuser säumen das 125 m lange und 18 m breite Bauwerk. Das steinerne Pendant zur berühmten Ponte Vecchio von Florenz präsentiert sich heute so, wie es nach dem Stadtbrand 1472 wieder aufgebaut wurde. Der Name geht auf die Krämer ge-

nannten Kleinhändler zurück, die einst in winzigen Läden ihre Waren anboten.

Weiter führt der Rundgang in nördlicher Richtung zum eng mit Martin Luther verbundenen **Augustinerkloster** 8. An dessen hölzerne Pforte klopfte der Reformator am 17. Juli 1505 und begehrte Einlass. In dem evangelischen Kloster, das heute ein Hotel und eine Tagungs- und Begegnungsstätte beherbergt, informiert eine Ausstellung über den Aufenthalt Luthers (Führungen April–Okt. Mo–Sa 10, 11, 12, 14, 15, 16 Uhr, Nov.–März Mo–Sa 10, 11, 12, 14, So und Fei 11, 12, 15, 16 Uhr; Tel. 03 61/57 66, www.augustinerkloster.de). Im Juli 2005 wurde der Grundstein für den Neubau der im Zweiten Weltkrieg zerstörten Klosterbibliothek gelegt.

Vorbei an der **Michaeliskirche** 9 wird die Allerheiligenstraße erreicht, einer der romantischsten Winkel der Altstadt. Hier lässt sich manches Kleinod entdecken, so das **Haus ›Zur Windmühle‹**, Nr. 6, das durch sein Renaissanceportal Aufmerksamkeit erweckt. Es besitzt abgeschrägte Seitenwände, damit die Fuhrwerke besser zu den großen Speichergebäuden einfahren

Blick über Erfurt mit Dom und Severikirche

konnten. Wenn einst in den Löchern über dem Portal Strohbündel steckten, tat man damit kund, dass ein »gut neu Bier aufgetan« war. Im Mittelalter stand Bier, als es noch kein sauberes Trinkwasser gab, als Getränk hoch im Kurs. Am Ende der Allerheiligenstraße passt sich die **Allerheiligenkirche** 10 mit ihrem unregelmäßigen Grundriss der Straßengabelung an.

Das Wahrzeichen

Vom Domplatz, einem der größten Marktplätze Deutschlands, führt eine Freitreppe 70 Stufen hinauf zum Wahrzeichen Erfurts, der Doppelkirchenanlage Dom und Severikirche mit großartigen Ausstattungsstücken. Vieltürmig thront die beeindruckende mittelalterliche Baugruppe auf einem Hügel mitten in der Stadt. 311 Jahre lang dauerte der Bau des **Doms** 11, 1465 war das gewaltige Bauwerk schließlich fertig gestellt. Im mittleren Domturm hängt die Königin aller Glocken, die 2,50 m hohe und 11,45 t schwere Gloriosa. Acht starke Männer mussten einst Hand anlegen, um die größte frei schwingende Kirchenglocke des Mittelalters zu läuten (Mai–Okt. Mo–Fr 9–11.30, 12.30–17, Sa 9–11.30, 12.30 bis 16.30, So und Feiertage 14–16, Nov.–April Mo–Sa 10–11.30, 12.30–16, So und Feiertage 14–16 Uhr; www.bistum-erfurt.de).

In der um 1335 vollendeten gotischen **Severikirche** 12 stellt der um 1365 geschaffene Sarkophag des hl. Severus eine der großartigsten Leistungen der deutschen Plastik dar. Das Leben des im Jahr 348 verstorbenen Severus hört sich wie ein Märchen an. Der Tuchmacher wohnte der Bischofswahl in Ravenna als Zuschauer bei, als sich auf seinem Haupt eine Taube niederließ. Die Kirchenoberen sahen dies als Zeichen des Herrn an und weihten den Tuchmacher zum Bischof. Die Gebeine von Severus gelangten über mehrere Stationen schließlich im Jahr 836 nach Erfurt (Mai–Okt. Mo–Fr 9–12.30, 13–16, Nov.–April Di–Fr 10–12.30, 13.30–16 Uhr).

Glockenläuten

Die **Gloriosa,** die Königin der Glocken im Erfurter Dom, muss geschont werden. 2004 war sie wegen eines Risses ausgebaut und geschweißt worden, seitdem ist sie nur noch an acht statt bisher 17 kirchlich bedeutsamen Tagen zu hören. Bei Temperaturen unter minus 10° C darf sie gar nicht geläutet werden.

Die einzige noch in großen Teilen erhaltene barocke Stadtbefestigung Mitteleuropas steht in Erfurt nordwestlich des Domplatzes: die **Zitadelle Petersburg** 13. Mit ihren Kasematten gilt sie als Musterbeispiel europäischer Festungsbaukunst des 17. und 18. Jh.

Große Arche

Angenehm bummelt es sich durch das traditionsreiche Altstadtviertel Große Arche mit dem 1536 erbauten **Renaissancehaus ›Zum Sonneborn‹** 14 und dem historischen Waidspeicher Große Arche 14, in den das **Naturkundemuseum** 15 zog (Di–So 10–18 Uhr; Tel. 03 61/6 42 20 85). Der restaurierte **Waidspeicher** 16 im Archehof mit dem Märchenbrunnen davor wurde zum ›Theater Waidspeicher‹. Vorbei an der ab etwa 1270 von Dominikanermönchen errichteten **Predigerkirche** 17 wird zum Fischmarkt gelaufen, dem Zentrum des alten Erfurts mit beachtlichen Bürgerhäusern, die sich reiche Waidhändler errichten ließen.

Fischmarkt

Zwei der schönsten Bürgerhäuser prägen den Fischmarkt: das 1584 erbaute **Haus ›Zum Breiten Herd‹** 18 mit einer prachtvollen Renaissancefassade und einem Figurenfries, der sich im benachbarten **Gildehaus** fortsetzt, sowie das **Haus ›Zum Roten Ochsen‹** 19 von 1562 mit dem Standbild des **Römers** von 1591. Beherrscht wird der Platz von dem neogotischen **Rathaus** 20.

Bei der **Neuen Mühle** 21, die ihr heutiges Aussehen 1737 bekam (Führungen Di–So stündlich 10–18 Uhr; Schlösserstr. 25 a; Tel. 03 61/6 46 10 59), wird das Flüsschen Gera überquert. Südlichen davon erbauten ab 1224 Franziskanermönche die **Barfüßerkirche** 22. Die Glasfenster aus dem 13. Jh. gehören zu den frühesten deutschen Glasmalereien. In der 1944 zum Teil kriegszerstörten Kirche ist eine Dauerausstellung mittelalterlicher Sakralkunst zu sehen (April–Okt. Di–So 10–13, 14–18 Uhr; Tel. 03 61/6 46 40 10, www.angermuseum.de).

Die Anfang des 18. Jh. erbaute ehemalige **Kurmainzische Statthalterei** 23 gilt als monumentalstes Profangebäude Erfurts. Hier kam es am 2. Oktober 1808 zu dem berühmten Treffen von Napoleon Bonaparte und Goethe. »Ich will gerne gestehen«, erinnerte sich der Dichterfürst später, »daß mir in meinem Leben nichts Höheres und Erfreulicheres begegnen konnte ...« Das Gebäude, in dem kurmainzische Statthalter und preußische Regierungspräsidenten residierten, beherbergt heute die Staatskanzlei des Freistaates Thüringen.

Beim Monumentalbrunnen von 1889/90, meist **Angerbrunnen** 24 genannt, und der **Wigbertikirche** 25 mit einer barocken Ausstattung endet der Stadtrundgang wieder am Anger. Sehenswert an dieser Stelle des Erfurter Fußgängerboulevards ist der quadratische Turm der ehemaligen **Bartholomäuskirche** 26 aus dem 12. Jh. mit seinem sechzigteiligen Glockenspiel.

Grüne Stadtoasen

Lange Zeit trug Erfurt den Beinamen ›Blumen- und Gartenstadt‹, 1838 fand die erste Gartenbauausstellung statt. Diesen guten Ruf setzt die **ega** 27, das Erfurter Garten- und Ausstellungsgelände an der Cyriaksburg, fort. Das weiträumige Areal bietet das ganze Jahr im Freigelände und in sechs Schauhäusern eine Fülle an Farbenpracht sowie viele Veranstaltungen und Konzerte (April–Okt. tgl. 9–20, Nov.–März 9–17 Uhr; Tel. 03 61/22 32 20, www.ega-erfurt.com).

Im **Thüringer Zoopark** 28 leben rund 1000 Tiere aus allen Kontinenten. Besuchermagnet ist die begehbare Berberaffenanlage (April–Sept. 9–18, Okt.–März 9 Uhr bis Einbruch der Dämmerung; Tel. 03 61/75 18 80, www.zoopark-erfurt.de).

Tourist-Information: Benediktsplatz 1, 99084 Erfurt, Tel. 03 61/6 64 00, Fax 6 64 02 90, info@erfurt-tourist-info.de, www.erfurt-tourist-info.de

Sorat Hotel 29: Gotthardstr. 27, Tel. 03 61/6 74 00, Fax 6 74 04 44, www.sorat-hotels.com, 85 Zi., DZ/F ab 119 €. Im historischen Gemäuer des ›Alten Schwan‹ entstand das Designerhotel an der Krämerbrücke. Es besticht durch seine ruhige Lage, seine Natürlichkeit und Freundlichkeit.

Radisson SAS Hotel 30: Juri-Gagarin-Ring 127, Tel. 03 61/5 51 00, Fax 5 51 02 10, www.radissonsas.com, 282 Zi., DZ/F ab 103 €. In der historischen Altstadt gelegen, in den oberen Etagen gibt es besonders große Zimmer und Suiten, der Wellnessbereich befindet sich in der 17. Etage.

Hotel Nikolai 31: Augustinerstr. 30, Tel. 03 61/59 81 70, Fax 59 81 71 20, www.hotel-nikolai-erfurt.com, 17 Zi., DZ/F ab 80 €. Romantisches Hotel in stilvollem Ambiente zwischen Augustinerkloster und Domplatz.

Erfurtblick 32: Nibelungenweg 20, Tel. 03 61/22 06 60, Fax 2 20 66 22, www.hotel-erfurtblick.de, 11 Zi., DZ/F ab 70 €. Die Hotelpension ›garni‹ mit hellen, freundlichen Zimmern hat sich einen guten Ruf erworben.

Alboth's 33: Futterstr. 15/16, Tel. 03 61/5 68 82 07, Fax 5 68 81, www.alboths.de, mittags, So und Mo geschl., Hauptgerichte 14–28 €. Claus Alboth gehört zu den besten Köchen Thüringens.

Il Cortile 34: Johannesstr. 150, Tel. 03 61/5 66 44 11, Fax 5 66 44 13, www.ilcortile.de, Sa Mittag, So und Fei geschl., Hauptgerichte 10–22 €. Der wohl beste Italiener in der Region.

Waldkasino 35: Waldkasino 2, Tel. 03 61/3 45 66 77, www.waldkasino.de, tgl. geöffnet, Hauptgerichte 8–22 €. Mancher kommt nur, um das obergärige Selbstgebraute zu trinken, das köstlich schmeckt. In dem rustikalen Gastraum wird eine ansprechende Küche serviert, von der großen Terrasse herrlicher Blick auf Erfurt.

Rathaus-Arcade 36: Fischmarkt 1, Tel. 03 61/6 55 22 95, www.rathaus-arcade.de, tgl. geöffnet, Hauptgerichte 8–13 €. Thüringer Fisch- und Fleischspezialitäten und Zutaten aus heimischen Gärten werden im Arcadengang des neogotischen Rathauses serviert.

Auf dem **Anger und Umgebung,** auf dem **Wenigemarkt und Fischmarkt** sowie auf der **Krämerbrücke** und der **Lange Brücke** laden Kaufhäuser und Geschäfte, Boutiquen, Galerien und Antiquariate zum Schauen und Kaufen ein.

N. L. Chrestensen: Marktstr. 38, Tel. 03 61/2 24 53 60. Die seit 1867 bestehende Firma ist ein Traditionsbetrieb des Erfurter Gartenbaus.

Thüringer Spezialitätenmarkt: Domplatz (Dompavillon), Tel. 03 61/3 46 34 93, www.thueringer-spezialitaeten.de. Ausgewählte Produkte aus Thüringen.

Engelsburg: Allerheiligenstr. 20/21, Tel. 03 61/24 47 70, www.uni-erfurt.de/engelsburg. Studentenklub mit der Gaststätte Steinhaus und dem Café DuckDich, Live-Musik ab 21 Uhr.

Diskothek Fun/Tanzcafé Lollipop: Apoldaer Str. 20, Tel. 7 46 45 49, Mi–So ab 21 Uhr Treff der Jugend.

Theater Erfurt: Placidus-Muth-Str. 1, www.theater-erfurt.de, Tel. 03 61/2 23 31 55. 2003 eingeweihter Neubau, in dem an rund 250 Tagen im Jahr Oper, Operette, Konzerte, Tanztheater und Schauspielproduktionen im Großen Saal und in der Studiobühne zur Aufführung gelangen.

Theater Waidspeicher: Domplatz 18, Tel. 03 61/5 98 29 24, www.waidspeicher.de, www.kabarett-diearche.de. Spielstätte des Puppentheaters und des Kabaretts ›Die Arche‹.

DASDIE Live: Marstallstr. 12, Tel. 03 61/55 11 66, www.dasdie.de. Kleinkunstbühne mit vielseitigem Programm wie Varieté, Travestie, Comedy, Musical, Showtanz.

Kneipenfestival: an einem Sa im Mai und Okt.; **Krämerbrückenfest:** Mitte Juni; **Domstufen-Festspiele:** Aug./Sept.; **Erfurter Kirchenmusiktage:** Mitte Sept.; **Weihnachtsmarkt:** Adventszeit.

Eissportzentrum: Arnstädter Str. 53, 99096 Erfurt, Tel. 03 61/6 55 46 95, www.gunda-niemann-stirnemann-halle.de. Kufenfreunde finden ein perfektes Areal vor, 400-m-Oval und eine Eishockey-Innenfläche. Öffentliches Eislaufen von Mitte Okt.–März.

Sportpark Erfurt: Apoldaer Str. 20, 99099 Erfurt, Tel. 03 61/77 86 40. Multifunktionale Sport- und Freizeitanlage.

Thüringer Zoopark: Zum Zoopark 8–10, Tel. 03 61/5 64 37 00, tgl. geöffnet. Auf 25 ha leben rund 1000 Tiere.

Bahn: ICE-Bahnhof; Regionalzüge in alle Richtungen Thüringens; **Bus:** nach Weimar, Hohenfelden, Drei Gleichen und weitere touristisch interessante Orte der Umgebung; **Stadtverkehr:** Straßenbahnlinien und Bus.

Ausflug nach Molsdorf

Reiseatlas: S. 235, D/E 4

Lange konnte sich der vom bürgerlichen Diplomat zum Reichsgrafen aufgestiegene Gustav Adolf von Gotter an seinem **Barockschlösschen** in Molsdorf, 13 km von Erfurt entfernt, nicht erfreuen. 1734 hatte er ein verkommenes Wasserschloss gekauft und es mit viel Geld umbauen lassen, bereits 14 Jah-

Ein reizvoller Landschaftspark umgibt Schloss Molsdorf

re später musste der Lebemann es verkaufen. Sein Lebensmotto ›Vive la joie‹ (Es lebe die Freude) hatte ihn finanziell ruiniert. Zur Anlage gehört ein Garten, der Anfang des 19. Jh. in den heutigen **Landschaftspark** umgestaltet wurde (Führungen Di–So 10–18 Uhr zu jeder vollen Stunde; Tel. 03 62 02/9 05 05).

Restaurant im Schloss Molsdorf: Hauptstr. 1, 99192 Molsdorf, Tel. 03 62 02/9 02 05, Mo geschl. In drei Gartensalons werden Torten, Salate, Cocktails und kalte Gerichte angeboten.

… nach Hohenfelden

Reiseatlas: S. 235, E 4

Als Ausflugsziel bei Erfurtern und Weimarern gleichermaßen beliebt ist der **Freizeitpark Stausee Hohenfelden.** Das Strandbad mit schönen Liegewiesen befindet sich am Nordufer des 44 ha großen Sees. Kinder lieben den Erlebnisspielplatz. Im Wildgehege tummeln sich Wildschweine und Damwild.

Zu neuem Leben erwacht die Vergangenheit im **Freilichtmuseum Hohenfelden.** Mehr als 30 Gebäude aus dem 17. bis 20. Jh. sind zu besichtigen, darunter mehrere Bauernhöfe und eine Töpferei. Ein Teil von ihnen wurde in Dörfern Mittelthüringens abgetragen und in Hohenfelden originalgetreu wieder aufgebaut (April–Okt. tgl. 10–18, Nov.–Dez. Di–So 11–17, Jan.–März Sa, So 11–17 Uhr; Tel. 03 64 50/4 39 18, www.thueringer-freilichtmuseum-hohenfelden.de).

Avenida-Therme: tgl. geöffnet, Tel. 03 64 50/44 90, www.avenida-therme.de. Badevergnügen für Groß und Klein, Rutschenpark und Saunenwelt.

Bus: nach Erfurt, Weimar, Bad Berka.

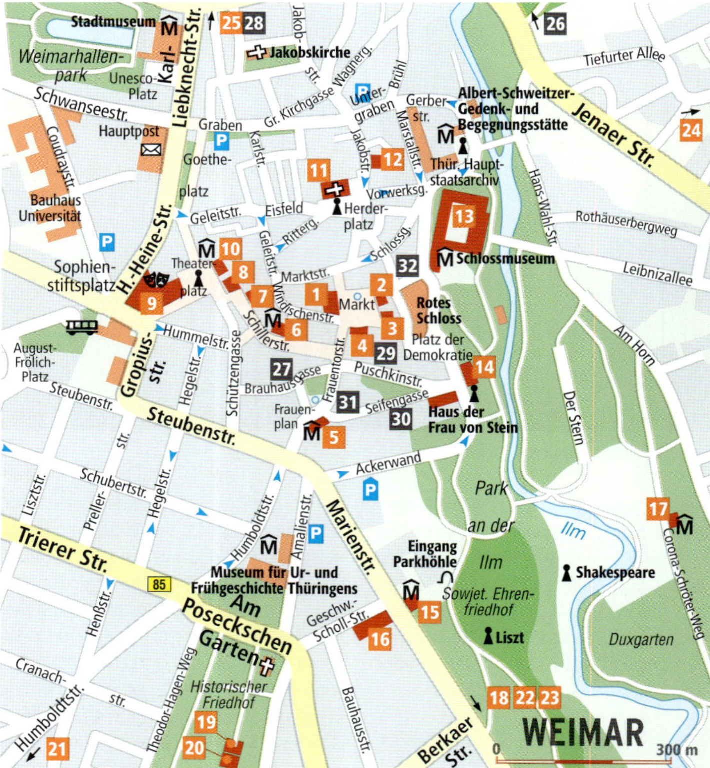

Weimar

Reiseatlas: S. 235, F 4

›SALVE‹ steht auf der Schwelle von Goethes Wohnhaus – ›Möge es Ihnen wohl ergehen‹. Und mit diesem Gruß empfängt Weimar (64 400 Ew.) seine Gäste. Die Stadt, als Ort der Literatur, der Musik und der Kunst weltbekannt geworden, war 1999 Kulturstadt Europas. Auf engstem Raum bietet Weimar eine Vielzahl von Einrichtungen, die für die deutsche und europäische Kultur und Geschichte von Bedeutung sind. Das ›Ensemble Klassisches Weimar‹ wurde 1998 in die Welterbeliste der UNESCO aufgenommen, die ›Bauhausbauten in Weimar und Dessau‹ sind dort bereits seit 1996 verzeichnet. Weimar ist aber nicht nur Klassiker- und Kulturstadt, Weimar ist auch Buchenwald, wo die Nationalsozialisten

Sehenswürdigkeiten			
1	Rathaus	18	Römisches Haus
2	Stadthaus	19	Fürstengruft
3	Cranachhaus	20	Russisch-orthodoxe Kapelle
4	Hotel Elephant	21	Nietzsche-Archiv
5	Goethe-Nationalmuseum	22	Haus Hohe Pappeln
6	Schillers Wohnhaus	23	Schloss und Park Belvedere
7	Weimar-Haus	24	Schloss und Park Tiefurt
8	Wittumspalais	25	Gedenkstätte Buchenwald
9	Deutsches Nationaltheater		**Übernachten**
10	Bauhaus-Museum	26	Hotel Dorotheenhof
11	Herderkirche	27	Hotel Am Frauenplan
12	Kirms-Krackow-Haus	28	Pension Savina
13	Residenzschloss		
14	Herzogin Anna Amalia Bibliothek		**Essen und Trinken**
15	Liszt-Haus	29	Anna Amalia
16	Bauhaus-Universität	30	Bistrot à vin La Palette
17	Goethes Gartenhaus	31	›Zum Weißen Schwan‹
		32	Residenz Café

das berüchtigte Konzentrationslager errichteten und Zehntausende Menschen erniedrigten, quälten, umbrachten.

Demjenigen, der sich über Weimar ausführlicher informieren möchte, sei das DuMont-Reisetaschenbuch »Weimar« empfohlen.

Rundgang

Vom Marktplatz mit dem **Rathaus** 1, **Stadthaus** 2, **Cranachhaus** 3 und dem weithin bekannten **Hotel Elephant** 4 wird über die Frauentorstraße zum **Goethe Nationalmuseum** 5 gelaufen. Wer im Eingangsbereich den Weg nach links geht, kommt zur Ausstellung »Wiederholte Spiegelungen. Weimarer Klassik von 1759–1832«, wer sich nach rechts wendet, erreicht Goethes Wohnhaus, das mehr als 50 Jahre einer der geistigen Mittelpunkte Deutschlands war (April–Sept. Di–Fr, Sa 9–19, So 9–18, Okt. Di–So 9–18, Nov.–März Di–So 9–16 Uhr; Tel. 0 36 43/54 53 47, www.swkk.de).

Die den Fußgängern reservierte Schillerstraße führt zu **Schillers Wohnhaus** 6, das der Dichter 1802, nur wenige Jahre vor seinem Tod 1805, erwarb. Im anspruchslos eingerichteten Arbeitszimmer entstanden bei Kerzenlicht »Die Braut von Messina«, »Wilhelm Tell« und der Entwurf zum »Demetrius« (April–Sept. Mo, Mi–Fr, So 9–18, Sa 9–19, Okt. Mi–Mo 9–18, Nov.–März Mi–Mo 9–16 Uhr; Tel. 0 36 43/54 53 50, www.swkk.de).

Nur wenige Schritte entfernt liegt das multimediale Erlebnismuseum **Weimar-Haus** 7, das Geschichte live bietet (tgl. April–Sept. 10–19, Okt.–

Reiseatlas: S. 235

Das Junozimmer in Goethes Wohnhaus

März bis 18 Uhr; Tel. 0 36 43/90 18 90, www.weimarhaus.de).

Am Theaterplatz

Mehr als drei Jahrzehnte war das barocke **Wittumspalais** 8 an der Ecke zur Schillerstraße, der Witwensitz von Herzogin Anna Amalia, Zentrum des geistigen Lebens. Zu den Tafelrunden der Herzogin trafen sich Dichter, Wissenschaftler, Künstler und Musiker aus dem Bürgertum mit Mitgliedern der Hofgesellschaft (Di–So April–Okt. 10–18, Nov.–März 10–16 Uhr; Tel. 0 36 43/54 53 77, www.swkk.de).

Schräg gegenüber trifft man auf das **Deutsche Nationaltheater** 9, dessen berühmtester Intendant Goethe war. Was heute am Theaterplatz steht, ist aber nicht mehr das Theater von Goethe und Schiller, sondern das dritte Haus an dieser Stelle. Im Gebäude von 1908 tagte 1919 die Nationalversammlung, die der ersten deutschen Republik den Namen Weimars gab. Vor dem Theater bekam das Wahrzeichen Weimars seinen Platz, das 1857 enthüllte **Goethe-Schiller-Denkmal.** Die beiden Dichterfürsten schauen auf das **Bauhaus-Museum** 10. Denn das Bauhaus, die legendäre Kunstschule des 20. Jh., war 1919 in Weimar gegründet worden (Di–So April–Okt 10–18, Nov.–März 10–16 Uhr; Tel. 0 36 43/54 59 61, www.swkk.de).

Die Stadtkirche St. Peter und Paul wird fast nur als **Herderkirche** 11 bezeichnet, weil an ihr von 1776 bis 1803 Johann Gottfried Herder als Oberhofprediger und Kirchenrat wirkte. Herder ist einer der vier Klassiker Weimars. Eine Augenweide in dem Gotteshaus ist das dreiflügelige Altargemälde, das von Lucas Cranach d. Ä. stammt (April–Okt. Mo–Sa 10–12, 14–16, So 11–12, 14–15, Nov.–März tgl. 11–12, 14–15 Uhr).

Nicht weit vom Herderplatz, in der Jakobstraße, wird das **Kirms-Krackow-Haus** 12 erreicht. Es ist zugleich Architekturdenkmal und Zeugnis der Wohnkultur und Lebensweise des gehobenen Bürgertums in der ersten Hälfte des 19. Jh. (Jakobstr. 10, April–Okt. Di–So 10–18 Uhr; Tel. 0 36 45/54 53 83, www.swkk.de). Das klassizistische **Residenzschloss** 13 entstand in seiner heutigen Form als Dreiflügelanlage

nach einem Brand 1774, der vierte Flügel an der Südseite kam 1913/14 im neobarocken Stil hinzu. Die Innenräume des Schlosses gehören zu den prachtvollsten Raumensembles der europäischen Architektur um 1800. In ihnen zeigt das **Schlossmuseum** Schätze aus seinen bedeutenden Kunstsammlungen vom Mittelalter bis zur Neuzeit. Berühmt sind die Cranachgalerie und die Werke der Weimarer Malerschule (Di–So April–Okt 10–18, Nov.–März 10–16 Uhr; Tel. 0 36 43/54 59 60, www.swkk.de).

Im Herbst 2004 erlebte Weimar eine Katastrophe: Meterhohe Flammen schlugen aus dem Dach des historischen Stammgebäudes der **Herzogin Anna Amalia Bibliothek** 14. Freiwillige rissen im heißen Löschwasser Bücher aus den Regalen, die eine Menschenkette in Sicherheit brachte. Tausende bibliophiler Kostbarkeiten wurden dennoch vernichtet. Seitdem ist der berühmte 1761 entstandene Rokokosaal nicht mehr zu besichtigen, ab Herbst 2007 jedoch soll er für Besucher wieder zugänglich sein.

Park an der Ilm

Fast unverändert hat sich der **Park an der Ilm** erhalten, ein englischer Landschaftsgarten, der nach und nach unter Goethes Leitung entstanden war. Am Rand des Parks steht das **Liszt-**

Haus 15, die ehemalige Hofgärtnerei, in der der berühmte Komponist und Klaviervirtuose von 1869 bis zu seinem Tod 1886 jährlich mehrere Monate wohnte (April–Okt. Di–So 10–18 Uhr; Tel. 0 36 43/54 53 88, www.swkk.de). Schräg gegenüber befindet sich das **Hauptgebäude der Bauhaus-Universität** 16, das von dem belgischen Jugendstilkünstler Henry van de Velde stammt.

Goethe hatte, bevor er in das Haus am Frauenplan zog, sein Zuhause sechs Jahre in dem kleinen **Gartenhaus** 17 in den Wiesen an der Ilm (tgl. April–Okt. 10–18, Nov.–März 10–16 Uhr; Tel. 0 36 43/54 53 75). Das **Römische Haus** 18 auf dem gegenüberliegenden Ilmufer entstand als Sommersitz des Herzogs. Der hatte seinem Freund Goethe den Auftrag mit den Worten übergeben: »Den Bau des Gartenhauses übergebe ich Dir ganz … und tue, als wenn Du für Dich bautest.«

Das Römische Haus im Ilmpark

(April–Okt. Di–So 10–18 Uhr; Tel. 0 36 43/54 53 82, www.swkk.de).

Eine von Linden umrahmte Allee führt auf dem Historischen Friedhof zur **Fürstengruft** 19, einer kuppelgekrönten Kapelle im klassizistischen Stil, in der 31 Mitglieder der herzoglichen Familie sowie Goethe und Schiller bestattet sind (tgl. April–Okt 10–18 Uhr, Nov.–März 10–16 Uhr; Tel. 0 36 43/54 53 80, www.swkk.de). Mit der Fürstengruft verbunden ist die **Russisch-orthodoxe Kapelle** 20, die letzte Ruhestätte der Kunst liebenden Großherzogin Maria Pawlowna (tgl. April–Okt. 10–18, Nov.–März 10–16 Uhr).

Die Villa Silberblick im Süden der Stadt, in der der umstrittene Philosoph Friedrich Nietzsche die letzten drei Jahre bis zu seinem Tod 1900 verbrachte, trägt den Namen **Nietzsche-Archiv** 21. Das Interieur der Erdgeschossräume stammt von Henry van de Velde (April–Okt. Di–So 13–18 Uhr; Humboldtstr. 36, Tel. 0 36 43/54 51 59, www.swkk.de). Das Wohnhaus von van de Velde, das **Haus Hohe Pappeln** 22, stellt eine überregional bedeutende Ikone der Moderne dar (April–Okt. Di–So 13–18 Uhr; Belvederer Allee 58, Tel. 0 36 43/54 59 65, www.swkk.de).

Wer weiterfährt, kommt zu **Schloss und Park Belvedere** 23, der einstigen Sommerresidenz der großherzoglichen Familie. Im Schloss befindet sich ein Rokokomuseum (April–Okt. Di–So 10–18 Uhr). Ebenfalls am Stadtrand von Weimar befinden sich **Schloss und Park Tiefurt** 24, der ehemalige Sommersitz der Herzogin Anna Amalia (Schloss wegen Bauarbeiten bis voraussichtlich 2007 geschlossen).

DIE DICHTERFÜRSTEN

Zum ersten Mal persönlich begegnet sind sich Goethe und Schiller am 7. September 1788 in Rudolstadt (s. S. 202). Es war ein kühles Gespräch. Goethe sah in Schiller einen unreifen Sturm-und-Drang-Dichter, Schiller wiederum in Goethe den vom Glück begünstigten, egoistischen Weltmann und Dichter, der seinem eigenen Aufstieg – wie er einige Monate später an seinen Freund Körner schrieb – »im Wege« war. Begegnungen und Besuche in der Folgezeit blieben unverbindlich. »Es fehlt ihm ganz an der herzlichen Art, sich zu irgend etwas zu bekennen«, teilte Schiller 1790 wieder Körner mit. »Seine Philosophie mag ich auch nicht ganz: Sie holt zu viel aus der Sinnenwelt, wo ich aus der Seele hole. Überhaupt ist seine Vorstellungsart zu sinnlich und betastet mir zu viel.«

Zehn Jahre später hat sich die Situation verändert, wie einem Brief Goethes an Schiller zu entnehmen ist: »Das günstige Zusammentreffen unserer beiden Naturen hat uns schon so manchen Vorteil verschafft und ich hoffe, dieses Verhältnis wird immer gleich fortwirken.« Goethe bekennt: »Sie haben mir eine zweite Jugend verschafft und mich wieder zum Dichter gemacht, welcher zu sein ich so gut wie aufgehört hatte.« Die Unterschiede beider, schon durch Herkunft, Bildungsweg und gesellschaftliche Stellung bedingt, waren groß, doch kristallisierten sich viele Gemeinsamkeiten heraus. Beide schlossen »den Bund des Ernstes und der Liebe«, wie Goethe feststellte. In den Jahren, in denen Schiller in Jena lebte, war er wiederholt für mehrere Wochen Hausgast Goethes, nach seiner Übersiedlung nach Weimar pflegten beide häufigen persönlichen, familiären und gesellschaftlichen Umgang. Doch geduzt haben sie sich nie.

Nach Schillers Tod schrieb Goethe an den Berliner Musiker und Komponisten Zelter: »Ich … verliere nun einen Freund und in demselben die Hälfte meines Daseins.« Dem Freund setzte Goethe mit dem »Epilog zu Schillers Glocke« und vor allem mit der Herausgabe des Briefwechsels mit Schiller ein literarisches Denkmal. »Seine Briefe«, so Goethe zu seinem Vertrauten und Mitarbeiter Eckermann 1825, »sind das schönste Andenken, das ich von ihm besitze, und sie gehören mit zu dem Vortrefflichsten, was er geschrieben hat.« 1009 Briefe wechselten die beiden Dichterfürsten von 1794 bis 1805. In der Fürstengruft in Weimar (s. S. 112) sind die beiden auch im Tod vereint, ihre Särge stehen nebeneinander, und im Herzen der Stadt, vor dem Deutschen Nationaltheater, findet die Dichterfreundschaft mit dem Goethe-und-Schiller-Denkmal bleibenden Ausdruck. Beide Dichter werden in ihrer Individualität gezeigt, aber auch als Freundespaar. Das symbolisiert der Lorbeerkranz, den der zehn Jahre ältere Goethe in der Hand hält und nach dem Schiller greift, sowie die Hand, die Goethe dem Freund auf die Schulter legt. Das berühmte Doppelstandbild zeigt bewusst beide Dichter gleich groß: 3 m und 34 cm. Doch im Leben waren sie von unterschiedlicher Körpergröße, Goethe war 12 cm kleiner als Schiller.

Weimars dunkles Kapitel

Nirgendwoanders liegen Kultur und Barbarei, Humanität und Grauen so dicht beieinander wie in Weimar. Fast in Rufweite zu den Wirkungsstätten Goethes und Schillers errichteten die Nationalsozialisten das **Konzentrationslager Buchenwald** 25. Am Ende des Zweiten Weltkrieges war es das größte Vernichtungslager im Deutschen Reich, von rund 250 000 Häftlingen fanden mehr als 56 000 den Tod. Die Gedenkstätte Buchenwald erinnert aber auch an das Speziallager, das die Sowjets 1945 einrichteten und das bis 1950 bestand. In ihm waren mehr als 28 000 Menschen inhaftiert, von denen über 7000 das Leben verloren (Außenlager tgl. bis zum Einbruch der Dunkelheit geöffnet, museale Einrichtungen Di–So April–Okt. 10–18, Nov.–März 10–16 Uhr; Tel. 0 36 43/43 02 00, www.buchenwald.de).

Tourist-Information: Markt 10, 99423 Weimar, Tel. 0 36 43/74 50, Fax 74 54 20, tourist-info@weimar.de, www.weimar.de

Hotel Elephant 4: Markt 19, Tel. 0 36 43/80 20, Fax 80 26 10, www.arabellasheraton.com, 99 Zi., DZ/F ab 155 €. Wer Wert auf Tradition und angenehmen Komfort legt, ist hier richtig. Einrichtung im Stil der Art déco und des Bauhauses.

Romantik Hotel Dorotheenhof 26: Zum Dorotheenhof 1, Tel. 0 36 43/45 90, Fax 45 92 00, www.dorotheenhof.com, 60 Zi., DZ/F ab 98 €. Im eigenen Park am Rande der Stadt gelegener ehemaliger Gutshof. Der liebevolle familiäre Service macht den Aufenthalt in den behaglichen Zimmern, teilweise mit Blick auf Tiefurt, sehr angenehm.

Hotel Am Frauenplan 27: Brauhausgasse 10, Tel. 0 36 43/49 44-0, 49 44 44, www.hotel-am-frauenplan.de, 48 Zi., DZ/F ab 66 €. Gehobene Mittelklasse fast neben dem Goethehaus, modern-gemütlich eingerichtete Zimmer.

Pension Savina 28: Meyerstr. 60, Tel. 8 66 90, Fax 86 69 11, www.pension-savina.de, 14 Zi., DZ/F ab 55 €. Die Zimmer in dem Haus in einer ruhigen Seitenstraße in der Nähe des Bahnhofs versprechen angenehmen Aufenthalt.

Anna Amalia 29: Markt 19 (im Hotel Elephant), Tel. 0 36 43/80 20, www.arabellasheraton.com, Mo geschl., Okt.–April nur abends geöffnet und So, Mo geschl., Hauptgerichte 20–25 €. Die ausgezeichnete Gourmetküche von Marcello Fabbri wurde mit einem Michelin-Stern geadelt.

Bistrôt à vin La Palette 30: Seifengasse 16, Tel. 0 36 43/90 42 26, Mo, Di und Jan. geschl., Hauptgerichte 12–16 €. Etwas versteckt neben dem Haus der Frau von Stein gelegen, bietet das Restaurant französische Spezialitäten.

Gasthaus zum Weißen Schwan 31: Frauentorstr. 23. Tel. 0 36 43/90 87 51, www.weisserschwan.de, Mo, Di geschl., Hauptgerichte 8–16 €. Wer die Geschichte Weimars erleben und verstehen will, muss hier wie einst Goethe eingekehrt sein. Nicht nur Thüringer Küche.

Residenz Cafè 32: Grüner Markt 4, Tel. 0 36 43/5 94 08, www.residenz-cafe.de, tgl. geöffnet. Hauptgerichte 5–12 €. Hier trifft sich der Weimarer mit seinen Gästen. Das älteste noch bestehende Kaffeehaus ist eine Art Institution in der Stadt.

Schillerstraße, Wielandstraße, Markt: Hier sind die meisten Geschäfte, aber es lohnt sich, auch in die Nebenstraßen zu schauen.

Feinkost Hauffe: Kaufstr. 9–11, Tel. 0 36 43/51 73 14, www.feinkost-hauffe.de. Großes Sortiment an ausgesuchten Weinen, Käsen und anderen kulinarischen Köstlichkeiten. Regelmäßig kulturelle Veranstaltungen.

Schirmfachgeschäft Annelies Pennewitz: Rittergasse 19, Tel. 0 36 43/90 33 63. Schirme aller Couleur und Lederwaren. Interessant das kleine Schirmmuseum.

Loft Bar & Tapas: Carl-August-Allee 12, Tel. 0 36 43/77 64 37, Fax 85 27 76, tgl. ab 18 Uhr geöffnet. Spanische Spezialitäten und Cocktails für Nachtschwärmer.

Studentenclub Kasseturm: Goetheplatz 10, Tel./Fax 0 36 43/85 16 70, Mo–Sa ab 18 Uhr. Studentisches Flair im Turm der ehemaligen Stadtbefestigung.

Deutsches Nationaltheater: Theaterplatz 2, Tel. 0 36 43/75 53 34, Fax 75 53 21, www.nationaltheater-weimar.de. Mehrspartentheater für Oper, Operette, Schauspiel und Tanz.

ACC Galerie Weimar: Burgplatz 1–2, Tel. 0 36 43/85 12 61. Ausstellungen zeitgenössischer Kunst von überregionaler Bedeutung, auch Lesungen, Theater, Konzerte.

Kabarett Sinnflut: Steubenstr. 31, Kabarettbüro: Windischenstr. 5, Tel. 0 36 43/77 93 86, www.kabarett-sinnflut.de. Aktuell politische Programme.

Thüringer Bachwochen: Anf. März bis Mitte April; **Klezmer-Wochen** (Festival jiddisch-jüdischer Musik): Juli, Aug.; **Spiegelzelt:** Juni/Juli; **Pèlerinage – Kunstfest Weimar:** Aug.; **Weimarer Zwiebelmarkt:** 2. Wochenende im Okt.; **Jazzmeile Thüringen:** Herbst.

Bahn: ICE- und IC-Bahnanbindung, nach Erfurt, Eisenach, Gotha, Jena, Gera; **Bus:** nach Erfurt, Jena, Apolda, Bad Berka, Rudolstadt, Ilmenau; Stadtverkehr: Buslinien.

Ausflug nach Oßmannstedt

Reiseatlas: S. 238, B 1

Der Dichter, Übersetzer und Herausgeber Christoph Martin Wieland, der als Prinzenerzieher nach Weimar gekommen war, wollte von der Residenzstadt hinaus aufs Land. Das Gut Oßmannstedt, 14 km von Weimar entfernt, hatte er sich 1797 zum Kauf ausgesucht. »Im ganzen Lande habe ich kein Gut finden können, das in allen Stücken wesentlich so ganz für mich getaugt hätte wie Oßmannstedt«, schrieb er an seinen Verleger Georg Joachim Göschen. In den sechs Jahren, die Wieland als ›poetischer Landjunker‹ in Oßmannstedt weilte, schrieb er »Aristipp«, den ersten bedeutenden deutschen historischen Roman über die griechische Antike.

Im zweistöckigen **Gutshaus** erinnert ein modernes Museum an den Literaten und politischen Journalisten. Die Informationen stehen nicht auf Schrifttafeln, sondern werden von Computerterminals abgerufen. Der Besucher erfährt beispielsweise, dass in diesen Räumen Goethe zu Besuch war, aber auch Jean Paul, Herder, Heinrich von Kleist sowie Herzogin Anna Amalia (April–Okt. Di–So 10–16, Nov.–März Sa, So 10–16 Uhr; Tel. 0 36 43/54 54 01, www.wielandgutossmannstedt.de).

Bad Berka

Reiseatlas: S. 238, A 2
Ein zweites Karlsbad sollte Berka werden, das wollte der Weimarer Herzog. So weit ist es allerdings nicht gekommen, doch ein ansprechendes Städtchen ist das von bewaldeten Bergen umgebene Bad Berka (7700 Ew.) allemal. Auch deshalb, weil es beim Wiederaufbau nach dem Großbrand 1816 ein einheitliches klassizistisches Aussehen bekam.

Berka war das Lieblingsjagdrevier des Weimarer Herzogs. Er veranlasste, dass die Wetterfahne auf der **Kirche** einen goldenen Hirsch erhielt. Die Jagdutensilien waren im 1739 fertig gestellten, 59 m langen **Jagdzeughaus** westlich der B 85 eingelagert, hier standen auch die Kutschen und Schlitten. Heute wird das Gebäude als Bürgerhaus mit Kegelbahn, Bibliothek, Stadtarchiv und einem bis zu 350 Personen fassenden Saal genutzt.

Die Ilm überquerend geht es zum barocken **Edelhof** (1786), in dem im 18. Jh. die Jagdgäste der Weimarer Herzöge übernachteten, die ›Edlen von Weimar‹. Goethe wohnte 1814 hier, als er es sich mit seiner Frau Christiane wohl sein ließ. Nach dem Zweiten Weltkrieg kamen Tuberkulosekranke nach Berka, heute ist es ein Zentrum für Herz- und Lungenkrankheiten. Das klassizistische **Coudray-Haus** (1825), das Großherzog Carl August als Kur- und Gesellschaftshaus zum kulturellen und gesellschaftlichen Mittelpunkt des Badelebens machte, ist nach seinem Baumeister benannt. Im **Goethe- und Heimatmuseum** ist viel über die Geschichte des Bades und den Dichterfürsten zu erfahren (Mo–Fr 10–12, 14–17, Sa, So 14–17 Uhr).

Goethe lieferte die Pläne für die 400 m lange **Allee,** die durch den Kurpark führt. Die Pappeln, die er damals anpflanzen ließ, sind nicht mehr vorhanden, sie mussten 1905 wegen Altersschwäche den heutigen Linden weichen. Östlich des Kurparks, auf dem 416 m hohen Adelsberg, ragt seit 1884 der **Paulinenturm** auf. 143 Stufen sind bis zur Aussichtsplattform hochzusteigen.

Adler im Sturzflug

In Kranichfeld, 9 km von Bad Berka entfernt, sind Adler im Sturzflug zu erleben, segelt ein Andenkondor majestätisch über das Gelände und gleitet ein Uhu lautlos dicht über den Köpfen der Besucher. Die **Flugschau** auf der Niederburg findet von Mai bis Okt. Di–So 15–16 Uhr statt (Tel./Fax 03 64 50/ 4 41 91, www.falkenhof-kranichfeld.de, www.kranichfeld.de).

Kurverwaltung, Goetheallee 3, 99438 Bad Berka, Tel. 03 64 58/ 57 00, Fax 5 79 99, info@bad-berka.de, www.bad-berka.de

Am Goethebrunnen: Goetheallee 1 a, Tel. 03 64 58/57 10, Fax 5 71 12, www.hotel-am-goethebrunnen.de, 10 Zi., DZ/F ab 70 €, tgl. geöffnet, Hauptgerichte 7–14 €. Im einstigen Kurhaus entstand in ruhiger Lage ein gutes Hotel mit einem stilvollen Restaurant, in dem das Speisen Vergnügen bereitet.

Bahn: nach Weimar; **Bus:** nach Weimar, Rudolstadt, Erfurt, Ilmenau.

Apolda

Reiseatlas: S. 238, B 1
Glocken, die noch heute in vielen Ländern erklingen, machten Apolda (25 000 Ew.) berühmt. Insgesamt haben die Glockengießer der Stadt mehr als 20 000 Turmglocken gegossen. Von den 118 größten Glocken der Welt, die von 1734–1902 gefertigt wurden, stammen allein 40 aus Apolda. Wen wunderts, dass Apolda ein Glockenmuseum hat. Es befindet sich unter einem Dach mit dem Stadtmuseum. Im **Glockenmuseum** darf der überwiegende Teil der frei stehenden Glocken angeschlagen werden. Tonaufnahmen von Geläuten und Glockenspielen, die der Besucher selbst auswählt, begleiten den Museumsrundgang.

Im **Stadtmuseum** steht die Textilindustrie im Mittelpunkt, die Apolda einst zum Beinamen ›thüringisches Manchester‹ verhalf. Im frühen 18. Jh. galt die Stadt als größte Strumpfmanufaktur in den deutschen Ländern, zu DDR-Zeiten war Apolda ein führender Standort der Textilproduktion (Di–So 10–17 Uhr; Bahnhofstr. 41, Tel. 0 36 44/ 65 03 31).

Dem Museum gegenüber, in einer 1872 im italienischen Landhausstil erbauten Villa, zeigt das **Kunsthaus** Wechselausstellungen zu verschiedenen Stilrichtungen. Die Arbeiten von Kimberley Austin, Man Ray, Toulouse-Lautrec, Wolfgang Joop und anderen Berühmtheiten zogen die Besucher in Scharen an (Di–So 10–18 Uhr; Tel. 0 36 44/56 24 80, www.kunsthausapolda.de). In der **Museumsbaracke ›Olle DDR‹** hinter dem Kunsthaus lebt die DDR wieder auf. Rund 12 000 Gegenstände aus dem DDR-Alltag wurden zusammengetragen und geben Einblick in das Leben im ehemals ›real existierenden Sozialismus‹ (Di–So 10–18, Nov.–März bis 17 Uhr; Bahnhofstr. 42, Tel. 0 36 44/55 36 22, www.olle-ddr.de).

Beim Stadtbummel sind wunderschön restaurierte **Bürgerhäuser** und Villen im Gründerzeit- und Jugendstil zu sehen, die für das Repräsentationsbedürfnis der Textilfabrikanten und -händler stehen. Sie säumen auch den Marktplatz mit dem **Renaissance-Rathaus** (1558/59). Am **Stadthaus,** von 1908–1910 zwischen der Goldgasse und Am Brückenborn erbaut, erklingt täglich dreimal ein **Glockenspiel.** Das bronzene **Dobermann-Denkmal,** das eine lustig herumtollende Hundegruppe zeigt, wurde 1999 in der Teichgasse/Ecke Zum Lindenberg aufgestellt. Gewidmet ist es dem 1894 verstorbenen Karl Friedrich Louis Dobermann, der die nach ihm benannten, weltweit verbreiteten Dobermänner züchtete. Der spitze, 80 m hohe Turm der neogotischen, backsteinernen **Stadtkirche** von 1892–1894 am Kantplatz überragt alle Bauten der Stadt.

Apolda-Information: Markt 1, 99510 Apolda, Tel. 0 36 44/65 01 00, Fax 65 05 18, touristinformation@apolda.de, www.apolda.de

Hotel Am Schloss: Jenaer Str. 2, Tel. 0 36 44/58 00, Fax 58 01 00, www.hotel-apolda.de, 113 Zi., DZ/F ab 83 €. In Apoldas Stadtmitte unmittelbar am Schloss gelegen, Zimmer mit allem Komfort.

Hotel 2 Länder: Erfurter Str. 31, Tel. 0 36 44/5 02 20, Fax 50 22 40, www.hotel-2-laender.de, 35 Zi., DZ ab 64 €. Zeitgemäßer Hotelkomfort, Zimmer mit Balkon oder Terrasse.

Falkenburg: Jenaer Str. 37, Tel. 0 36 44/56 22 45, www.hotel-falkenburg.de, tgl. geöffnet, Hauptgerichte 5–15 €. Rustikales Flair und gute Thüringer Küche, zum Beispiel Fabrikantenbratwurst mit Speckkartoffelsalat und Sauerkraut.

Apoldaer Bornfest: 2. Wochenende im Mai; **Oldtimer-Schlosstreffen:** 1. Wochenende im Juni; **Modenacht:** 1. Samstag im Juli; **Zwiebelmarkt:** letztes Wochenende im Sept.

Bahn: nach Apolda, Weimar und Jena; **Bus:** nach Weimar, Bad Berka und Jena.

Ausflug nach Dornburg

Reiseatlas: S. 238, C 1

Drei Schlösser erheben sich – 10 km von Apolda entfernt – auf einer Felsenterrasse hoch über das Saaletal. Goethe entdeckte die Schlösser 1776 bei einem Ritt. Der Dichter fand die Ge-

Das Rokokoschloss in Dornburg

gend um Dornburg (900 Ew.) so schön, dass er in den folgenden Jahrzehnten mehr als zwanzig Mal hierher kam.

Das nördlichste, 1521 fertig gestellte Schloss, das lange als Amtshaus, Pension und Seniorenheim diente, ist nicht öffentlich zugänglich, das Renaissanceschloss und das Rokokoschloss werden museal genutzt. Über das Mitte des 16. Jh. errichtete **Renaissanceschloss** schrieb der damals 79-jährige Goethe 1828 an seinen Freund Karl Friedrich Zelter: »Ich weiß nicht, ob Dornburg Dir bekannt ist ... anmutige Gärten ziehen sich an Lusthäusern her; ich bewohne das alte, neu aufgeputzte Schlößchen am südlichsten Ende. Die Aussicht ist herrlich und fröhlich ...« In der Bergstube steht noch das damals vom Dichterfürsten benutzte Zylinderbüro (April–Okt. Di–So 10–18 Uhr; Tel. 0 36 43/54 54 01, www.swkk.de).

Das vom Weimarer Herzoghaus als Sommersitz genutzte **Rokokoschloss** wurde in den vergangenen Jahren umfassend saniert, gegenwärtig erfolgt die aufwändige Restaurierung der Innenräume, die Wiedereröffnung ist für den Sommer 2006 geplant. Dann vermittelt das Haus ein Bild der adligen Wohnkultur des 18. Jh. (Tel. 0 36 43/ 54 54 01, www.wskk.de). Originalgetreu wieder hergestellt wurden schon vor Jahren die **Schlossgärten** (tgl. von 9 Uhr bis zum Einbruch der Dunkelheit).

Dornburg-Info: August-Bebel-Str. 16, 07778 Dornburg, Tel. 03 64 27/ 2 09 34, Fax 7 55 98, dornburg-tourist@t-online.de, www.dornburg-saale.de

Schlossberg: Tel. 03 64 27/7 04 63, Fax 7 04 64, www.dornburger-schloesser.de, tgl. geöffnet, Hauptgerichte 6–12,50 €. Direkt am Parkeingang, Restaurant mit großer Terrasse.

Rosenfest: letztes Wochenende im Juni.

Bad Sulza

Reiseatlas: S. 238, C 1

2000 wurde Bad Sulza (3100 Ew.) mit einem Schlag über die Thüringer Landesgrenzen hinaus bekannt, als die **Toskana-Therme** den Status eines Außenprojektes der Expo 2000 erhielt. Eintauchen, sich wohl fühlen und genießen – Liquid Sound, ›flüssiger Klang‹, heißt die pure Entspannung in dem futuristischen Badetempel.

Sulza, in einem Talkessel der Ilm gelegen, ist eine alte Salzsiederstadt. Bis 1967 gewann man hier Kochsalz nach jahrhundertealter Technologie durch Verdampfen der Sole in Pfannen. Mitte des 19. Jh. setzte der Kurbetrieb ein, 1907 wurde der Ort mit dem Zusatz ›Bad‹ geadelt. Das **Gradierwerk** ›Louise‹ mit Wandelgang und Zerstäuberhalle gehört zu den erhalten gebliebenen historischen Salineanlagen (April–Nov. Mo, Mi, Fr 14–17, Di, Do, Sa, So 10–12, 14–17 Uhr). 1903 wurde im so genannten Wunderwald das **Inhalatorium** eröffnet, das in den 1930er Jahren zu den modernsten Anlagen dieser Art gehörte. Heute haben in dem denkmalgeschützten Fachwerkgebäude die Kurverwaltung und die Kurbibliothek ihr Domizil, die nahe **Trinkhalle** stammt von 1910.

Zwischen der Toskana-Therme sowie den historischen Salineeinrichtungen Schachtkaue und Kunstwinkel ist zur Überraschung plötzlich **Goethes Gartenhaus** aus dem Weimarer Ilmpark zu sehen. Im Kulturstadtjahr 1999 war eine Kopie hergestellt worden, doch nach dem Großereignis wusste Weimar mit dem Double nichts mehr anzufangen und verkaufte es an Bad Sulza. Im ›geklonten‹ Gartenhaus finden kulturelle Veranstaltungen statt (tgl. 12–16 Uhr; Tel. 03 64 61/9 18 50, www.goethe-gartenhaus.com).

Gästeinformation: Kurpark 2, 99518 Bad Sulza, Tel. 03 64 61/8 21 10, Fax 8 21 11, info@bad-sulza.de, www.bad-sulza.de

Hotel an der Therme: Wunderwaldstr. 2, Tel. 03 64 61/9 28 81, Fax 9 28 35, www.hotel-an-der-therme.de, 140 Zi., DZ/F ab 60 €. Ideale Lage direkt an der Therme, zweckmäßig ausgestattete Zimmer.

Ratskeller: Markt 1, Tel. 03 64 61/2 23 22, www.ratskeller-bad-sulza.de, Mo und Di mittags geschlossen. Regionale und internationale Küche, gut sortierte Weinkarte.

Salz- und Quellenfest: 1. Wochenende im Juli; **Weinfest:** 3. Wochenende im Aug.

Toskana-Therme: tgl. geöffnet, Wunderwaldstr. 2 a, Tel. 03 64 61/9 10 80, www.toskana-therme.de. Drei Ebenen, sieben Kaskade-Solepools, Saunalandschaft, Wellnesspark.

Bus: nach Weimar und Jena.

Jena

Reiseatlas: S. 238, B/C 1/2
Das malerisch in die Saaleaue eingebettete Jena (102 000 Ew.) ist Industrie- und Universitätsstadt. Als ›Stapelplatz des Wissens und der Wissenschaften‹ bezeichnete Goethe Jena und seine Universität im April 1800 in einem Brief, denn viele Geistesgrößen sind mit Jena verbunden: Friedrich Schiller ebenso wie Clemens Brentano, Johann Gottlieb Fichte und Ernst Haeckel. An ihr Wirken erinnern Denkmäler, Bildnisse und Gedenktafeln. Zu Weltruhm gelangte Jena im 19. Jh. durch Carl Zeiß, Ernst Abbe und Otto Schott, die die Produktion von wissenschaftlichen Präzisionsgeräten und feuerfestem Glas begründeten. An der Universität und der Fachhochschule studieren gegenwärtig rund 22 000 Studenten, die wesentlich das Stadtbild prägen.

Rundgang

Am Fürstengraben, beim **Pulverturm** 1 der alten Stadtbefestigung, stehen aufgereiht die Büsten bedeutender Jenaer Persönlichkeiten, von Ernst Abbe wie von Karl Marx, der in Jena promovierte. Die **Via triumphalis** 2, die Ehrenallee, dürfte in ihrer Art einmalig in Deutschland sein. Goethe wird gegenüber im einstigen Inspektorenhaus geehrt, in dem er während seiner Jena-Aufenthalte oft wohnte und das deshalb zur **Goethe-Gedenkstätte** 3 wurde (April– Okt. Mi–So 11–15 Uhr; Tel. 036 41/94 90 09). Kluge Leute haben ausgerechnet, dass der Dichter und Minister insgesamt etwa fünf Jah-

Moderne Stadthäuser am Marktplatz von Jena

re seines Lebens in Jena verbrachte. Die Gedenkstätte befindet sich am Rand des **Botanischen Gartens** 4, in dem etwa 12 000 Pflanzen aus allen Klimazonen der Erde in Freilandanlagen und Gewächshäusern wachsen. Dass die anerkannte Forschungs- und Bildungseinrichtung 1794 entstehen konnte, ist wesentlich Goethe zu danken (Mitte Mai–Mitte Sept. tgl. 9–18, Mitte Sept. Mitte Mai 9–17 Uhr; Tel. 036 41/94 92 74). Beim Botanischen Garten befindet sich das 1926 eröffnete **Zeiss-Planetarium** 5, das erste ›Sternentheater‹ der Welt. Hinter der silberglänzenden Kuppel verbirgt sich modernste Technik. Die Besucher begeistern der künstliche Himmel mit rund 9000 Sternen sowie die Multivisionsshows mit Lasereffekten (Vorführungen tgl., Termine unter Tel. 0 36 41/88 54 88, www.planetarium-jena.de).

Den Fürstengraben entlanglaufend, vorbei am 1808 eingeweihten **Universitätshauptgebäude** 6, werden am Löbdergraben zwei Denkmäler erreicht: das eine für den Philosophen Georg Wilhelm Friedrich Hegel, das andere für Friedrich Schiller. Als junger Professor hielt Schiller 1789 seine viel beachtete Antrittsvorlesung, seit 1934 trägt die Alma Mater seinen Namen.

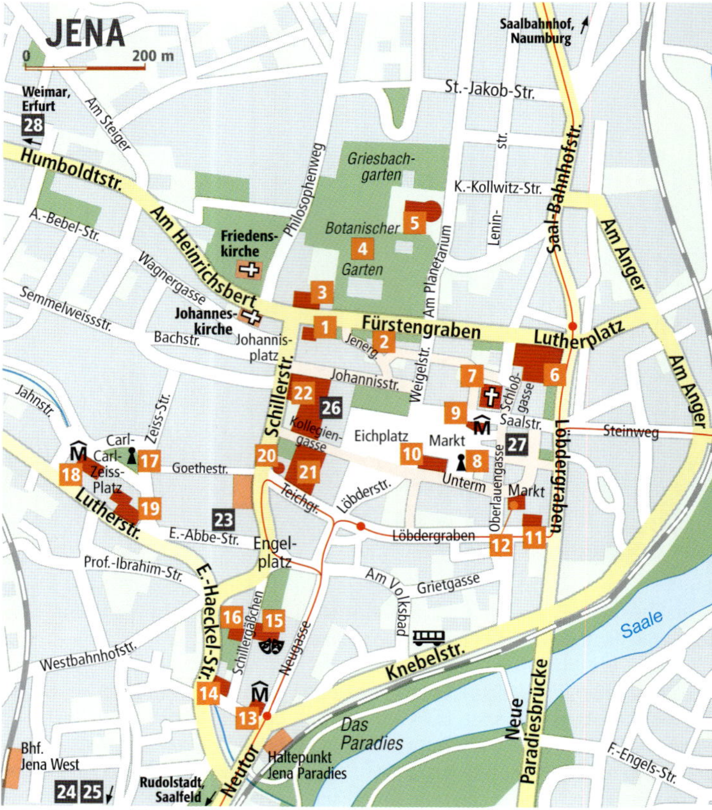

Die nahe **Michaeliskirche** [7] gehört zu den größten Hallenkirchen Thüringens. Etwa 1390 wurde mit dem Bau begonnen, 1556 war das Gotteshaus mit dem Turm fertig gestellt. Die bronzene Grabplatte Martin Luthers im Inneren war für die Schlosskirche in Wittenberg bestimmt, doch durch den Schmalkaldischen Krieg gelangte sie nur bis Jena, Wittenberg bekam später eine Kopie (Mitte Mai–Sept. Mo–Fr 10–13, 14–17, Sa 10–13 Uhr).

Am Marktplatz

Nächstes Ziel ist der Markt, dessen Mitte der **Hanfried** [8] ziert, wie im Volksmund das große Standbild von Kurfürst Johann Friedrich dem Großmütigen genannt wird, der 1558 die

Sehenswürdigkeiten

1 Pulverturm
2 Via triumphalis
3 Goethe-Gedenkstätte
4 Botanischer Garten
5 Zeiss-Planetarium
6 Universitätshauptgebäude
7 Michaeliskirche
8 Hanfried-Denkmal
9 Stadtmuseum Göhre
10 Rathaus
11 Roter Turm
12 Romantikerhaus
13 Phyletisches Museum
14 Ernst-Haeckel-Haus
15 Theaterhaus
16 Schillers Gartenhaus
17 Ernst-Abbe-Denkmal
18 Optisches Museum
19 Volkshaus
20 Anatomieturm
21 Collegium Jenense
22 Intershop-Tower

Übernachten

23 Steigenberger Esplanade Jena
24 Best Western Hotel Jena
25 Zur Weintraube

Essen und Trinken

26 Scala – Das Turm-Restaurant
27 Gaststätte ›Zur Noll‹
28 Braugasthof Papiermühle

Universität gründete. Ein wenig versteckt liegt das **Stadtmuseum Göhre** 9, in dem die nach historischen Vorlagen rekonstruierte Gefängniszelle der Universität, der Karzer des Collegiums Jenense, einen Blickpunkt bildet (Di, Mi, Fr–So 11–18 Uhr; Tel. 0 36 41/ 3 59 80). Am **Rathaus** 10 in der Südwestecke des Marktes ist bei Einwohnern und Gästen seit jeher der Schnapphans am Uhrturm beliebt. Zu jeder vollen Stunde schnappt der ›Hans von Jene‹ über dem Zifferblatt nach einer von einem Pilger gereichten Kugel und viertelstündlich läutet der rechts stehende Engel ein Glöckchen. Das Doppelhaus mit fast quadratischem Grundriss entstand um 1380.

Am südlichen Ende des Löbdergrabens blieb vom Turm der Stadtbefestigung nur das Erdgeschoss mit der Inschrift von 1430 erhalten. 1865 bekam der Stumpf vier Geschosse aus Ziegeln aufgesetzt, die zum Namen **Roter Turm** 11 verhalfen. Geschichts- und Literaturinteressierte besuchen das ehemalige Wohnhaus des Philosophen Johann Gottlieb Fichte, Unterm Markt 12 a, heute das Literaturmuseum der Stadt. Die Jenenser kennen es als **Romantikerhaus** 12, denn in dem Gebäude hatte Ende des 18. Jh. Fichte eine Gruppe von Dichtern um sich geschart, unter ihnen Novalis und Clemens Brentano, die Jena zum Ausstrahlungsort der Frühromantik machten (Di–So 10–17 Uhr; Tel. 0 36 41/ 44 32 63).

Abseits vom Stadtkern

1907 gründete Ernst Haeckel das **Phyletische Museum** 13, »um dem gebildeten Publikum die Bedeutung des modernen Entwicklungs-Gedankens anschaulich vor Augen zu führen«. In dem in Europa einmaligen Museum für Abstammungslehre geht es um klassische und moderne Erkenntnisse der Evolution (tgl. 9–16 Uhr; Vor dem Neutor 1, Tel. 0 36 41/94 91 80, www.zoo.uni-jena.de).

Im **Ernst-Haeckel-Haus** 14 wird an den großen 1919 verstorbenen Naturforscher erinnert, der an der Universität den Lehrstuhl für Zoologie innehatte und fast 60 Jahre als Lehrer und Forscher in Jena tätig war. ›Villa Medusa‹ nannte Haeckel seine Wohn- und Wirkungsstätte, in der das Balkonzimmer und der Arbeitsraum original erhalten geblieben sind. In der Bibliothek befinden sich rund 30 000 Briefe sowie 800 Aquarelle, Ölgemälde und Zeichnungen des Wissenschaftlers. (Führungen Di–Fr 8.30, 10, 11.30, 14, 15.30 Uhr; Berggasse 7, Tel. 0 36 41/94 95 06).

Theater und Schiller

Das **Theaterhaus** 15 wird oft scherzhaft als die ›kreativste Ruine Deutschlands‹ bezeichnet. 1987 hatte die Stadtverwaltung das baufällige Zuschauerhaus abreißen lassen, um von der DDR-Regierung einen Neubau zu erzwingen. Doch daraus wurde nichts. Nach der politischen Wende in der DDR nahm eine junge Schauspieltruppe das übrig gebliebene Bühnenhaus in Besitz, berühmte Theaterleute wie Heiner Müller, Peter Zadek und Frank Castorf unterstützten die Jenenser Enthusiasten und seitdem wird in der Ruine Theater gespielt. Vorwiegend ein junges, aufgeschlossenes Publikum macht es sich auf den 250 Plätzen bequem.

Die längste Zeit seines Lebens hat Friedrich Schiller in Jena verbracht, von seinen vier Jenaer Wohnungen hat sich jedoch nur das Gartenhaus gegenüber dem Theater erhalten. Seit 1953 ist es als **Schillers Gartenhaus** 16 Museum. Nach dem Einzug schrieb Schiller an Goethe: »Eine schöne Landschaft umgibt mich, die Sonne geht freundlich unter, und die Nachtigallen schlagen. Alles um mich herum erheitert mich, und mein erster Abend auf dem eigenen Grund und Boden ist von der fröhlichsten Vorbedeutung.« Das Haus, das sich zu des Dichters Zeiten vor den Toren der Stadt befand, bewohnte Schiller mit seiner Familie vornehmlich in den Sommermonaten ab 1797 (Di–Sa 11–17 Uhr, April–Okt. auch So; Tel. 0 36 41/93 11 88).

Carl-Zeiss-Platz

Über den Engelplatz und die Ernst-Abbe-Straße wird der Carl-Zeiss-Platz mit dem **Ernst-Abbe-Denkmal** 17 und dem **Optischen Museum** 18 erreicht, das mehr als 13 000 Brillen, Mikroskope, Fernrohre und astronomische Instrumente besitzt. Zu sehen ist auch die nachgebildete historische Werkstatt von Carl Zeiß von 1866, die den Grundstein zu dem Unternehmen mit Weltruf legte (Di–Fr 10–16.30, Sa 11–17 Uhr; Tel. 0 36 41/44 31 65, www.optisches museum.de).

Das **Volkshaus** 19, die dritte Sehenswürdigkeit am Carl-Zeiss-Platz, hatte die von Ernst Abbe gegründete Carl-Zeiss-Stiftung 1903 »zum Zwecke

ZEISS-HAPPY-END

Forschungs-, Konstruktions- und Patentunterlagen von Carl Zeiss wurden in Kisten verladen und Maschinen verpackt. Ferner erhielten mehr als 100 Spitzenkräfte des traditionsreichen Jenaer Unternehmens die Aufforderung, mit ihren Familien und ihrer Habe in das württembergische Oberkochen umzusiedeln. Weigern war zwecklos – es war ein Befehl der amerikanischen Besatzungsmacht. Die hatte am 13. April 1945 Jena (s. S. 124) besetzt und die Kenntnisse der Amerikaner über den weltberühmten Hersteller von optischen Präzisionsgeräten verblüfften. Der Abtransport mit den Armeelastwagen musste rasch gehen, denn Thüringen war im Potsdamer Abkommen der sowjetischen Besatzungszone zugesprochen worden. Im Juni rückten die Sowjets in Jena ein, was die Amerikaner zurückgelassen hatten, demontierten diese als Reparationsleistungen. Aber dennoch konnte Carl Zeiss in Jena weiterbestehen, ab 1948 unter dem Namen VEB Carl Zeiss Jena, aber auch im Westen, in Oberkochen, gab es jetzt ein Unternehmen namens Carl Zeiss.

Die folgenden Jahrzehnte führten zu erbitterten Auseinandersetzungen zwischen Zeiss-West (Oberkochen) und Zeiss-Ost (Jena). Denn beide sahen sich als die rechtmäßigen Erben der Firmengründer. Zum ersten Eklat kam es 1954 in Kairo, als die DDR ihre erste große Industrieausstellung im nichtkommunistischen Ausland veranstaltete. Vertreten war auch Carl Zeiss Jena, das seine Produkte mit dem traditionellen Warenzeichen als ›deutsche Wertarbeit‹ präsentierte. Carl Zeiss Oberkochen erwirkte in Kairo einen Gerichtsbeschluss, diese Erzeugnisse beschlagnahmen zu lassen, dem sich die DDR widersetzte. Nur mithilfe der ägyptischen Polizei konnte schließlich das Gerichtsurteil durchgesetzt werden. Von nun an wurden Heerscharen von Rechtsanwälten beschäftigt, die Millionensummen kassierten. In rund 60 Ländern fanden aufwändige Prozesse um die von beiden Seiten benutzten Namen, um Warenzeichen und Patente statt. 1971 kam es zum außergerichtlichen so genannten ›Londoner Abkommen‹, fortan trat Oberkochen im Westen unter ›Zeiss West Germany‹ auf, Jena dagegen unter der Bezeichnung ›Jenoptik‹. Im Osten vertrieben die Jenenser ihre Erzeugnisse unter ›Carl Zeiss Jena‹, die Oberkochener Produkte wurden unter der Marke ›Opton‹ angeboten. Doch die Auseinandersetzungen gingen weiter, weil Zeiss-West zwar die bessere Qualität und modernere Technik bot, doch die Geschäfte vielfach Zeiss-Ost mit Dumpingpreisen machte.

Das Happy End ermöglichte die deutsche Einheit: Die beiden Zeiss-Betriebe wurden zusammengeführt, am 19. November 1996 feierte das Unternehmen ›Carl Zeiss‹ in Jena sein 150-jähriges Jubiläum. Denn 1846 war es als Werkstatt für Feinmechanik und Optik gegründet worden. Heute ist Carl Zeiss eine weltweit führende Unternehmensgruppe der optischen und optoelektronischen Industrie, der Hauptsitz befindet sich in Oberkochen in Baden-Württemberg.

der Volksbildung und zum Wohle der Jenaer Bevölkerung« eröffnet. Heute ist es die bedeutendste Kultur- und Veranstaltungsstätte der Stadt.

Vorbei am **Anatomieturm** 20, in dem Goethe anatomische Studien betrieb, führt der Teichgraben zum **Collegium Jenense** 21, dem ehemaligen Dominikanerkloster, das als Gründungsstätte der Jenaer Universität gilt. In den leer stehenden Gebäuden fanden sich Professoren und Studenten zu den ersten Vorlesungen zusammen, 1558 erfolgte die kaiserliche Bestätigung der Universitätsgründung. Vom Kloster, das am Ende des Zweiten Weltkrieges auch Opfer der Bomben wurde, sind einige ehrwürdige Gebäude erhalten geblieben. Der stimmungsvolle Hof, in dem in der warmen Jahreszeit Konzerte stattfinden, wurde mit der alten Linde und Grabsteinen von Mönchen und Professoren zu einer Idylle im Stadtzentrum.

Am **Intershop-Tower** 22, wie der 120 m hoch aufragende runde Turm heute heißt, endet der Stadtrundgang. Die DDR hatte ihn als Prestigeobjekt für die Universität in die Stadtmitte gesetzt.

Tourist-Information: Johannisstr. 23, 07743 Jena, Tel. 0 36 41/49 80 50, Fax 49 80 55, tourist-info@jena.de., www.jena.de

Steigenberger Esplanade Jena 23: Carl-Zeiss-Platz 4, Tel. 0 36 41/ 80 00, Fax 80 01 50, www.jena.steigenberger.de, 179 Zi., DZ/F ab 99 €. Viel Licht und Glas, ein innovatives Design in der Goethe-Galerie, mitten im Zentrum gelegen.

Best Western Hotel Jena 24: Rudolstädter Str. 82 (im Ortsteil Winzerla), Tel. 0 36 41/6 60, Fax 66 10 10, www.hotel-jena.bestwestern.de, 138 Zi., DZ/F ab 70 €. Geräumige, komfortable Zimmer mit Sitzecke und Platz zum Arbeiten.

Zur Weintraube 25: Rudolstädter Str. 76 (im Ortsteil Winzerla), Tel. 0 36 41/60 57 70, Fax 60 65 83, www.weintraube-jena.de, 19 Zi., DZ/F ab 70 €. Seit Jahrhunderten bereits ein Ort der Gastlichkeit, mit gutem Komfort und persönlichem Service.

Scala – Das Turm-Restaurant 26: Intershop-Tower, Tel. 0 36 41/35 66 66, www.scala-jena.de, tgl. geöffnet, Hauptgerichte 17–24 €. In luftiger Höhe von 128 m genießt man eine hervorragende Küche und einen weiten Blick auf Jena und Umgebung.

Gaststätte ›Zur Noll‹ 27: Oberlauengasse 19, Tel. 0 36 41/44 15 66, tgl. geöffnet, Hauptgerichte 9–16 €. Historisches Gasthaus mit großem Biergarten und Kneipengalerie.

Braugasthof Papiermühle 28: Erfurter Str. 102, Tel. 0 36 41/45 98 98, www.papiermuehle.de, tgl. geöffnet, Hauptge-

Leuchtenburg

›Königin des Saalelandes‹ wird die 14 km von Jena entfernte Leuchtenburg genannt. Dauerausstellungen informieren über die Burggeschichte, die historische Jagd, den **Weinbau an der mittleren Elbe** sowie die Porzellanherstellung (tgl. Mai–Okt. 9–19, Nov.–April 9.30–17 Uhr; Tel. 03 64 24/2 22 58, www.museum-leuchtenburg.de).

richte 8–13 €. Im ersten Jenaer Braugasthof werden fünf Sorten Bier und Thüringer Küche serviert.

Goethe-Galerie: Goethestr. 3 b, Tel. 0 36 41/4 58 70, www.goethegalerie.de. Auf dem ehemaligen Areal der Zeiss-Fabrikhallen entstand ein Einkaufsparadies mit über 70 Geschäften, Restaurants und Cafés. Beeindruckend die luftige und leichte Architektur.

Studentenklub Rosenkeller: Johannisstr. 13, Tel. 0 36 41/93 11 90, www.rosenkeller.org, So, Mo geschl. Live-Musik, Di und Sa Disko, aber auch Vorträge, Lesungen, Gesprächsrunden, im Sommer Biergarten.

Theaterhaus: Schillergässchen 1, Tel. 0 36 41/44 98 49, www.theaterhaus.de. Junges Theater wird in dem Theater ohne Bühne geboten, Schauspiel, Tanztheater, Experimentelles.

Dixieland Meeting mit Kneipenmeile: 1. Wochenende im März; **Jazzfrühling:** März–April; **Kulturarena:** Juli/Aug.

Freizeitbad ›GalaxSea‹: Rudolstädter Str. 37, Tel. 0 36 41/42 92 19, tgl. geöffnet. Verschiedene Schwimmbecken, Wellen- und Spaßbad, Rutschen und Planschbecken.
POM – Planet of Motion: Jenzigweg 33, Tel. 0 36 41/3 55 00. Umfangreiches Fitness-Angebot, auch Badminton, Wellness und Sauna.

Bahn: ICE-Bahnhof Strecke Hamburg–Berlin–München; Regionalverkehr nach Weimar, Erfurt, Eisenach, Gera und Saalfeld. **Bus:** nach Weimar, Gera; **Stadtverkehr:** Straßenbahn- und Buslinien.

Ausflug zur Jagdanlage Rieseneck

Reiseatlas: S. 238, C 2
Das wildreiche Waldgebiet zwischen Kahla, Orlamünde und Hummelshain, südlich von Jena gelegen, war das bevorzugte **Jagdrevier** der Herzöge von Sachsen-Altenburg. Heute gilt die barocke Jagdanlage Rieseneck als größte erhaltene Pirschanlage Deutschlands. Zentraler Punkt des feudalen Jagdreviers mit seinen Reitalleen und diversen Bauten wie dem Grünen Haus von 1727, in dem die Jagdutensilien aufbewahrt wurden, war das ›Blasehaus‹. Hier blies der Wildwart zur täglichen Fütterung, die Tiere, an dieses Futtersignal gewohnt, kamen auch, wenn zur Jagd geblasen wurde. Die Jäger konnten sich unbemerkt an das Wild anschleichen und es erlegen, denn die Ansitze waren durch befestigte, offene Laufgräben und unterirdische Gänge verbunden, zwischen denen Futterplätze, Tränken und Salzlecken lagen.

An der Straße Kahla-Neustadt weist ein Schild zum 400 m entfernten Waldparkplatz, von dem 1,5 km bis zu der jederzeit zugänglichen Jagdanlage zu laufen sind. Südlich der Anlage ließ Herzog Ernst II. von Sachsen-Altenburg während des Ersten Weltkrieges das turmartige **Jagdschlösschen Herzogstuhl** erbauen, ein Kleinod, das er als Jagdhaus, vor allem aber als ›Lustschlösschen‹ nutzte.

Das aus dem 17. Jh. stammende schlichte **Alte Schloss** in Hummelshain genügte den Herzögen von Sachsen-Altenburg nicht mehr. Um stan-

Jagdanlage Rieseneck

desgemäß wohnen zu können, ließen sie deshalb nördlich des Alten Schlosses im Neorenaissancestil das **Jagdschloss Hummelshain** (1880–1885) errichten, das zu den schönsten Schlössern Thüringens gehört. Im etwa 7 km entfernten Trockenborn-Wolfersdorf wurde 1858–1864 das verfallene **Wasserschloss ›Fröhliche Wiederkunft‹** wiederhergestellt und ausgebaut. Dort lebte der letzte Herzog von Sachsen-Altenburg, Ernst III., bis zu seinem Tod 1955.

Gera

Reiseatlas: S. 239, D 2
Die zweitgrößte Stadt Thüringens (106 000 Ew.) liegt in einer Hügellandschaft am Ufer der Weißen Elster. Von 1564 bis 1918 war Gera Residenzstadt des Fürstentums Reuß jüngere Linie, eines der zahlreichen Kleinstaaten. Ab Ende des 19. Jh. entwickelte sich Gera zu einem bedeutenden Standort der Textilindustrie, Geraer Stoffe und Tuche waren weithin begehrt. Die Thüringer

Stadt war die zweite in Deutschland mit einer elektrischen Straßenbahn – und eine Besonderheit hat sich bis heute erhalten: In der Johannisstraße fährt eine Bahn durch ein Haus.

Rundgang

Der Marktplatz zählt durch seine Geschlossenheit zu den schönsten in Thüringen, gesäumt wird er von Bürgerhäusern, darunter dem der **Stadtapotheke** aus dem 16. Jh., die durch den reich verzierten Runderker auffällt, der die vier Jahreszeiten zeigt. Das **Renaissance-Rathaus** [1] mit seinem 57 m hohen Turm stammt ebenfalls aus dem 16. Jh. In der Mitte des Platzes plätschert schon seit Jahrhunderten der Marktbrunnen, in dem Simson dem Löwen den Rachen aufreißt. Vom Markt führt die Schuhgasse hoch zur Greizer Straße. In der Schuhgasse bekamen die Häuser schmückende **Hauszeichen** [2]. Motive aus der Stadtgeschichte, wie der erste Zeppelin 1909 über Gera, wechseln mit Schmuckelementen und Darstellungen von Gebrauchsgegenständen ab. Entlang den Resten der alten **Stadtmauer** und dem letzten erhalten gebliebenen **Wehrturm** zieht sich die Greizer Straße hin. Hier steht das Ferbersche Haus, benannt nach dem einstigen Besitzer, in dem das **Museum für Angewandte Kunst** [3] in architektonisch kostbaren Räumen die ständige Ausstellung ›Art déco und Funktionalismus – angewandte Kunst zwischen den Weltkriegen‹ zeigt (Di 13–20, Mi–Fr 10–17, Sa, So 11–18 Uhr; Greizer Str. 37, Tel. 03 65/8 38 14 30).

Auf der höchsten Erhebung innerhalb des alten Gera steht die barocke **Salvatorkirche** [4], an der eine Gedenktafel an die Orgelprüfung durch Johann Sebastian Bach am 4. Juni 1725 erinnert. Das Innere des Gotteshauses wurde 1903 komplett im Jugendstil umgestaltet. Neben der Salvatorkirche befindet sich im barocken Schreiberschen Haus, dem ältesten erhaltenen Gebäude der Altstadt, da es als einziges den großen Stadtbrand von 1780 überstand, das **Museum für Naturkunde** [5]. Die Ausstellung »Erlebnis Ostthüringen« informiert hier über Landschaftsökologie (Di 13–20, Mi–Fr 10–17, Sa, So 11–18 Uhr; Nicolaiberg 3, Tel. 03 65/5 20 03). Zum Museum gehört der **Botanische Garten** in der Nicolaistraße, der jährlich am 1. Mai öffnet und Ende Oktober schließt. In der grünen Oase mitten in der Stadt wachsen rund 300 Pflanzenarten der verschiedenen Ostthüringer Lebensräume.

Die Höhler

Am Botanischen Garten beginnt der Abstieg in Geras Unterwelt, in die insgesamt 9 km langen Höhler genannten Keller. Das Bier von Gera galt einst als das beste weit und breit und war begehrt, vielleicht auch deshalb, weil es bei gleichmäßigen Temperaturen von 9° bis 12° C gelagert wurde. Das erfolgte in tiefen Kellern, einem unterirdischen aus Gängen und Nischen bestehenden Labyrinth. Angelegt wurden die Höhler für brauberechtigte Bürger im 17. und 18. Jh. in einer Tiefe von 5–11 m. Zehn Höhler sind auf einer Län-

Das Theater am Küchengarten

ge von rund 250 m zugänglich (Führungen nach Voranmeldung Di 13, 15, 17, Mi–Fr 11, 13, 15 , Sa, So 11, 13, 15, 17 Uhr; Tel. 03 65/55 24 99 54).

Im zweitgrößten Höhler, der die natürliche Umgebung für das **Museum im Höhler Nr. 188** 6 bildet, funkeln rund 250 Minerale. 11 m unter der Altstadt lädt die Ausstellung »Minerale und Bergbau Ostthüringens« zum Besuch ein (Di 13–20, Mi–Fr 10–17, Sa, So 11–18 Uhr; Eingang Geithes Passage zwischen Steinweg und Museum für Naturkunde, Tel. 03 65/5 20 03).

Vom Markt über die Sorge bis zu den **Gera Arcaden** 7 erstreckt sich Geras traditionelle Einkaufs- und Bummelmeile. Sie führt vorbei am Kultur- und Kongresszentrum, 1981 als Haus der Kultur errichtet, zum barocken ehemaligen Zucht- und Waisenhaus, das das **Stadtmuseum** 8 aufgenommen hat. Die Ausstellung gibt einen Überblick über die wirtschaftliche und kulturelle Entwicklung Geras (Di 13–20, Mi–Fr 10–17, Sa, So 11–18 Uhr; Museumsplatz 1, Tel. 03 65/8 38 14 70).

Am Rand der City

In der Elsteraue befindet sich der alte Küchengarten mit dem **Theater** 9. Das 1902 eröffnete Gebäude ist ein architektonisches Kleinod, zum einen wegen seiner wunderschönen Jugendstilarchitektur, zum anderen, weil es harmonisch unter einem Dach einen Theatersaal mit 552 Plätzen und einen für seine gute Akustik bekannten Konzertsaal mit 812 Plätzen und einer Sauer-Orgel vereint. Am westlichen Ende des Küchengartens befindet sich die **Orangerie** 10, eine halbkreisförmige Barockanlage, die die Geraer liebevoll ›Bratwurst‹ nennen. In dem repräsentativen Bauwerk, das bereits Ende des 19., Anfang des 20. Jh. dem Geraer Kunstverein für Ausstellungen diente, sind die **Geraer Kunstsammlungen** eingezogen, die die Schausammlung »Von Cranach zu Dix« zeigen (Di 13–20, Mi–Fr 10–17, Sa, So 11–18 Uhr; Tel. 03 65/8 32 21 47, www.kunstsammlung-gera.de).

Besuch bei Dix

Vom Küchengarten wird über die Weiße Elster gelaufen in den Stadtteil Untermhaus am Fuß von Schloss Osterstein, in dem sich ein ganz besonderes Flair erhalten hat. **Schloss Osterstein** 11 wurde bis zur Zerstörung am 6. April 1945 von der Fürstenfamilie Reuß jüngere Linie bewohnt, stehen geblieben ist lediglich der runde Bergfried.

Neben der Untermhäuser spätgotischen **Marienkirche** 12 befindet sich am Mohrenplatz 4 das **Otto-Dix-Haus** 13. Hier kam 1891 der berühmte Maler und Grafiker zur Welt, der als Professor vor allem in Dresden und Düsseldorf wirkte. Der auch international hoch geehrte Künstler kam bis zu seinem Tod 1969 immer wieder nach Gera, um seine Arbeiten auszustellen. Im rekonstruierten Geburtshaus befindet sich eine der bedeutendsten Dix-

Das Geburtshaus von Otto Dix

Sammlungen mit dem 1939 entstandenen Bild der »Heilige Christophorus IV« (Di 13–20, Mi–Fr 10–17, Sa, So 11–18 Uhr; Tel. 03 65/8 32 49 27, www.kunstsammlung-gera.de).

Um 1900 gehörte Gera zu den fünf reichsten Städten Deutschlands. Viele betuchte Fabrikanten und Kaufleute ließen sich prächtige **Villen** errichten, rund 200 sind über das Stadtgebiet verstreut noch vorhanden. Eine der schönsten, **Haus Schulenburg** 14 in der heutigen Straße des Friedens 120, stammt von dem berühmten belgischen Architekten Henry van de Velde und wurde 1913/14 erbaut. Nicht minder schön anzuschauen ist die 1895–1897 im Zuckerbäckerstil errichtete, blüten-

weiße **Villa Brehme** 15 am Waldrand der Vollersdorfer Straße im Ortsteil Heinrichsgrün. Bäckermeister August Brehme ließ sich das auch ›Klein-Neuschwanstein‹ genannte Schlösschen errichten. Bösartige Zeitgenossen meinten, dass er zur Finanzierung des Baus die Semmeln lange Zeit kleiner als üblich gebacken habe. Doch Brehme konterte: »Nicht die Semmeln sind kleiner geworden, sondern den Gerschen ihre Mäuler größer!«

Gera bereitet sich gegenwärtig mit dem benachbarten Ronneburg auf die **Bundesgartenschau 2007** vor. Damit findet zum ersten Mal eine Buga an zwei Standorten statt. Das Gelände der Gartenschau verbindet Gera und Ronneburg, Hauptschwerpunkt ist dabei der Rückbau der ehemaligen Wismut-Bergbaulandschaft Ronneburg zur ursprünglichen Naturlandschaft. In Gera verändert sich der Hofwiesenpark grundlegend, nach der Pflanzung von 460 neuen Bäumen und der Umgestaltung wird er sich als attraktiver Stadtpark mit weiten Grünflächen und interessantem Geländeprofil präsentieren.

Gera Tourismus: Heinrichstr. 35, 07545 Gera, Tel. 03 65/8 30 44 80, Fax 8 30 44 81, info@gera-tourismus.de, www.gera-tourismus.de

Dorint Novotel 16: Berliner Str. 38, Tel. 03 65/43 44-0, Fax 43 44-100, www.novotel.com, 260 Zi., DZ/F ab 96 €. Großzügige, elegante Zimmer, Wellness-

Sehenswürdigkeiten
1 Renaissance-Rathaus
2 Schuhgasse (Hauszeichen)
3 Museum für angewandte Kunst
4 Salvatorkirche
5 Museum für Naturkunde
6 Museum im Höhler Nr. 188
7 Gera Arcaden
8 Stadtmuseum
9 Theater
10 Orangerie
11 Schloss Osterstein
12 Marienkirche
13 Otto-Dix-Haus
14 Haus Schulenburg
15 Villa Brehme

Übernachten
16 Dorint Novotel
17 Courtyard by Marriott
18 Comfort Inn

Essen und Trinken
19 Royal
20 Zum Höhler
21 Italienische Eisdiele

bereich mit Schwimmbad; zuvorkommender Service.
Courtyard by Marriott 17: Gutenbergstr. 2a, 07548 Gera, Tel. 03 65/2 90 90, Fax 2 90 91 00, www.marriott.de, 165 Zi., DZ/F ab 89 €. Modernst ausgestattete Zimmer im kulturellen Herzen von Gera. Großes Fitness-Center.
Comfort Inn 18: Hofer Str. 12 d (im Stadtteil Dürrenebersdorf), Tel. 03 65/8 21 50, Fax 8 21 52 00, www.choice-hotels.de, 55 Zi., DZ/F ab 49 €. Hotel am Rand des Stadtwaldes mit geschmackvoll eingerichteten Zimmern.

Royal 19: Sorge 19, Tel. 03 65/5 13 74, www.royal-gera.de, So geschl., Hauptgerichte 9–22 €. Anspruchsvolle Gäste werden in diesem der französischen Küche verpflichteten Restaurant ganz sicher zufrieden gestellt.
Zum Höhler 20**:** Steinweg 18–20, Tel. 03 65/5 51 40 80, Mo geschl., Hauptgerichte 8–11,50 €. In der Traditionsgaststätte werden vorrangig Thüringer Spezialitäten serviert.
Italienische Eisdiele 21: Sorge 8, Tel. 03 65/8 00 34 90, Mo geschl. Seit 1934 verwöhnt die Familie de Bernardo/Petschauer alle Schleckermäuler mit echt italienischem Eis.

Beliebt bei den Geraern sind die **Shoppingcenter** Gera Arcaden, Elster-Forum, Amthor Passage; **Einkaufsstraßen** sind Sorge und Schlossstraße.
Teepassage: Sorge 10, Tel. 03 65/8 00 13 50. Eine Fundgrube für jeden Tee-Liebhaber, auch zum Probieren.

Gummistiefel: Berliner Str. 38 (im Dorint Novotel), Tel. 03 65/43 44-738, www.novotel.com, Mo geschl., ab 19 Uhr. Urige Bierstube mit Schwung – urgemütliche Atmosphäre.

Theater Altenburg-Gera: Großes Haus, Küchengartenallee 2, Tel. 03 65/8 27 90, www.theater.altenburg.gera.de. Musiktheater, Ballett, Schauspiel, Puppentheater, Konzerte.
Kabarett Fettnäpfchen: Markt 1, Tel. 03 65/2 31 31, www.kabarett-fettnaepfchen.de. Spielstätten im Kellergewölbe des Rathauses und im ›Gummistiefel‹.

Reiseatlas: S. 238/239

Deutsches Kinder-Film-&-Fernseh-Festival ›Goldener Spatz‹: alle zwei Jahre im April (wieder 2007); **Geraer Ballett-Tage:** April/Mai; **Höhlerfest:** 3. Wochenende im Sept.

Hofwiesenbad: Küchengartenallee 25, Tel. 03 65/8 38 43 50, hofwiesenbad@gera.de. Sport- und Freizeitbad.

Tierpark Gera: Straße des Friedens 85, Am Martinsgrund, Tel. 03 65/81 01 27, tgl. geöffnet. Etwa 800 Tiere in mehr als 80 Arten tummeln sich auf dem bewaldeten Gelände.

Bahn: u. a. nach Erfurt, Saalfeld; **Bus:** in alle touristisch interessanten Orte der Umgebung; **Stadtverkehr:** Straßenbahnlinien.

Um das Hermsdorfer Kreuz

Reiseatlas: S. 238/239, C/D 1/2

Dort, wo sich die Autobahnen 4 und 9 kreuzen, beim Hermsdorfer Kreuz, dehnt sich eine wald- und wildreiche Landschaft aus. Holzland wird die Region im Städtedreieck Eisenberg, Stadtroda, Bad Köstritz genannt, da sich in keinem anderen Gebiet Deutschlands im 18. und 19. Jh. so viele Rechenmacher, Schafraufenmacher, Karrenmacher und Leitermacher konzentrierten. Das 1937 fertig gestellte Hermsdorfer Kreuz war eins der ersten großen Objekte des Autobahnbaus. Die nahe Teufelstalbrücke, über die die A 4 führt, war mit 253 m Länge und 56 m Höhe seinerzeit die größte Autobahnbrücke.

Die Moorvorkommen machten **Bad Klosterlausnitz** (3500 Ew. www.bad-klosterlausnitz.com) zum attraktiven Kurort, die Bestätigung für den amtlichen Zusatz ›Bad‹ gab es 1932. Zum Wahrzeichen des Ortes wurde die im 12. Jh. erbaute Klosterkirche, doch was heute beeindruckt, ist weitestgehend ein Nachbau. Nach der Reformation stand das Gotteshaus leer, die Menschen holten sich von hier Baumaterial, 1863–1866 wurde auf den alten Grundmauern die Kirche wieder in ihrer ursprünglichen Gestalt aufgebaut.

Das 12 km entfernte **Bad Köstritz** (4000 Ew.) besuchen Thüringer und Gäste vor allem wegen seines Schwarzbiers, das Braurecht ist seit 1506 urkundlich belegt. Nur wenige wissen, dass in der Stadt 1585 Heinrich Schütz zur Welt gekommen ist, der bedeutendste deutsche Komponist vor Johann Sebastian Bach. In seinem Geburtshaus, das sein heutiges Aussehen im späten 18. Jh. erhielt, ist eine Dauerausstellung zu Leben, Werk und zeitlichem Umfeld des Schöpfers zu sehen (Di–Fr 10–17, Sa, So 13–17 Uhr; Heinrich-Schütz-Str. 1, Tel. 03 66 05/3 61 98, www.Heinrich-Schuetz-Haus.de).

Auf der B 7 wird **Eisenberg** (11 600 Ew., www.stadt-eisenberg.de) erreicht, wo der kleine Stadtrundgang am Markt mit dem 1727 geschaffenen barocken Mohrenbrunnen hinter dem Rathaus beginnt. Beachtenswert ist das Renaissance-Rathaus mit dem schlanken Achteckturm, das Klötznersche Haus, in dem das Stadtmuseum sein Domizil fand (Mo 9–15, Di, Mi, Fr 9–16, Sa, So 13–16 Uhr; Tel. 03 66 91/7 34 54). Ebenfalls ins Auge fallen das Schlagksche

Das Rathaus in Eisenberg

In der romanischen Klosterkirche in Thalbürgel finden Konzerte statt

Haus von 1575 an der Ecke zur Schlossgasse, das Renaissancehaus der Superintendentur Markt 13/14 sowie die Stadtkirche, die Mitte der 1960er Jahre ihren Dachreiter wegen Baufälligkeit verlor. Dank großzügiger Spenden konnte er im Juli 2003 wieder auf das Kirchendach gesetzt werden. An die nur 27-jährige Zeit als Residenz des Ministaates Sachsen-Eisenberg erinnert Schloss Christiansburg (heute Landratsamt) mit der 1692 geweihten Schlosskirche. Mit ihrem prunkvollen barocken Innenraum gehört sie zu den schönsten Kirchen in Thüringen.

Die B 7 führt weiter nach **Bürgel** (3300 Ew., www.toepferstadt-buergel.de), das durch seine blau-weiße Keramik weithin bekannt wurde (s. Thema S. 32). In fast einem Dutzend Werkstätten rotieren die Töpferscheiben, in den meisten darf man den Meistern und Meisterinnen über die Schulter schauen. Aus einer 1880 gegründeten Mustersammlung ging das Keramik-Museum hervor (Di–So 11–17 Uhr; Kirchplatz 2).

Von den vielen Klosteranlagen in dieser Region blieb die weithin sichtbare Klosterkirche in **Thalbürgel** stehen (www.klosterkirche-thalbuergel.de). Die romanische Pfeilerbasilika des ehemaligen, 1133 gestifteten Benediktinerklosters, die zum großen Teil in der heutigen Dorfkirche erhalten ist, wurde zur beliebten Konzertstätte.

Über **Stadtroda** (6600 Ew., www.stadtroda.de), in dem das 1240 gegründete, nach der Reformation verfallene Zisterzienser-Nonnenkloster inmitten der Altstadt als gut erhaltene Ruine frei zugänglich ist, geht es in südöstlicher Richtung nach **Renthendorf.** Das Dorf ist die Heimat von zwei bekannten Zoologen, die als ›Vogelpastor‹ und ›Tiervater‹ zu internationalem Ruhm gelangten. Im Pfarrhaus wohnte der ornithologisch tätige Christian Ludwig Brehm und dort kam 1829 sein Sohn Alfred Edmund zur Welt. Das »Illustrierte Tierleben« verhalf Alfred Edmund Brehm zum achtungsvollen Beinamen ›Tiervater‹. An seinem Lebensende zog er wieder in seinen Geburtsort, das Wohnhaus wurde zur Brehm-Gedenkstätte (tgl. 9–12, 13–17 Uhr; Dorfstr. 22, Tel. 03 64 26/2 22 16, www.brehms-tierleben.de).

Eisenberg-Information: Markt 26, 07607 Eisenberg, Tel. 03 66 91/ 7 34 54, Fax 73460, stadteisenberg-th@ t-online.de, www.stadt-eisenberg.de
Kurverwaltung Bad Klosterlausnitz: Hermann-Sachse-Str. 44, 07639 Bad Klosterlausnitz, Tel. 03 66 01/8 00 50, Fax 8 00 51, Kurverwaltung@bad-klosterlaus nitz.com, www.bad-klosterlausnitz.com
Bad Köstritz-Information: Julius-Sturm-Str. 10, 07586 Bad Köstritz, Tel. 03 66 05/ 8 60 59, Fax 8 60 60, bad-koestritz@t-on line.de, www.stadt-bad-koestritz.de

Schlosshotel Bad Köstritz: Julius-Sturm-Platz 9, Bad Köstritz, Tel. 03 66 05/3 30, Fax 3 33 33, www.schloss hotel-bad-koestritz.de, 85 Zi., DZ/F ab 72 €. Moderner behaglicher Komfort unmittelbar am Park im englischen Stil.

Hotel Goldner Löwe: Heinrich-Schütz-Str. 5–5 a, Bad Köstritz, Tel. 03 66 05/3 80, Fax 3 81 00, www.goldner-loewe.de, 36 Zi., DZ/F ab 70 €, Hauptgerichte 9–15,50 €. Etwas Besonderes ist die Dahliensuite mit Wasserbett und Dachterrasse. Im Restaurant wird regionale und internationale Küche serviert.

Restaurant Pfarrmühle: Mühltal 4, Eisenberg, Tel. 03 66 91/4 36 09, Fax 5 43 42, www.waldhotelpfarrmüh le.de., Mo geschl., Hauptgerichte 8–15 €. Beliebtes Wochenend- und Urlaubsziel im idyllischen Mühltal. Rustikal eingerichtete Gasträume, regionale Küche, tgl. frische Forellen.
Hammermühle: Hammermühlenweg 2, Stadtroda, Tel. 03 64 28/57 90, Fax 5 79 90, www.hammermuehle.com, tgl. geöffnet, Hauptgerichte 8–16 €. Mühlengehöft mit lauschigem Innenhof, das Biedermeier-Restaurant ›Scheune‹ befindet sich in einer Fachwerkscheune.
Restaurant ›Zu den drei Schwänen‹: Köstritzer Str. 13 (im gleichnamigen Hotel), Bad Klosterlausnitz, Tel. 03 66 01/ 4 11 22, tgl. geöffnet, www.dreischwae ne.de. Hauptgerichte 5,50–12 €. Helles freundliches Ambiente mit Blick auf den Schwanenteich.

Bürgel ist die Keramikstadt schlechthin. Zahlreiche **Töpfereien** bieten die für Bürgel typischen blau-weißen Produkte an.

Töpfermarkt: Bürgel, letztes Juniwochenende; **Dahlienfest:** Bad Köstritz, 1. Wochenende im Sept.

Kristall Kur- & Freizeitbad: Köstritzer Str. 16, 07639 Bad Klosterlausnitz, Tel. 03 66 01/59 80, www.kris tallbad-bad-klosterlausnitz.de. Baden im kristallklaren Quellwasser, Wellenbad mit zwei Riesenrutschen und Strudelkanal, Saunadorf mit großem Freizeitbereich, Sole-Innen- und Außenbecken.

Bahn: vom Bahnhof Hermsdorf/ Bad Klosterlausnitz nach Gera, Jena und Weimar, von Bad Köstritz nach Gera; **Bus:** von Bad Klosterlausnitz und Eisenberg nach Gera und Jena.

Der Südwesten

Im Thüringer Wald

Reiseatlas S. 236/237

VORDERRHÖN UND WERRATAL

›Land der offenen Fernen‹ wird die Rhön gerne genannt, denn von den weitläufigen waldfreien Kuppen bieten sich herrliche Blicke. Ein Teil des Mittelgebirges, die Vorderrhön, gehört zu Thüringen. Am Oberlauf der Werra und an ihren Nebenflüssen drängen sich sehenswerte Orte wie Bad Salzungen, Schmalkalden, Meiningen und Schleusingen.

Vacha

Reiseatlas: S. 236, A 1

›Die bunte Stadt vor der Rhön‹ nennt sich Vacha (4000 Ew.) gerne. Das im Werratal liegende Städtchen bildet das nördliche Tor zur Vorderrhön, auch Thüringische Rhön genannt. Mehr als vier Jahrzehnte war Vacha für Touristen unerreichbar, denn die Stadt lag im DDR-Grenzgebiet und durfte von Ortsfremden nur mit einer Sondererlaubnis betreten werden.

Den lang gestreckten Markt beherrscht die imposante, 1613 erbaute **Widemark,** benannt nach dem einstigen Bauherrn Caspar von Widemarker, dem Statthalter für Landgraf Moritz von Hessen-Kassel in Vacha. Der dreigeschossige Fachwerkbau mit dem Vitusbrunnen (1613) davor wird seit 1911 als Rathaus genutzt. Den Marktplatz zieren weitere denkmalgeschützte **Fachwerkbauten.**

Aus dem Mittelalter haben sich große Teile der Stadtbefestigung mit drei Mauertürmen sowie die Reste der **Burg Wendelstein** erhalten, die das **Heimatmuseum** beherbergen. Hier üben Frau Elster, Herr Fuchs, Pittiplatsch, Schnatterinchen und andere Stars des DDR-Kinderfernsehens magische Anziehungskraft aus. Sie gehören zu der rund 2500 Objekte umfassenden **Puppensammlung** des Museums (Di–Fr 10–17, Sa, So 14–17 Uhr; Tel. 03 69 62/2 28 39). Legendären Ruf besitzt die bereits 1342 erwähnte **Werrabrücke,** weil sie Jahrzehnte nur von DDR-Grenzsoldaten betreten werden durfte. Ihr heutiges Aussehen mit den 14 Bogen erhielt sie Anfang des 19. Jh.

Fremdenverkehrsbüro Vacha: Markt 4, 36404 Vacha, Tel. 03 69 62/26 10, Fax 2 61 17, info@vacha.de, www.vacha.de

Hotel Adler: Markt 1, Tel. 03 69 62/26 50, Fax 2 65 47, www.hotel-adler-vacha.de, 24 Zi., DZ/F ab 67 €, Hauptgerichte 5,50–13 €. Haus im Gründerzeitstil, individuelle Zimmer, familiärer Service, Thüringer Küche.

Bus: nach Bad Salzungen, Eisenach, Geisa.

Durch die Vorderrhön

Reiseatlas: S. 236, A/B 2
Ausgedehnte Wiesen überziehen die buckelförmigen Basalterhebungen, die von unzähligen Wanderwegen geteilt werden. In der DDR-Zeit gehörte diese südwestlichste Ecke Thüringens zu den stillsten Regionen des untergegangenen ›Arbeiter-und-Bauern-Staates‹, viele der Wanderwege endeten im streng bewachten Grenzbereich an Stacheldraht und Mauer. Seit der deutschen Einheit verbinden die Straßen und Wege wieder wie einst den thüringischen Teil der Rhön mit den zu Hessen und Bayern gehörenden Teilen. Heute steht der Kernbereich der Rhön als Biosphärenreservat unter UNESCO-Schutz.

Bis zu Beginn der Naziherrschaft waren ein Drittel der Bevölkerung von **Stadtlengsfeld** (2800 Ew.; www.stadtlengsfeld.de) Juden. Die Synagoge in dem Ort im Tal der Felder wurde 1938 zerstört, erhalten blieb an der Straße Roter Graben der mitten in der Stadt gelegene **Jüdische Friedhof** aus dem 19. Jh., auf dem rund 50 Grabsteine stehen. Die letzte Beisetzung fand 1933 statt.

Der deutsch-deutschen Teilung und dem DDR-Grenzregime hat das **Heimatmuseum** in **Geisa** (3500 Ew., www.stadt-geisa.de) im ehemaligen Amtsgerichtsgebäude eine Abteilung gewidmet (Mo–Mi 9–15.30, Do 9–14.30, Fr 9–12, April–Okt. auch So 14–16 Uhr; Tel. 03 69 67/7 52 16). Aus dem Stadtbild heraus ragt die Anfang des 16. Jh. geweihte katholische **Stadtpfarrkirche** St. Philippus und Jacobus, in deren Turm mehrmals am Tag ein Carillon mit 49 verschiedenen Glocken erklingt. Rund 100 verschiedene Musikstücke wurden programmiert. Den nahen lang gestreckten Marktplatz zieren das 1861 erbaute **Rathaus** und der **Marktbrunnen** aus dem 17. Jh.

Der Rhönpaulus

Nur 10 km weiter in südlicher Richtung auf der B 285 liegt **Dermbach** (3500 Ew.) mit zwei schönen Barockkirchen aus dem 18. Jh. In einem fast 300 Jahre alten Fachwerkhaus nahe der evangelischen Kirche befindet sich das **Heimatmuseum,** das sich dem Brauchtum und der Volkskunde der Rhön widmet. Bekannt macht die Ausstellung auch mit dem Rhönpaulus, einem Rebell gegen Ausbeutung und Unterdrückung, der 1780 am Galgen sterben musste. In dem ausgestellten schweren Eichenkasten soll der Rhönpaulus zur Hinrichtungsstätte transportiert worden sein (Di–Sa 9–17, März–Okt. auch So 14–17 Uhr; Kirchberg, Tel. 03 69 64/87 60).

Wer sich für Kultur interessiert, wird die weithin sichtbare aus rotem Sandstein erbaute Propsteikirche (1727–32) in **Zella** besuchen, die eine reich geschmückte Fassade besitzt. Ebenso reich ist das aus der Entstehungszeit der Kirche stammende Innere ausgestattet.

Bäuerliches Leben

In **Kaltennordheim** (1900 Ew.), im Torturm des Amtshofes, hat der Rhönpaulus 1780 auf seine Hinrichtung gewartet. Der Amtshof, von den Einheimischen ein wenig übertrieben Schloss genannt, entstand Mitte des 18. Jh. auf den Grundmauern der alten im Dreißigjährigen Krieg zerstörten Meerlingsburg. Das **Heimatmuseum** zeigt in drei Räumen des Amtshofes und in einer Scheune eine Fülle von Exponaten, die vor allem vom bäuerlichen Leben erzählen (Di–Do 10–12, 14–17, So, Fei 14–17 Uhr; Tel. 03 69 66/8 14 31).

Tourist-Information Rhön: Schlosshof 4, 36452 Kaltennordheim, Tel. 03 69 66/8 12 20, Fax 73 49, rhoen-tourismus.tir.kano@t-online.de, www.rhoen.de

Hotel Katzenstein: Katzenstein 1, 36452 Zella/Rhön, Tel. 03 69 64/9 90, Fax 9 92 22, www.hotel-katzenstein.de, 26 Zi., DZ/F ab 70 €. Herrliche einsame Lage auf dem Katzenstein mit weitem Blick auf die Rhön.

Zum Rhönpaulus: Bahnhofstr. 21, 36466 Dermbach/Rhön, Tel. 03 69 63/8 22 34, Fax 70 96, www.hotel-rhoenpaulus.de, 12 Zi., DZ/F ab 48 €, Hauptgerichte 7,50–13,50 €. Gemütliches Landhotel mit modernen Zimmern, im Restaurant kommt leckere Rhöner und Thüringer Küche auf den Tisch.
Gasthaus ›Zur Krone‹: Marktplatz 6, 36419 Geisa, Tel. 03 69 67/5 01 24, Mi geschl., Hauptgerichte 6–12,50 €. Regionale Küche, nachmittags Kaffee und Kuchen.

Himmelfahrts- und Fronleichnamsprozessionen: Geisa; **Heiratsmarkt** (seit 1563): Pfingsten in Kaltennordheim.

Bad Salzungen

Reiseatlas: S. 236, B 1
Das **Gradierwerk** mit dem **Gradiergarten,** vor allem der im hennebergisch-fränkischen Fachwerkstil errichtete Mittelbau, bilden das Schmuckstück von Bad Salzungen (19 000 Ew.). Das Gradierwerk wurde 1988 abgerissen und originalgetreu wieder aufgebaut, der Garten mit dem Musikpavillon und der Trinkhalle nach alten Foto-

Das Gradierwerk in Bad Salzungen

grafien rekonstruiert. Das historische Ensemble verband man geschickt mit dem aus drei Rundbauten bestehenden neuen **Keltenbad.**

Salzvorkommen haben die Stadt an der Werra aufblühen lassen. Erstmals sind sie 775 in einer Schenkungsurkunde Kaiser Karls des Großen an das Kloster Hersfeld genannt, Anfang des 14. Jh. gab es elf Salzsiedereien. Seit dem 19. Jh. wird die in 130 m Tiefe erbohrte Sole für Heilzwecke genutzt.

Rund um den Burgsee

Idyllisch im Herzen der Stadt breitet sich der aus einem Erdfall entstandene rund 25 m tiefe **Burgsee** mit dem 1939 eröffneten Kurhaus aus. Oberhalb des Burgsees befindet sich der Markt mit dem schlichten barocken Rathaus (1790) und dem Marktbrunnen (1997). Von hier sind es nur wenige Schritte bis zur **Schnepfenburg,** die einst die Solevorkommen sichern sollte. Wer je-

doch eine Burg erwartet, wird enttäuscht sein. 1786 brannte die Burganlage mit der daneben stehenden Kirche ab, beim Wiederaufbau entstand ein Verwaltungsgebäude im klassizistischen Stil, das den Namen Schnepfenburg weiter trägt.

Das Bild der Altstadt prägen Fachwerkhäuser, zu dessen schönsten die **Kinderklinik Charlottenhall** (1887) in der Mathilde-Wurm-Straße gehört. Wie eine kleine Festung schaut der im Renaissancestil errichtete **Haunsche Hof** mit Treppenturm und Rundbogenportal oberhalb des Burgsees aus. Ruine ist die **Husenkirche** auf dem Stadtfriedhof, vor deren Portal 1480 die Eltern von Martin Luther getraut worden sein sollen. Eine andere Ruine außerhalb der Stadt entstand künstlich. 1891 wurde die **Kunstruine Frankenstein** in Richtung Eisenach als Ausflugsziel aufgemauert. Sie steht oberhalb der ab dem 14. Jh. verfallenen Burg Frankenstein, von der kaum Reste zu erkennen sind.

Kurverwaltung: Am Flößrasen 1, 36433 Bad Salzungen, Tel. 0 36 95/69 34 20, Fax 69 34 21, Kur.basa@t-online.de, www.badsalzungen.de

Salzunger Hof: Bahnhofstr. 41, Tel. 0 36 95/67 20, Fax 60 17 00, www.salzunger-hof.de, 69 Zi., DZ/F ab 80 €. Zentrale Lage in der Nähe der Kuranlagen, behagliche Zimmer.
Waldhotel Grundhof: Am Grundhof, Tel. 0 36 95/60 61 38, Fax 62 21 35, 10 Zi., DZ/F ab 55 €. Ruhige Lage vor den Toren der Stadt, familiäre Atmosphäre.

Kartoffelkäfer: Silge 11, Tel. 0 36 95/60 62 04, tgl. geöffnet, Hauptgerichte 5–14 €. Urgemütliches Wirtshaus mit Kartoffelspezialitäten, sechs Biersorten vom Fass und erlesenen Weinen.
Café Bein: Am Markt 4, Tel. 0 36 95/60 32 12, tgl. geöffnet, Hauptgerichte 4,80–10,50 €. Eine Spezialität des Hauses: selbst gemachter Apfelstrudel mit Vanilleeis und Sahne.

Haunscher Hof: Unter den Linden 4, Tel. 0 36 95/85 28 40, www.kunsthaushh.de. Kulturverein, der jeden Samstag Kleinkunst organisiert.

Stadtfest: letztes Wochenende im Juni; **Seefest:** 3. Wochenende im Aug.

Keltenbad: Am Flößrasen 1, Tel. 0 36 95/69 34 20, www.keltenbad.de, tgl. geöffnet. Wassertemperatur zwischen 32° und 34° C. Einmalig in Thüringen ist der ›Salztopf‹, dessen 15-prozentige Sole für einen ähnlichen Auftrieb wie im Toten Meer sorgt. Die Gäste treiben schwerelos auf dem Wasser.

Bahn: nach Eisenach; **Bus:** u. a. nach Eisenach, Vacha, Kaltennordheim, Bad Liebenstein, Ruhla, Brotterode, Trusetal, Merkers, Gotha, Schmalkalden, Suhl.

Ausflug nach Merkers

Reiseatlas: S. 236, A 1
Ausgestattet mit Grubenhelm, Schutzkleidung und Grubenleuchte fährt man in Merkers mit dem Förderkorb in den Schacht ein. In 502 m Tiefe beginnt die rund drei Stunden dauernde **Führung,** mit einem offenen Pritschenwagen geht es los, 24 km werden zurückgelegt.

1925 hatte das Werk Merkers als größtes seiner Art auf der Welt den Betrieb aufgenommen. Das Stollenlabyrinth, das sich bis zur hessischen Landesgrenze ausdehnt, besitzt eine Länge von kaum vorstellbaren 4000 km. Gegen Ende des Zweiten Weltkrieges horteten die Nationalsozialisten in Merkers den Goldschatz der Reichsbank und versteckten Schätze der Berliner Museen. Doch kaum waren die Stollen vermauert, standen die amerikanischen Truppen davor. Die Generäle Eisenhower, Bradley und Patton fuhren selbst unter Tage, um die Goldbarren in Augenschein zu nehmen. Der historische **Goldraum** gehört heute ebenso zum Besucherbergwerk wie die **Kristallgrotte** mit ihren funkelnden, bis zu 1 m langen Salzkristallen und der hallenartige **Großbunker,** in dem der größte untertägige Schaufelradbagger der Welt steht. Die Temperaturen betragen ganzjährig gleich bleibend 22° bis 24° C (Führungen Di–So 9.30, 13.30 Uhr; Anmeldung Tel. 0 36 95/61 24 72, www.erlebnisbergwerk.de).

Schmalkalden

Reiseatlas: S. 236, C 2
Schmalkalden (19 200 Ew.) gehört zu den schönsten Städten Thüringens. Der Stadtkern besitzt noch viel von seinem mittelalterlichen Gepräge, rund 90 Prozent der Häuser sind aus Fachwerk, das im 16. bis 18. Jh. errichtet wurde. Durch die noch vorhandenen Straßen rumpelten einst die Kutschen der Fürsten, zogen Soldaten ihre Kanonen. Besonders hektisch zu ging es im Dezember 1530, als die protestantischen Fürsten Deutschlands gemeinsam mit den Vertretern der großen Städte Bremen und Magdeburg den Schmalkaldischen Bund schlossen, um ihren Glauben auch mit Waffengewalt gegen den habsburgischen Kaiser Karl V. zu verteidigen. Der Bund tagte insgesamt acht Mal in Schmalkalden.

Orgelmusik

Von Mai bis Sept. wird samstags 17 Uhr in die Kapelle von Schloss Wilhelmsburg in Schmalkalden geladen. Zur musikalischen **Andacht ›Meditation & Orgel‹** erklingt die älteste noch bespielbare Orgel in Thüringen, die sich durch stark kontrastierende Klangfarben auszeichnet. 1589 wurde sie erbaut.

Rundgang

Der Altmarkt beeindruckt mit Fachwerkhäusern, dem Rathaus und vor allem mit der spätgotischen **Georgenkirche.** Mit ihren Netzgewölben und modernen Glasfenstern gehört sie zu den schönsten spätgotischen Gotteshäusern. Beachtenswert sind die beiden unterschiedlichen Türme und der spitze Dachreiter mit Uhr, Jungfrau und Sensenmann. Zu jeder vollen Stunde schlägt der Sensenmann nach dem Reifen der Jungfrau. Bis 1935 hatten im Südturm die **Türmer,** die über der schlafenden Stadt wachten, in 40 m Höhe ihr luftiges Quartier. Die Türmerstube wurde wieder eingerichtet, wer

Blick von der Georgenkirche über Schmalkalden

die 358 Stufen zu ihr hochsteigt, wird mit einem herrlichen Rundblick belohnt (Mai–Okt Mo–Fr 9.30–14.30, Sa 10.30–14 Uhr).

Weiter geht es vorbei an der spätgotischen **Todenwarthschen Kemenate** (16. Jh.) durch die Mohren- und die Steingasse zum Lutherplatz mit dem **Lutherhaus.** In dem Fachwerkhaus hat der Reformator 1537 gewohnt, als er während der Zusammenkunft des Schmalkaldischen Bundes in der Stadt weilte. Ein schmaler Weg führt hinauf zu **Schloss Wilhelmsburg,** einem Juwel unter den Renaissanceschlössern in Deutschland. 1585–1590 ließen es die hessischen Landgrafen als Nebenresidenz erbauen. Durch eine prachtvolle Toreinfahrt betritt man den viereckigen Schlosshof. In den imposanten Festsälen bestechen plastischer und malerischer Bildreichtum, besonders beeindruckt der Riesensaal, der mit seinen Maßen von 24 mal 12 m zu den repräsentativsten Festsälen der frühneuzeitlichen Schlossbaukunst in Deutschland gehört. Im **Museum Schloss Wilhelmsburg** sind Ausstellungen zur Renaissance, zur Reformation und dem Schmalkaldischen Bund und zur Kulturgeschichte der Region zu sehen (Di–So Feb.–Okt. 9–17, Nov.–Jan. 10–16 Uhr; Tel. 0 36 83/40 31 86).

Für Technikfreaks

An der Straße nach Waltershausen, im Ortsteil Weidebrunn, wurde bis 1924 heimisches Eisenerz auf Holzkohlenbasis zu Roheisen verhüttet. Die klassizistische Hochofenanlage, eins der letzten Zeugnisse dieser Art in Europa, blieb stehen und wurde zum **Technischen Museum ›Neue Hütte‹** (April–Okt. Mi–So 10–17 Uhr; Tel. 0 36 83/40 30 18). Im Ortsteil Asbach entstand aus der von 1858 bis 1934 betriebenen Eisen- und Braunsteingrube das **Besucherbergwerk ›Finstertal‹** (April–Okt. Mi–So 10–17 Uhr; Tel. 0 36 83/48 80 37).

Tourist-Information: Mohrengasse 1 a, 98574 Schmalkalden, Tel. 0 36 83/40 31 82, Fax 60 40 14, info@schmalkalden.de, www.schmalkalden.de

Waldhotel im Ehrental: Ehrental, Tel. 0 36 83/68 90, Fax 68 91 99, www.waldhotel-ehrental.de, 48 Zi., DZ/F ab 70 €. Himmlische Ruhe und Natur pur, angenehme Zimmer; Rotwildgehege fast vor der Hoteltür.
Jägerklause: Pfaffenbach 45, 98574 Schmalkalden, Tel. 0 36 83/60 01 43, Fax 60 45 13, 40 Zi., DZ/F ab 67 €. Solide Unterkunft am Stadtrand.

Ratskeller: Altmarkt 2, Tel. 0 36 83/40 27 42, tgl. geöffnet, Hauptgerichte 6–13 €. Internationale und regionale Küche im historischen Gewölbe; tgl. werden frische Schmalkalder Edelforellen angeboten.
Gasthof Wirtshaus im Ehrental: Ehrental 1, Tel. 0 36 83/60 01 75, www.wirtshaus-ehrental.de. Di geschl., Sept.–April Mo/Di geschl. Preiswerte Thüringer Küche mit Riesenportionen, der Großteil der Gerichte liegt unter 10 €.
Stadtcafé Endter: Steingasse 8, Tel. 0 36 83/60 74 11, tgl. geöffnet, So nur nachmittags. Kaffeespezialitäten, Schokoladen- und Teevariationen, Kuchen und Torten nach traditionellen Rezepten.

viba sweets: Die Aue 7, 98593 Floh-Seligenthal (3 km von Schmalkalden in Richtung Friedrichroda, am Ortseingang von Seligenthal), www.vibasweets.de. Werksverkauf von Köstlichkeiten aus Schokolade, Nougat und Marzipan, die in 100-jähriger Tradition hergestellt werden.

Kunsthaus am Markt: Altmarkt 8. In einem gotischen Ständerfachwerkhaus aus dem 15. Jh. Ausstellungen zeitgenössischer Kunst.

Schmalkalder Hirschessen (historisches Stadtfest): mehrere Tage um den 24. Aug.

Bahn: nach Eisenach, Meiningen, Zella-Mehlis und Erfurt; **Bus:** nach Erfurt, Eisenach, Gotha, Bad Salzungen, Suhl; **Stadtverkehr:** Buslinien.

Fachwerkhaus in der Mohrengasse

Wasungen

Reiseatlas: S. 236, B 2
Auf der B 19, die durch das Tal der Werra führt, wird die Fachwerkstadt **Wasungen** (3800 Ew.) erreicht, vielen als Thüringens Karnevalshochburg bekannt. Wasungens Altstadt mit ihren großen Adelshöfen und schmucken Bürgerhäusern blieb seit Jahrhunderten nahezu unverändert und steht deshalb unter Denkmalschutz. Von der mittelalterlichen **Wehranlage** sind Teile der Stadtmauer mit dem Judenturm aus dem 13. Jh. und der rekonstruierten **Pfaffenburg** (1387) erhalten. Von den Adelshöfen sind der **Maienhof** (1576) und der **Weyenhof** (1630–1632) die schönsten. Es sind Renaissance-Steingebäude mit beeindruckenden Fachwerkaufbauten wie auch der **Amtshof** (1606/07) und das einstige **Damenstift** (1596) am Nordende der Stadt, in dem bis etwa 1920 ledige adelige Damen wohnten. Das spätgotische **Rathaus** (1532–1534) am Markt gehört zu den ältesten erhalten gebliebenen, die in Fachwerk errichtet wurden.

Der **Forstbotanische Garten,** in dem über 1200 verschiedene Bäume und Sträucher wachsen, lädt zu Spaziergängen ein. Er wurde ab 1974 terrassenförmig am Südhang der Hümburg angelegt und gliedert sich in einen nordamerikanischen, ostasiatischen und europäischen Teil (jederzeit geöffnet).

Tourist-Information: Untertor 1, 98634 Wasungen, Tel. 03 69 41/ 7 15 05, Fax 7 07 75, info@wasungen.de, www.wasungen.de

Burg Maienluft: Maienluft 1, Tel. 03 69 41/78 40, Fax 7 84 50, Hotel-Burg-Maienluft@t-online.de, 13 Zi., Restaurant abends geöffnet, am Wochenende auch mittags, Mo geschl., DZ/F ab 65 €, Hauptgerichte 9–13 €. In Alleinlage auf einer Anhöhe, helle und freundliche Zimmer, im Restaurant wird eine Mischung aus deutscher und internationaler Küche serviert.

Karnevalsumzug: Samstag vor Aschermittwoch, s. S. 30.

Bahn: nach Eisenach, Erfurt, Sonneberg; **Bus:** nach Meinungen und Schmalkalden.

Walldorf

Reiseatlas: S. 236, B 2
Von drei Seiten unbesteigbar ist der felsige Hügel, auf dem die **Kirchenburg** errichtet wurde. Hierher zog sich in Kriegszeiten die bäuerliche Bevölkerung zurück. Um die Sicherheit zu erhöhen, umgab man die Anlage noch mit einer bis zu 8 m hohen Ringmauer. Das Gotteshaus wurde 1584 an einen vorhandenen Bergfried angebaut.

Der touristische Magnet in Walldorf (2300 Ew.) ist jedoch die **Sandstein- und Märchenhöhle,** ein unterirdisches Labyrinth von etwa 65 000 m^2 mit 250 tragenden Säulen. Menschenhände gruben sich wie Maulwürfe in die Hänge, um weißen Sandstein abzubauen, der klein geklopft, gesiebt und danach verpackt wurde. Die Käufer scheuerten damit ihre Dielen. Als das Linoleum aufkam, endete in Walldorf 1912 die Sandsteinproduktion. In der heutigen Schauhöhle sind einige

Szenen aus dem Leben der Sandmacher nachgestellt, ferner erfreuen 30 Bilder aus Märchen der Gebrüder Grimm und Ludwig Bechsteins Kinderherzen (März–Mai, Sept., Okt. tgl. 10–16.30, Juni–Aug. tgl. 10–17.30 Uhr; Tel. 0 36 93/8 99 10, www.sandsteinhoehle.de).

Meiningen

Reiseatlas: S. 236, B/C 3
Die bedeutendsten Bauwerke sowie die breiten Alleen und großzügigen Parks sind höfischen Ursprungs. Denn Meiningen (21 800 Ew.), 1008 von Kaiser Heinrich II. zur Stadt erhoben, war Residenz der Herzöge von Sachsen-Meiningen. Aber auch viele hübsche Fachwerkhäuser im fränkischen Stil bestimmen das Gesicht der Stadt am Ufer der Werra. Der reichen Kulturgeschichte, allem voran der Theatertruppe ›Die Meininger‹ (s. S. 154), ist vielfach nachzuspüren.

Rundgang

Im **Schloss Elisabethenburg,** 1682–92 als Residenz der Herzöge von Sachsen-Meiningen errichtet, zeigen die Meininger Museen umfangreiche Ausstellungen zur Kunst-, Theater- und Musikgeschichte (Di–So 10–18 Uhr; Tel. 0 36 93/50 36 41, www.meiningermuseen.de). Im Englischen Garten befindet sich die **Herzogliche Gruftkapelle,** in der Fotos und Schautafeln über die Geschichte des Gartens informieren (April–Okt. Sa 13–16, So 11–16 Uhr). 3 km nördlich von Meiningen ließ Herzog Bernhard II. das heute als Hotel genutzte neogotische **Schloss Landsberg** als Sommerresidenz errichten.

In der einstigen Reithalle neben dem Schloss entstand das **Theatermuseum ›Zauberwelt der Kulisse‹,** in dem authentische Belege aus der Zeit der ›Meininger‹ gezeigt werden, Kostüme und Requisiten ebenso wie 275 originale Bühnenbildprospekte. Besonders beeindruckt die Originalkulisse aus der Wallenstein-Trilogie von 1909, die bei Vorführungen mit knisterndem Feuer, knackenden Ästen, Zelten und düsteren Gestalten in die Zeit des Dreißigjährigen Krieges versetzt (Vorführungen von 50 Min. Dauer Di–So 10, 12, 14 und 16 Uhr; Tel. 0 36 93/47 12 90).

»Hoch auf dem gelben Wagen« gehört zu Deutschlands populärsten Volksliedern, der Text stammt von Rudolf Baumbach (1840–1905), in dessen ehemaliges Wohnhaus das Literaturmuseum zog. Im **Baumbach-Haus,** einem kleinen Fachwerkbau, ist auch viel über Schriftsteller zu erfahren, die in Meiningen lebten und wirkten, darunter Jean Paul (Di–Fr 10–18 Uhr; Burggasse 22, Tel. 0 36 93/50 28 48).

Beim Bummel durch Meiningen sind weitere geschichtsträchtige Fachwerkhäuser zu entdecken, auf denen man gerne das Auge ruhen lässt, so das **Schlundhaus** (Schlundgasse 4), in dem der Sage nach die ersten Thüringer Klöße hergestellt wurden, das **Pfaffenratsche Haus** (Ernestinerstr. 14) aus der Zeit um 1600, das **Büchnersche Hinterhaus** (Georgstr. 20) von 1596 und das **Hartungsche Haus** (Wintergasse 8) von 1608.

DIE MEININGER

»Meiningen ist der Welt durch ›die Meininger‹ bekannt«, hat der Dichter Wilhelm Rabe treffend geäußert. Das Meininger Theater gehörte in der zweiten Hälfte des 19. Jh. zu den berühmtesten in Europa. Der kunstsinnige Regent Georg II. von Sachsen-Meiningen ist als ›Theaterherzog‹ in die Annalen eingegangen, denn mit den ›Meiningern‹ beeinflusste er ab 1874 die Bühnen vieler Länder. Das Meininger Hoftheater tourte durch ganz Europa, es gab in 38 Städten Vorstellungen, in London und Stockholm, in Wien und Kiew. Insgesamt waren es 2 591. Der Aufwand war enorm, denn auf Reisen ging man mit Bühnenbildern, Requisiten und Kostümen, die in Kutschen und später teilweise mit der Bahn transportiert wurden.

Georg II. führte Regie, entwarf Kostüme und Bühnenbilder, er achtete auf realistische Darstellung und sorgfältige historische Detailtreue, er verschaffte dem modernen Regietheater seinen Durchbruch. Die Spielweise der ›Meininger‹ beeindruckte den berühmten Regisseur und Theaterwissenschaftler Konstantin Stanislawski so sehr, dass er seine Lehr- und Regiemethoden unter ihrem Einfluss weiterentwickelte. Im 20. Jh. setzten Lee Strassberg in New York und Bertholt Brecht in Berlin die Arbeit Stanislawskis und somit der ›Meininger‹ fort. »Es ist nicht mehr nötig«, begründete der Herzog 1890 das Ende der Gastspielreisen, denn was die »Theater lernen sollten, das haben sie gelernt«.

Das kleine Städtchen Meiningen (s. S. 153) mit rund 22 000 Einwohnern leistet sich auch heute noch sein Theater, es ist ein prächtiger Bau mit Freitreppe und Säulen, hinter dessen klassizistischer Fassade 732 Besucher Platz finden. Die Auslastung beträgt mehr als 90 Prozent (Tel. 0 36 93/45 12 22, www.das-meininger-theater.de).

Bühne mit Geschichte: das Theater in Meiningen

Tourist-Information: Markt 14, 98617 Meiningen, Tel. 0 36 93/4 46 50, Fax 55 65 44, info@meiningen.de, www.meiningen.de

Romantik Hotel Sächsischer Hof: Georgenstr. 1, Tel. 0 36 93/45 70, Fax 45 74 01, www.romantikhotels.com/meiningen, 40 Zi., DZ/F ab 105 €. Das traditionsreichste Hotel der Stadt, zentral gelegen, bietet großzügige, individuell eingerichtete Zimmer.
Im Kaiserpark: Günther-Raphael-Str. 9, Tel. 0 36 93/81 57 00, Fax 81 57 40, www.hotel-im-kaiserpark.de, 37 Zi., DZ/F ab 75 €. Zeitgemäße Übernachtungsmöglichkeit in Zentrumsnähe.

Die Posthalterei: Georgenstr. 1 (im Hotel Sächsischer Hof), Tel. 0 36 93/45 70, nur abends, So auch mittags, Hauptgerichte 13–19 €. Wegen seiner kreativen, frischen Küche viel gerühmtes Restaurant mit ländlichem Flair.
Turmcafé Hessensaal: im Schloss Elisabethenburg, Tel. 0 36 93/88 10 36, Mo geschl. Das Café befindet sich im kleinsten, aber üppig barock ausgestatteten Festsaal des Schlosses.

In der **Fußgängerzone** in der Innenstadt laden zahlreiche Geschäfte zum Bummeln und Kaufen ein.

Das Meininger Theater: Südthüringisches Staatstheater, Bernhardstr. 5, Vorverkauf Tel. 0 36 93/45 12 22, www.das-meininger-theater.de. Schauspiel, Musik- und Puppentheater, Ballett.
Kleinstkunstbühne Rautenkranz: Ernestinerstr. 40, Tel. 0 36 93/81 38 50, www.castle-landsberg.com. Kleinkunst sowie Blues, Rock, Folk und Song.

Töpfermarkt & Hütes-(Kloß-)Fest: 1. Wochenende im Juli; **Meininger Kleinkunsttage:** www.meininger-kleinkunsttage.de, im Sept.

Bahn: nach Eisenach, Erfurt und Sonneberg; **Bus:** in alle touristisch interessanten Orte der Umgebung; **Stadtverkehr:** Buslinien.

Kloster Veßra

Reiseatlas: S. 236, C 3
1131 gründeten die Grafen von Henneberg am Zusammenfluss von Schleuse und Werra ein Prämonstratenserkloster. Seine Bedeutung lässt sich noch heute an den Ruinen der **Kirche** und den erhalten gebliebenen romanischen und gotischen **Klosterbauten** erahnen; die Kirche brannte 1939 durch Blitzschlag nieder. Die Klosterbauten sind in das **Hennebergische Museum Kloster Veßra** eingebunden, das viele **Fachwerkhäuser** aus dem Henneberger Land umfasst, die an ihren originalen Standorten abgebaut und in Kloster Veßra (400 Ew.) wieder errichtet wurden (April–Sept. tgl. 9–18, Okt.–März Di–So 10–17 Uhr; Tel. 03 68 73/6 90 30, www.museumklostervessra.de).

Schleusingen

Reiseatlas: S. 236, D 3
Mittelpunkt der Stadt (5900 Ew.) ist der lindenumsäumte Marktplatz mit Fachwerkbauten, holprigem Pflaster und dem Marktbrunnen, den seit 1709 das Standbild der Gräfin Elisabeth von Henneberg ziert. Von den einst 14 Mühlen und Hammerwerken der Stadt hat sich

Schloss Bertholdsburg in Schleusingen

die um 1300 errichtete **Vinzentmühle** in der Mühlenstraße erhalten. Unterhalb des Marktplatzes breitet sich **Schloss Bertholdsburg** aus, das mehr als drei Jahrhunderte Residenz der Grafen von Henneberg war. Im Schloss ermöglicht das **Naturhistorische Museum Südthüringens** eine Zeitreise durch 300 Mio. Jahre Heimatgeschichte (Di–Fr 9–17, Sa, So 10–18 Uhr; Tel. 03 68 41/ 53 10, www.museum-schleusingen.de). Der Aufstieg auf den **Hauptturm** der Bertholdsburg wird mit einem schönen Blick vom Rundgang in 30 m Höhe belohnt. Direkt neben dem Schloss steht die **Stadtkirche** St. Johannis, ein im Kern spätgotischer Bau von Ende des 15. Jh.

Fremdenverkehrsbüro: Markt 6, 98553 Schleusingen, Tel. 03 68 41/ 3 15 61, Fax 3 15 63, touristinfo@schleusingen.de, www.schleusingen.de

Hotel Haus am See: Am langen Teich 3, Tel. 03 68 41/33 70, Fax 3 37 37, www.haus-am-see-schleusingen.de, 31 Zi., DZ/F ab 55 €. Angenehme, farblich abgestimmte Zimmer. Morgens weckt lustiges Entengeschnatter.

Traditionsgaststätte Waldhaus: Waldhausstr. 16, Tel. 03 68 33/53 51 12, Mo geschl., Hauptgerichte 4–12 €. Einsam im Wald, ca. 1 km von Schleusingen entfernt, preiswerte Thüringer Spezialitäten, Wildgerichte. Es wird auch eine Wander-Speisekarte (Gerichte 3–5 €) angeboten.

Künstlerhof Roter Ochse: Elisabethstraße. Musikveranstaltungen, Autorenlesungen, Ausstellungen, Begegnungen und Gespräche.

Burg- und Stadtfest: letztes Wochenende im Juni; **Country-Festival:** Ende Juli, s. S. 29.

Bergsee Ratscher: an der B4, www.bergsee-ratscher.de. Baden und schwimmen, surfen, segeln, rudern, eine 84 m lange Wasserrutsche, umfassendes Sportangebot.

Bus: nach Ilmenau, Oberhof, Sonneberg.

Hildburghausen

Reiseatlas: S. 237, D 3
Die traditionsreiche und geschichtsträchtige Stadt (12 300 Ew.) liegt am rechten Ufer der Werra. Eine der Sehenswürdigkeiten bildet das **Marktplatzensemble,** dessen Häuser überwiegend nach dem großen Stadtbrand 1779 entstanden sind. Älter jedoch ist das **Rathaus** an der nordöstlichen Marktecke, das sich nach Restaurierungsarbeiten heute so zeigt, wie es 1595 ausgesehen hat. Seit Sommer 2004 versteckt sich in einer Ecke neben dem Rathaus eine 30 m^2 große Schaufläche mit originalgetreuen Fährtenabdrücken des **Chirotherium barthii** sowie einer 4 m langen lebensgroßen Bronzestatue des Ursauriers, der vor 240 Mio. Jahren gelebt hat. Der Fund gelang 1834/35 in einem Steinbruch im Nordosten von Hildburghausen. Originale befinden sich in mehr als 30 Sammlungen Europas.

Das Schloss wurde am Ende des Zweiten Weltkrieges zerstört, erhalten geblieben ist der **Schlosspark,** an den das einstige **Hoftheater** grenzt, das aus einem 1721 eröffneten Ball- und Festhaus hervorgegangen ist und heute als Stadttheater dient. **Trütschler's Milch- und Reklamemuseum** (Di–Fr 9.30–16.30, Sa, So 13.30–16.30 Uhr; Knappengasse 26, Tel. 0 36 85/70 54 09) ist ebenso besuchenswert wie das **Stadtmuseum** in der Apotherkergasse 11 (Di–So 10–17 Uhr; Tel. 0 36 85/40 36 89), das die Erstausgabe von »Meyer's Konversationslexikon« in 52 Bänden besitzt, von denen die ersten Bände in Hildburghausen erschienen sind.

Auf dem Stadtberg erhebt sich seit 1882 der 15 m hohe **Bismarckturm.** Jahrzehnte durfte er nicht bestiegen werden, weil die Sowjets den Turm und das Gelände zum militärischen Sperrgebiet erklärt hatten. Von hier aus beobachteten sie den Luftraum Richtung Westen.

Naturtheater

Rund 3000 Zuschauer sind dabei, wenn im Naturtheater in Steinbach-Langenbach, rund 10 km nordöstlich von Schleusingen, **Volksmusik, Rock, Operette und Oper** auf dem Spielplan stehen. Gespielt wird von Mai bis Sept. (Tel. 03 68 74/3 85 36, www.theater-im-gruenen.de).

Tourist-Information: Markt 25, 98646 Hildburghausen, Tel. 0 36 85/4 05 83, Fax 40 58 40, tourist-info@hildburghausen.de, www.hildburghausen-info.de

Hotel ›Am Schwanenteich‹: Am Schwanenteich, 98646 Hildburghausen (im Ortsteil Gerhardtsgereuth), Tel. 0 36 85/44 66 90, Fax 44 66 99 10, www.hotelamschwanenteich.de, 25 Zi., DZ/F ab 77 €, Hauptgerichte 7–14,50 €. Idylle pur. Neues Hotel inmitten eines Landschaftsschutzgebietes. Geschmackvoll eingerichtete Zimmer, Saunalandschaft. Im Restaurant einheimische Köstlichkeiten, viele Wild- und Fischgerichte; die Kräuter kommen aus dem hoteleigenen Garten.

Pub & Art: Untere Marktstr. 3, Tel. 0 36 85/40 19 30, ab 18 Uhr, Di geschl. Musik-Pub, am Wochenende Events.

Bikertreffen: am letzten April- oder ersten Mai-Wochenende; **Theresienfest** (das größte Volksfest Südthüringens): Ende Sept., Anfang Okt.

Werra Sport- und Freizeitbad Hildburghausen: Oberes Kleinodsfeld 16, Tel. 0 36 85/40 43 33, www.sprung-frei.de, tgl. geöffnet. Rutschen, schwimmen, tauchen, springen, saunieren, sonnen.

Bahn: mit der Südthüringen-Bahn nach Eisenach, Meiningen, Sonneberg; **Bus:** nach Bad Colberg-Heldburg, Römhild, Eisfeld, Suhl.

Ausflug nach Römhild

Reiseatlas: S. 236, C 3/4
14 km sind es von Hildburghausen nach Römhild (1900 Ew., www.roemhild.info) am Fuß der Gleichberge. Die Silhouette der Stadt beherrschen die Türme der 1470 vollendeten spätgotischen **Stadtkirche,** die kunstgeschichtlich Bedeutendes zeigt, darunter in der angebauten Gruftkapelle zwei **Bronze-Grabmäler,** die vor rund 500 Jahren in der berühmten Nürnberger Werkstatt von Peter Vischer d. Ä. geschaffen wurden. Rings um die Kirche hat sich mit dem Rathaus (17. Jh.) und dem Wappenbrunnen (1914) das kleinstädtische Marktbild erhalten. Unweit davon lohnt **Schloss Glücksburg** mit seinen zwei Innenhöfen einen Besuch. In einem Teil befindet sich das **Museum,** das im gestalteten Garten und in der Ausstellung »Keramik International« Arbeiten von 160 Künstlern aus 29 Ländern zeigt, die an den von 1975 bis 1993 in Römhild stattgefundenen Keramik-Symposien teilgenommen haben (Mi–So 13–16 Uhr; Griebelstr. 28, Tel. 03 69 48/8 01 40).

Einblicke in das wirtschaftliche und kulturelle Leben von der Mittelsteinzeit um 8000 v. Chr. bis zum Hochmittelalter bietet das **Steinsburg-Museum.** Das heutige Spezialmuseum für Ur- und Frühgeschichte Südthüringens entstand 1929, um die bei Steinbrucharbeiten und Ausgrabungen auf dem nahen Kleinen Gleichberg gefundenen Gegenstände aufzunehmen. Die Steinsburg war vom 5. bis 1. Jh. v. Chr das Wirtschafts- und Kulturzentrum eines kleinen Stammes der Kelten (tgl. 9–17 Uhr; Tel. 03 69 48/2 05 61).

Zum Hirsch: Heurichstr. 32, 98631 Römhild, Tel. 03 69 48/86 80, Fax 86 83 33, www.hotel-hirsch-prediger.de, 25 Zi., DZ/F ab 70 €, Hauptgerichte 7–14 €. Angenehme Zimmer; kleiner Wellness-Bereich. Das tgl. geöffnete Restaurant bietet regionale und internationale Küche.

Weinstube & Restaurant ›Am Schloss‹: Griebelstr. 19, Tel. 03 69 48/8 07 29, Do geschl., Hauptgerichte 5,50–12,50 €. Gemütliches Restaurant gegenüber dem Schloss, Thüringer Küche und am Nachmittag hausgemachter Kuchen.

Schautöpferei Weingarten: Heurichstr. 2, Tel. 03 69 48/8 07 94, So geschl. Zuschauen, wie Gebrauchs- und Zierkeramik sowie Gartenkeramik entsteht, die zum Kauf bereitsteht. Auch individuelle Anfertigungen.

Töpferhof Gramann: Milzer Str. 30, Tel. 03 69 48/2 11 41, tgl. geöffnet. Farbenfroh und farbintensiv – so zeichnet sich die Keramik von Christina Gramann aus. Der zu DDR-Zeiten einst größte Betrieb für Kunstkeramik in Europa hat seinen festen Platz in der Marktwirtschaft gefunden.

Kalter Markt: letzter Do im Jan., s. S. 32.

… nach Heldburg

Reiseatlas: S. 237, D 4

›Fränkische Leuchte‹ wird die **Veste** auf hohem, bewaldeten Fels genannt, da von ihr einst bei Gefahr Leuchtsignale nach Coburg gesandt wurden. Herzog Georg II. von Sachsen-Meiningen ließ sich von einem Besuch in Neuschwanstein inspirieren und nahm im 19. Jh. eine historistische Überformung vor, die die Veste Heldburg, 10 km von Hildburghausen entfernt, zu Märchenschloss wie Ritterburg gleichermaßen machte. Vom **Aussichtsturm** schweift der Blick weit in den Thüringer Wald (Di–So April–Okt. 10–18, Nov.–März bis 17 Uhr; Tel. 03 68 71/2 12 10). In der **historischen Altstadt** mit verträumten Gassen erinnern Namen wie Schuhmarkt, Ledergasse, Rossmarkt und Ochsenmauer an ein früher reges Markt- und Handwerkerleben.

Wappen am Rathaus von Hildburghausen

DER THÜRINGER WALD

Der Thüringer Wald ist das größte zusammenhängende Waldgebiet Deutschlands und zugleich eine der schönsten Mittelgebirgslandschaften. Die schmale, lang gestreckte Erhebung zieht sich vom Mittellauf der Werra bei Eisenach bis zur Linie Schönbrunn-Gehren hin. Auf dem Kamm verläuft Deutschlands bekanntester Höhenwanderweg, der Rennsteig.

Der Große Inselsberg

Reiseatlas: S. 236, C 1
Mit seinen 916,5 m ist der Große Inselsberg nicht der höchste, aber der bekannteste Berg Thüringens. Seit mehr als 200 Jahren gehört er zu den beliebtesten Wander- und Ausflugszielen. Über den Großen Inselsberg führte die Grenze von zwei Fürstentümern, deshalb sind auf dem Gipfel im 19. Jh. zwei Gasthäuser entstanden, die – obwohl sie nur wenige Meter auseinander stehen – unterschiedlichen Telefon-Ortsnetzen angehören (erkenntlich an der Vorwahl). Später kamen eine Jugendherberge, 1939 der im Volksmund ›Thermosflasche‹ genannte UKW-Turm und 1975 der 50 m hohe TV-Mast dazu. Bei gutem Wetter reicht der Blick bis zum Brocken.

Zu Füßen des Großen Inselsberges liegt das von viel Wald umgebene **Tabarz** (4200 Ew., www.tabarz.de). Im Lauchagrund, benannt nach einem steinigen und flachen Bach, wird auf den Spuren von Dr. Heinrich Hoffmann gewandert, dem Schöpfer des »Struwwelpeter«, der Ende des 19. Jh. jährlicher Gast in Tabarz war. Auf der Märchenwiese tummeln sich der Suppenkaspar, der Fliegende Robert und viele andere geschnitzte Figuren.

2 km sind es von Tabarz nach **Fischbach,** wo in den Sommermonaten bis zu 2000 Besucher die Bergbühne füllen, um vielfältigste Aufführungen zu erleben. Weitergeradelt oder gewandert wird nach **Brotterode** (3000 Ew., www.brotterode.de), einem kleinen, idyllisch gelegenen Berg- und ebenfalls beliebtem Erholungsort, vor allem im Winter.

Gästeinformation Brotterode: Bad Vilbeler Platz 4, 98599 Brotterode, Tel. 03 68 40/33 33, Fax 33 35, gaesteinformation@brotterode.com, www.brotterode.com
Tourismus-Info & Kurgesellschaft Tabarz: Theodor-Neubauer-Park 3, 99891 Tabarz, Tel. 03 62 59/6 10 87, Fax 3 17 54, touristinfo@tabarz.de, www.tabarz.de

Hotel Frauenberger: Max-Alvary-Str. 9–11, Tabarz, Tel. 03 62 59/52 20, Fax 52 21 00, www.hotel-frauenber

ger.de, 43 Zi., DZ/F ab 75 €. Gediegener Landhausstil, Hallenbad, Fitnessbereich mit Sauna, Dampfbad.

Zur guten Quelle: Schmalkalder Str. 27, Brotterode, Tel. 03 68 40/3 40, Fax 3 41 11, www.hotel-quelle.de, 44 Zi., DZ/F ab 52 €. Familienhotel in ruhiger und zentraler Lage, Erlebnisgrotte für Spiel, Sport und Spaß, Sauna, Fitnessbereich, Bundeskegelbahn.

Berggasthof Stöhr: auf dem Großen Inselsberg, tgl., Tel. 03 68 40/ 3 24 25, www.berggasthof-stoehr.de, tgl. geöffnet, Nov. Betriebsferien, Hauptgerichte 6–11 €. Familientradition seit 1899, die Chefin kocht Thüringer Gerichte. Besonders gemütlich sitzt es sich in der Rennsteigstube.

Stadt Gotha: auf dem Großen Inselsberg, Tel. 03 62 59/6 23 67, tgl. geöffnet, Mitte Nov.–Mitte April Mo geschl., Hauptgerichte 6–10 €. Thüringer Küche und böhmische Speisen, auch Vegetarisches.

Gasthaus ›Zum Laternchen‹: Karl-Kornhaß-Str. 14, Tabarz, Tel. 03 62 59/5 83 65, Mo geschl., Hauptgerichte 6–12 €. Wild- und Fischgerichte, große Steakkarte, Essen vom heißen Stein.

Waldcafé Massemühle: Lauchagrundstr. 41 (2 km von Tabarz entfernt im Lauchagrund), Tel. 03 62 59/3 06 64, tgl. geöffnet. 20 verschiedene Kaffeespezialitäten, hausgebackene Kuchen und Torten. Die Spezialität: Kürbiskuchen mit einer Kugel Vanilleeis.

Schauwerkstatt: Zimmerbergstr. 4, Tabarz, www.mahlschatz.de, So geschl. Thüringer Schmuck in großer Auswahl, gefertigt in traditioneller Handarbeit.

Brotteröder Kirmes: letztes Juli-Wochenende.

Sommerrodelbahn: zwischen Tabarz und Brotterode, April–Okt. 10–17 Uhr, www.wiegandslide.com. Auf 1000 m durch zwölf Steilkurven und Bogen mit 40 km/h zu Tal jagen; auch Bungy-Trampolin.

Kur- und Familienbad Tabbs: Schwimmbadweg 10, Tabarz, Tel. 03 62 59/67 30, www.tabbs.de, tgl. geöffnet. Erlebnisbecken, Außenschwimmbecken, Großrutschenanlage, Saunalandschaft und mehr.

Inselsbergbad Brotterode: Am Bad 1, Tel. 03 68 40/37 30. Vier 25-m-Schwimmbahnen, zwei beheizte Außenbecken, 73-m-Achter-Rutsche und Saunalandschaft.

Bahn: Mit der Thüringerwaldbahn von Tabarz nach Gotha; **Bus:** Der Inselsbergexpress verbindet im Linienverkehr Friedrichroda und Tabarz mit dem Großen Inselsberg; Linienbusse nach Eisenach, Gotha und Erfurt.

Friedrichroda

Reiseatlas: S. 236, C 1

Am 22. Juli 1837 kam der Gothaer Buchhändler Friedrich Christoph Perthes zur Erholung in das von Wald umgebene Friedrichroda (5400 Ew.) und ging damit als erster Feriengast in die Ortschronik ein. Rasch entwickelte sich Friedrichroda zu einem der beliebtesten Ferienorte in Thüringen, was es bis heute geblieben ist.

Von 1778 bis 1903 wurde Gipsgestein abgebaut, das gebrannt und anschließend als Stuckgips verkauft wurde. In der **Marienglashöhle** fasziniert die Untertagewelt, zum Beispiel der 68 m lange Höhlensee und die Kristallgrotte mit dem wohl größten und schönsten Vorkommen an Mari-

DER RENNSTEIG

Vom Mittellauf der Werra bis zum Oberlauf der Saale, mitten durch das ›Grüne Herz Deutschlands‹, verläuft Deutschlands traditionsreichster Fernwanderweg. Der Rennsteig ist 168,3 km lang: Er beginnt in Hörschel bei Eisenach und führt über den Thüringer Wald, das Thüringer Schiefergebirge zum Frankenwald, wo er in Blankenstein endet.

Erstmals ist in den Annalen 1330 von einem ›Rynnestig‹ die Rede. Diesen ›Stig‹ liefen jahrhundertelang Soldaten, Kuriere, Kaufleute, Puppenmacher und Holzschnitzer entlang, die einen in kriegerischer Absicht, doch die meisten aus wirtschaftlichen Gründen. Zu DDR-Zeiten durfte nur auf 115 km des Rennsteigs gewandert werden, denn beide Enden verliefen im innerdeutschen Grenzgebiet und ein 14 km langer Teil durch Bayern.

Traditionell wird von West nach Ost gewandert. Der Weg ist oft steinig, zuweilen morastig und wurzelig. Seit 2000 ist der Rennsteig auch Radwanderweg, der jedoch nur einen Teil des klassischen Kammpfades nutzt. Beste Wanderzeit, ob zu Fuß oder mit dem Rad, sind der Mai und der September, bereits Ende Oktober ist mit Schnee zu rechnen, der nicht selten bis Ende April liegt. Die Temperaturen sind, auch im Hochsommer, mit 16° bis 17° C angenehm. Wer in den Sommermonaten den Rennsteig entlangwandert oder -fährt, begegnet oft kilometerweit

Der Rennsteig: Ein Paradies für Wanderer

keinem Menschen. Sich verlaufen ist fast unmöglich, denn die Route ist lückenlos mit einem weißen ›R‹ markiert. Die klassische Rennsteigwanderung besteht aus sechs Tagesetappen, doch die meisten Wanderer legen nur Teile davon zurück. Unterkünfte sind am oder wenige hundert Meter vom Rennsteig entfernt reichlich vorhanden, in den Gaststätten gibt es preisgünstige Thüringer Küche.

Lange debattierten Sprachforscher, woher der Name ›Rennsteig‹ komme. Doch nun scheinen sie sich einig zu sein: ›Rennsteig‹ geht auf Rennen zurück, weil auf dem Weg einst die Boten der Herzöge und Fürsten und die Soldaten dahineilten. Vielfach war auch die Meinung vertreten worden, der Name sei von ›Rainweg‹, also ›Grenzweg‹, abgeleitet, weil der Rennsteig Jahrhunderte auf großen Strecken die Grenze zwischen Kleinstaaten bildete. Stumme Relikte der deutschen Kleinstaaterei sind über 1000 Grenzsteine, darunter 13 Dreiherrensteine, die Punkte markieren, wo drei Länder aneinander grenzten. Dem ersten begegnet man auf dem Großen Weisenberg (km 27,8). Die eingemeißelten Buchstaben SG, SM und KH stehen für Sachsen-Gotha, Sachsen-Meiningen und Kurhessen. Bei der Heidehütte (km 100) erinnert ein kleiner Dreiherrenstein an die Grenze zwischen dem Herzogtum Sachsen-Meiningen, dem Fürstentum Schwarzburg-Sondershausen und Schwarzburg-Rudolstadt, und am Schönwappenweg am Kießlich (km 143,7) ist der älteste und wohl auch schönste Stein zu sehen, 1515 wurde er gesetzt. Auf der einen Seite schmückt ihn das sächsische Wappen und auf der anderen das bischöflich-bambergische.

Einige Steine erinnern an Persönlichkeiten, gleich zu Beginn bei Hörschel der 1991 aufgestellte Julius-von-Plänckner-Stein. Von Plänckner war 1830 in fünf Tagen den gesamten Rennsteig entlanggewandert und hatte dafür 43,5 Std. benötigt. Seitdem gilt er als Vater der Rennsteigwanderung. Auf dem Großen Weißenberg (km 27,8) steht seit 1913 ein dem Verfasser des Gedichts »Der Rennsteig«, Viktor von Scheffel, gewidmeter wuchtiger Findling und am Anfang des Kerngrundes (km 58) ein 1719 gesetzter Dreiherrenstein, der heute den Namen des Dichters Gustav Freytag trägt. Freytag hatte Schauplätze seines Romanzyklus »Die Ahnen« in dieser Gegend angesiedelt. In seinen »Erinnerungen aus meinem Leben« ist zu lesen: »Zum Schauplatz der Erzählungen wählte ich Thüringen, wo ich selbst zu wohnen pflegte …« Und beim Borstenplatz (km 73) wurde zu Ehren von Herbert Roth, dem Verfasser des Rennsteigliedes, das zu DDR-Zeiten die heimliche Hymne Thüringens war, 1996 ein Gedenkstein aufgestellt.

Ein so traditionsreicher Wanderweg hat auch seine Gepflogenheiten, dazu gehört das ›Gut Runst‹, der traditionelle Gruß, und, dass alte Wanderhasen, bevor sie die Schuhe schnüren, aus der Werra ein Steinchen entnehmen, um es am Ende in die Saale zu werfen. Das Steinchen soll Glück auf der Wanderung bringen. Jedes Jahr im Mai drängelt man sich auf dem Rennsteig fast wie auf den Weihnachtsmärkten, denn zum GutsMuths-Rennsteiglauf, Mitteleuropas größtem und härtestem Landschaftslauf, kommen Zehntausende. Die einen als Läufer, andere als Zuschauer oder Betreuer. Dann rückt der Rennsteig sogar ins Blickfeld der Medien.

englas-Gipskristallen, die bis zu 90 cm lang sind. Marienglas verwendete man einst zum Verschönern von sakralen Bildern und liturgischen Objekten (tgl. April–Okt 9–17, Nov.–März bis 16 Uhr; Tel. 0 36 23/31 16 67). Abseits des Ortes befand sich einst das Kloster Reinhardsbrunn, von dem lediglich die Umfassungsmauer und die Fischteiche der Mönche übrig geblieben sind. Auf dem Klostergelände entstand im neogotischen Stil **Schloss Reinhardsbrunn,** das von 1964 an rund drei Jahrzehnte als Hotel genutzt wurde.

Tourist-Information: Marktstr. 13, 99894 Friedrichroda, Tel. 0 36 23/33 20 00, Fax 2 33 20 29, friedrichroda.kur@t-online.de, www.friedrichroda.de

Ramada-Treff Hotel: Burchardtsweg 1, Tel. 0 36 23/35 20, Fax 35 25 00, www.ramada-treff-friedrichroda.de, 154 Zi., DZ/F ab 110 €. Gut ausgestattete Zimmer, Wellness & Beauty im angeschlossenen Parkbad auf 1600 m^2, großzügige Saunenlandschaft.
Hotel ›Im Grund‹ am Rennsteig: Im Grund 5, Tel. 0 36 23/3 34 30, Fax 20 09 29, www.rennsteigwirt.de, 29 Zi., DZ/F ab 66 €. Waldlage, der ›Singende Wirt vom Rennsteig‹ erfreut die Gäste.
Tanzbuche: Auf dem Höhenberg, Tel. 0 36 23/36 99 00, Fax 36 99 43, www.tanzbuche.de, 39 Zi., DZ/F ab 62 €. Circa 7 km von Friedrichroda entfernt, mitten im Wald am Rennsteig gelegen, neues Hallenbad mit Wellnessbereich.

Brauhaus: Bachstr. 14, Tel. 0 36 23/30 42 59, www.brauhaus-friedrichroda.de, Nov.–April Mo geschl., Hauptgerichte 6–12 €. Rustikale Thüringer Traditionsgaststätte, im Biergarten oft Live-Musik.

Der Große Inselsberg

Fischgaststätte ›Zur Quelle‹: Schweizer Str. 30, Tel. 0 36 23/30 46 81, tgl. geöffnet, Hauptgerichte 6–15 €. Fische aus den Teichen und Flüssen Thüringens.
Café Busch: Hauptstr. 19, Tel. 0 36 23/30 44 06, tgl. geöffnet. Café im Wiener Stil, eigene Patisserie.

Internationales Bettenrennen: 1. Wochenende im Juli

Bahn: mit der Überlandstraßenbahn nach Waltershausen und nach Go-

tha; **Bus:** Inselsbergexpress im Linienverkehr Friedrichroda–Heuberghaus–Tabarz–Großer Inselsberg.

Trusetal

Reiseatlas: S. 236, B 1
Der Ort (4200 Ew.), am Südwesthang des Thüringer Waldes gelegen, gehört zu den ältesten Bergbausiedlungen der Gegend. Ab dem 14. Jh. wurde hier Eisenerz abgebaut. Die Tradition wach hält das **Besucherbergwerk Hühn** (Ostern–Okt. Führungen tgl. 10.00, 11.15, 12.30, 13.45, 15.00, 16.15 Uhr; Tel. 03 68 40/8 15 78). Beim Besucherbergwerk befindet sich der **Kräuter- und Gesteinsgarten.**

In der kalten Jahreszeit sucht man den **Trusetaler Wasserfall** (www.trusetal-thuer.de) vergeblich, denn am letzten Oktobertag wird das Wasser abgestellt. Aber ab Ostern stürzt es wieder in drei Kaskaden tosend 58 m in die Tiefe. Den wildromantischen Wasserfall legten die Einwohner Trusetals 1865 als touristische Attraktion an. In der warmen Jahreszeit fließt ein Teil des Trusewassers in einen Kunstgraben, um schließlich über die Felskulisse aus Granit und Porphyr zu rauschen. Am Wasserfall führen 228 Stufen nach oben.

Im **Zwergenpark** an der Brotteroder Straße wohnen rund 1500 Zwerge. Durch den Park fährt eine Schienenelektrobahn (Ostern–Okt. tgl. 9.30–17 Uhr; Tel. 03 68 40/4 01 53, www.zwergenpark.de). Auf dem 514 m hohen Hainberg östlich des Ortes thronte lange Zeit eine 1247 erstmals genannte Burg, stehen geblieben sind der Bergfried und Teile der Umfassungsmauern. Vom **Bergfried** bietet sich ein weiter Blick (Ostern–Okt. Mi–So).

Tourist-Information: Liebensteiner Str. 4, 98596 Trusetal, Tel. 03 68 40/8 15 78, Fax 82 48, info@trusetal-thuer.de, www.trusetal-thuer.de

Wasserfallfest: 2. So im Juli; **Oktoberfest:** 2. Wochenende im Okt. im Zwergen-Park.

Ruhla

Reiseatlas: S. 236, B 1
Der ›Schmied von Ruhla‹, auf einem der Wartburgfresken des Moritz von Schwind dargestellt, hat den Namen des Thüringer Ortes in die Welt getragen. »Landgraf, werde hart, hart wie dieses Eisen!« soll der Schmied dem nachsichtig regierenden Ludwig II. zugerufen haben. Nach der landgräflichen Waffenschmiede kam das Messerschmiedehandwerk zu Ruhm, danach wurde Ruhla (7000 Ew.) durch seine Pfeifen- und Uhrenproduktion bekannt. Das **Tabakpfeifen- und Stadtgeschichtliche Museum** in einem der schönsten Fachwerkhäuser (Anfang 17. Jh.) Ruhlas zeigt eine Ausstellung herrlicher Tabakpfeifen aus Holz, Meerschaum, Ton und Porzellan (Di, Do, Sa 13–17, Mi, Fr 9–14 Uhr; Obere Lindenstr. 29–31, Tel. 03 69 29/ 8 90 14). Über die Uhrenherstellung informiert das **Ruhlaer Uhrenmuseum** (Mo–Fr 10–16.30, Sa 10–16 Uhr; Bahnhofstr. 27, Tel. 03 69 29/7 00).

Natur-Unterricht

Die Tourist-Information Ruhla verleiht Rücksäcke, die mit Lupe, Fernglas, Kompass und Bestimmungsbüchern bestückt sind. Damit ist man für die Wanderung auf dem 2,4 km langen **Naturerlebnispfad ›Am Breitenberg‹** optimal ausgerüstet. Schautafeln am Wanderweg vermitteln viel Wissenswertes zu Fauna und Flora.

Wer wenig Zeit hat, aber dennoch viele historische Bauwerke Thüringens kennen lernen möchte, der marschiert mit ›Sieben-Meilen-Stiefeln‹ durch den **Miniaturenpark mini-a-thür.** Auf 18 000 m^2 sind die kleinen Kunstwerke im Maßstab 1:25 zu bewundern (April–Okt. tgl. 10–18 Uhr; Tel. 03 69 29/ 8 00 08, www.mini-a-thuer.de). Vom Wanderparkplatz Lappengrund am Miniaturenpark wird zur Hubertuswiese und zum 21 m hohen **Carl-Alexander-Turm** aufgestiegen. Nach 111 Stufen gibt es hier zur Belohnung eine schöne Aussicht auf den Thüringer Wald.

Tourist- und Naturparkinformation: Am Markt 1, 99842 Ruhla, Tel. 03 69 29/8 90 13, Fax 8 90 22, tourist@ ruhla.de, www.ruhla.de

Hotel Thalfried: Am Park 11 (im Ortsteil Thal), Tel. 03 69 29/7 90 00, Fax 79 00 79, www.thalfried.de, 28 Zi., DZ/F ab 80 €. Vier-Sterne-Haus am Thaler Kurpark mit Wellnessbereich.

Landgrafenstube: Am Park 11 (im Hotel Thalfried), Tel. 03 69 29/7 90 00, Mo Mittag geschl., Hauptgerichte von 10–18 €. Regionale, internationale, mediterrane und vegetarische Küche.
Café Jung: Carl-Gareis-Str. 31, Tel. 03 69 29/8 91 28, www.ruhla-home.de. Kuchen aus eigener Konditorei.

Naturpark- und Stadtfest: 2. Wochenende im Juni; **Scharfenburgfest:** 2. oder 3. Wochenende im Juli; **Rühler Kirmes:** 3. Wochenende im Juli.

Bus: nach Eisenach, Bad Salzungen, Tabarz, Bad Liebenstein, Brotterode und zum Großen Inselsberg.

Bad Liebenstein

Reiseatlas: S. 236, B 1
Im 17. Jh. ließ der Liebensteiner Herr von Stein die heilenden Quellen am Rand des Thüringer Waldes fassen und seitdem kommen Kurgäste – der Meininger Herzog gehörte ebenso dazu wie Goethe und Jean Paul. Bad Liebenstein (4100 Ew.) kann sich deshalb heute rühmen, Thüringens ältestes Heilbad zu sein. »Kein Wiesbaden, kein Schwalbach oder Ems war der Kur so viel wert als Liebenstein«, urteilte der Meininger Arzt Dr. Jahn Ende des 18. Jh. Über der Heilquelle wurde der **Brunnentempel** errichtet und daneben das Comödienhaus, das schon lange **Kurtheater** heißt. Die **Burg,** auf der die Steins einst residierten, ist seit mehr als drei Jahrhunderten zur Ruine verfallen.

Der Erbprinz Georg von Sachsen-Meiningen ließ sich 1860 oberhalb des Kurviertels die heute als Café und Restaurant genutzte **Villa Feodora** im Schweizer Landhausstil erbauen. Zu seinem Sommersitz machte das Meininger Herzogshaus das etwa 2 km vom Liebensteiner Kurzentrum entfernte **Schloss Altenstein,** das 1888–1890 im Stil eines englischen Herrenhauses errichtet wurde und das ein romantischer Landschaftspark umgibt. 1982 vernichtete ein Brand die gesamte baugebundene Innenausstattung. Eine Ausstellung im Hofmarschallamt zeigt den Zustand der Schlossräume vor dem Brand und dokumentiert den Aufenthalt von Johannes Brahms auf dem Schloss (Mo–Fr 7–16 Uhr; Tel. 03 69 61/7 25 13).

Brunnentempel in Bad Liebenstein

Als der Meininger Herzog eine neue Straße zu seinem Schloss Altenstein anlegen ließ, wurde von Bauarbeitern 1799 die zur Gemeinde Schweina gehörende **Altensteiner Naturhöhle** entdeckt. Die Höhle ist heute auf 270 m Länge begehbar, wegen der guten Akustik sind die Höhlenkonzerte, die auf die Meininger Herzöge zurückgehen, beliebt (Führungen Mai–Sept. Fr–Sa 10–17, Okt., Dez., März, April Fr–Di 10–16 Uhr; Tel. 03 69 61/7 12 16).

Stadtinformation: Esplanade/Wandelhalle, 36448 Bad Liebenstein, Tel. 03 69 61/5 61 12, Fax 5 61 01, info@bad-liebenstein.de, www.bad-liebenstein.de

Hotel Fröbelhof: Heinrich-Mann-Str. 34, Tel. 03 69 61/5 10, Fax 5 12 77, www.froebelhof.de, 34 Zi., DZ/F ab 84 €. Ruhig und zentral gelegen, großzügige Zimmer, idyllischer Hofgarten.
Hotel Herzog Georg: Herzog-Georg-Str. 36, Tel. 03 69 61/5 50, Fax 5 52 22,

www.herzog-georg-hotel.de., 38 Zi., DZ/F ab 76 €. Stilvoll eingerichtete Zimmer im familiär geführten Hotel.

Villa Feodora: Friedensallee 4, Tel. 03 69 61/3 33 33, www.villa-feodora.de, Di geschl., Hauptgerichte 11,50–19,50 €. Reizvolle Villa mit großer Terrasse oberhalb des Kurparks, auch Gerichte für den kleinen Hunger.
Klosterbräu: Inselsbergstr. 6, Tel. 03 69 61/75 20, Fax 7 52 11, www.hotel-klosterbraeu.de, Do geschl., Hauptgerichte 6–12 €. Rustikales Ambiente, die Spezialität des Hauses: Forelle aus dem Bach der Altensteiner Höhle.

Bus: nach Eisenach und Bad Salzungen.

Arnstadt

Reiseatlas: S. 237, D 1
Arnstadt (26 000 Ew.), eins der Tore in den Thüringer Wald, wurde erstmals 704 urkundlich genannt und darf sich deshalb rühmen, eine der ältesten deutschen Städte zu sein. Das musikalische Leben von Arnstadt hat 172 Jahre lang die Familie Bach geprägt: 17 Bachs kamen hier zur Welt, acht traten hier vor den Traualtar und 25 fanden auf dem Alten Gottesacker ihre letzte Ruhestätte. Der berühmteste von allen ist Johann Sebastian, der in Arnstadt von 1703–1707 seine erste Organistenstelle innehatte.

Rundgang

Mitten auf dem Marktplatz ist der große Tonschöpfer zu sehen, aber völlig anders, als man ihn sich vorstellt. Das 1985 zum 300. Geburtstag enthüllte **Denkmal** zeigt den jungen Bach in lässiger Haltung an einen Meilenstein gelehnt mit von sich gestreckten Beinen. So erlebten ihn vermutlich die Arnstädter als jungen Mann, der sich wiederholt vor dem Konsistorium erklären musste, beispielsweise weil er eine auf vier Wochen genehmigte Urlaubsreise nach Lübeck eigenmächtig verlängerte oder weil er »ohnlängst die frembde Jungfer auf das Chor biethen und musiciren« ließ.

In der Neuen Kirche am Markt hat Bach auf der Orgel gespielt. Ihm zu Ehren wurde das Gotteshaus 1935 in **Bachkirche** umbenannt. Der Spieltisch der Wender-Orgel aus der Kirche steht heute in der Bachausstellung im **Haus ›Zum Palmbaum‹** (Di–So 9.30–16.30 Uhr; Markt 3, Tel. 0 36 28/60 29 78). Mit dem **Haus Kohlgasse 7** besitzt Arnstadt die einzige authentisch erhaltene Wohnstätte von Johann Sebastian Bach. In diesem Wohnhaus ging er ein und aus. Nach umfangreicher Sanierung ist die Besichtigung des Hauses nach Voranmeldung in der Tourist-Information möglich.

Zu den musischen Größen Arnstadts gehört auch Eugenie John (1825–1887), die im Haus Nr. 12 der **Tuchmachergaden** an der Ostseite des Marktes geboren wurde. Doch unter diesem Namen kennt sie keiner, berühmt wurde sie unter dem Pseudonym Marlitt, unter dem sie naive Tränen treibende Romane schrieb, die in höchsten Auflagen erschienen. Von 1871 bis zu ihrem Tod wohnte die Marlitt in der spätklassizistischen Villa der heutigen **Marlittstraße 9.**

Die engen Gassen und verschwiegenen Winkel mit holprigem Pflaster strahlen noch viel mittelalterlichen Charme aus, besonders um die doppeltürmige **Liebfrauenkirche.** Sie gilt als der bedeutendste Kirchenbau Mitteldeutschlands aus der romanisch-gotischen Übergangszeit nach dem Naumburger Dom. Täglich zwischen 11 und 19 Uhr erklingt alle zwei Stunden das Glockenspiel vom gotischen **Jakobsturm.**

Einen touristischen Anziehungspunkt in Arnstadt bildet die **Puppenstadt ›Mon plaisir‹,** die sich im Schlossmuseum des Neuen Palais befindet. Dieses Schatzkästlein der Kulturgeschichte wurde in mehr als 50 Jahren für die Fürstin Auguste Dorothea von Schwarzburg-Arnstadt geschaffen. Es besteht aus 82 verschiedenen Schaukästen mit 391 etwa 20 cm hohen Figuren, deren Köpfe aus Wachs modelliert sind. Die Puppenstadt gibt Einblick in die Arbeits-, Wohn- und Lebensverhältnisse einer kleinen, absolutistisch regierten Residenzstadt im 18. Jh. (Mai–Okt. Di–So 9.30–18, Nov.–April Di–So 10–17 Uhr; Tel. 0 36 28/60 29 32).

Nicht zu übersehen ist der 65 m hohe **Neideckturm,** der Rest des ab Ende des 18. Jh. verfallenen Schlosses Neideck. Seit 2004 ist der Neideckturm saniert, von dem sich ein weiter Blick bietet (Mo–Do 9–15, Fr 9–12, Sa, So 14–16 Uhr). Im **Gärtnerhaus** an der Südseite des Schlossgartens (Mitte des 16. Jh.) steht das Stadtmodell ›Arnstadt um 1740‹ im Maßstab 1 : 200. Auf einer 4,30 m langen und 3,20 m breiten Platte sind fast 1600 Gebäude zu sehen (Mo–Do 10–15, Fr 10–12, Sa, So 14–16 Uhr; Tel. 0 36 28/58 09 20, www.stadtmodell.arnstadt.de).

Bachs Traukirche

Schön restauriert wurde die **Bartholomäus-Kirche** in dem 4 km östlich von Arnstadt liegenden Dornheim. Der Grund: In der Dorfkirche hat Johann Sebastian Bach am 14. Oktober 1707 in aller Heimlichkeit seine Cousine Maria Barbara Bach geheiratet.

Tourist-Information: Rankestr. 11, 99310 Arnstadt, Tel. 0 36 28/60 20 49, Fax 66 18 47, information@arnstadt.de, www.arnstadt.de

Hotelpark Stadtbrauerei Arnstadt: Brauhausstr. 1–3, Tel. 0 36 28/60 74 00, Fax 60 74 44, www.arnstadt-stadtbrauerei.de, 41 Zi., DZ/F ab 72 €. Das Hotel ist integriert in das historische Gebäudeensemble der alten Felsenkellerbrauerei. Geschmackvolle Zimmer, Schwimmbad, Sauna, Bowling.

Hotel Krone: Am Bahnhof 8, Tel. 0 36 28/7 70 60, Fax 60 24 84, www.krone-2000.de, 40 Zi., DZ ab 60 €. Renoviertes Jugendstilhaus mit gut ausgestatteten Zimmern und familiärem Service.

Schellhorns Wein & Bierstube: Ritterstr. 3/5, Tel. 0 36 28/60 27 80, So, Mo geschl., Hauptgerichte 4–10 €. Deftige Thüringer Küche mitten in der historischen Altstadt, leckerer Apfelwein.

Altstadt-Café: Rosenstr. 26, Tel. 0 36 28/4 49 96, tgl. geöffnet. Hausgebackener Kuchen, frische Waffeln und Eis.

Oberhof bei Nacht

Arnstädter Bachtage: in der zweiten Märzhälfte; **Jazz-Weekend:** ein Wochenende in der ersten Junihälfte; **Orgelsommer:** Juli.

Theater im Schlossgarten: Im Schlossgarten, Tel. 0 36 28/6 18 60, www.theater-arnstadt.de. Konzerte und verschiedene Gastspiele in dem Haus aus der ersten Hälfte des 19. Jh.

Wollmarkt: eine Woche im Juni; **Stadtfest:** erstes Wochenende im Sept.

Sport & Freizeitbad: Wollmarkt, tgl. geöffnet. Spaßbecken, sechs 25-m-Bahnen, mehrere Saunen, Solarien und Gastronomie.

Bahn: nach Saalfeld, Ilmenau und Meiningen sowie nach Erfurt; **Bus:** nach Erfurt, Ilmenau, Meiningen, Suhl, Oberhof und Saalfeld.

Oberhof

Reiseatlas: S. 237, D 2

Oberhof (1600 Ew.), Thüringens Wintersportort Nr.1, liegt auf dem Kamm des Thüringer Waldes. An Schnee besteht selten Mangel, 1864/65 betrug die Höhe 5,75 m und 1966/67 3,25 m, wie Markierungen vor dem Rathaus angeben. Seit 1984 finden in Oberhof regelmäßig Weltcup-Veranstaltungen statt, denn die Sportanlagen bieten beste Voraussetzungen. Die **Großschanze** im Kanzlersgrund mit der **90-m-Normalschanze** daneben gilt als die größte Mattenschanze der Welt. Ganzjährig wird auf ihr trainiert, und wenn nicht, dann ist es jedermann gestattet, die 834 Stufen nach oben zu steigen, um sich in 127 m Höhe wie ein Jens Weißflog oder Martin Schmidt zu fühlen. Packende Wettkämpfe erlebte schon die 1113 m lange, von Oktober bis März vereiste Kunsteis-Rodelbahn mit 14 Kurven und im Biathlonstadion ›Am Grenzadler‹ haben 2004 die weltbesten Biathleten ihre Kräfte zu den Weltmeisterschaften gemessen. 2008 wird Oberhof Austragungsort der 40. Weltmeisterschaften im Rennrodeln sein. Die Trainingszeiten der Sportler für die jeweils laufende Woche sind in der Oberhof-Information zu erfahren.

Bald wird man in dem Ort unterirdisch Ski fahren können: Für 2008 ist die Eröffnung des ersten **Skitunnels** Deutschlands geplant. In dem 1,3 km langen, 4 m hohen und bis zu 9 m breiten Tunnel, der auch touristisch genutzt werden wird, können bis zu 50 Wintersportler gleichzeitig trainieren. Die Oberhofer Wintersportgeschichte dokumentiert die **Wintersportausstellung** im Oberen Hof, in der Tausende von Exponaten, vom Rennschlitten bis zu Biathlon-Gewehren, zu sehen sind (tgl. 10–17 Uhr; Gräfenrodaer Str. 36, Tel. 03 68 42/5 22 37, www.thueringer-wintersportausstellung.de).

Oberhof ist aber nicht nur Wintersporthochburg, sondern als Thüringens bekanntester Ferienort ein Ganzjahresziel. Das **Exotarium** im Oberen Hof präsentiert eine große Reptilienschau (tgl. 10–18 Uhr; Crawinkler Str. 1, Tel. 03 68 42/2 14 04, www.exotarium-oberhof.de). Etwas außerhalb grünt und blüht es im **Rennsteiggarten.** Gebirgspflanzen bilden am 868 m hohen Pfanntalskopf ihren typischen Wuchs und Blütenflor aus, denn die Jahresdurchschnittstemperatur beträgt hier nur 4,2° C, bis zu 150 Tage im Jahr bedeckt Schnee die Pflanzenflächen. Im Rennsteiggarten sind fast 4000 verschiedene Pflanzenarten aus den Gebirgen Europas, Asiens, Nord- und Südamerikas, Neuseelands und aus den arktischen Regionen zu bewundern (tgl., Ende April–Sept. 9–18, Okt. bis Anfang Nov. 9–17 Uhr; Tel. 03 68 42/2 22 45, www.rennsteiggartenoberhof.de).

Oberhof-Information: Crawinkler Str. 2, 98559 Oberhof, Tel. 03 68 42/26 90, Fax 2 69 20, information@oberhof.de, www.oberhof.de

Sporthotel: Am Harzwald 1, Tel. 03 68 42/28 60, Fax 2 25 95, www.sporthotel-oberhof.de, 60 Zi., DZ/F ab 78 €. Idyllische Lage in unmittelbarer Nähe des Rennsteiges, wohnliche Zimmer, umfangreiches Sport- und Freizeitangebot. Auch acht Chalets für bis zu sechs Personen.

Berghotel: Theodor-Neubauer-Str. 20, Tel. 03 68 42/2 70, Fax 2 71 00, www.berghotel-oberhof.de, 69 Zi., DZ/F ab 69 €. Thüringer Gastlichkeit seit fast 100 Jahren.

Haifischjagd

Seeanemonen, farbenprächtige Fische, bizarre Korallen, Haifische auf der Jagd, Krokodile in einer Savannen-Landschaft – das bietet der 8 km von Oberhof entfernte **Erlebnispark Meeresaquarium** Zella-Mehlis. Sonntag 15 Uhr werden die Haifische gefüttert (tgl. 10–18 Uhr; Beethovenstr. 16, Tel. 0 36 82/4 10 78).

Oberland: Crawinkler Str. 3, Tel. 03 68 42/ 2 22 01, Fax 2 22 02, www.hotel-oberland.de, 66 Zi., DZ/F ab 61 €. Ruhig und zentral, individuelle Atmosphäre, großzügige, modern ausgestattete Zimmer.

Café-Restaurant Luisensitz: Theodor-Neubauer-Str. 25, Tel. 03 68 42/ 2 21 96, Fax 2 03 13, www.thuringia-online.de/luisensitz, tgl. geöffnet, Hauptgerichte 6–12 €. Rustikales, nostalgisches Restaurant, das seit Jahrzehnten einen guten Ruf hat. Besonders lecker der Rehbraten in Preiselbeerrahm mit Thüringer Klößen.

Waldgasthof Schanzenbaude: Am Grenzadler 2, Tel. 03 68 42/2 22 78, www.schanzenbaude.de, tgl. geöffnet, Hauptgerichte 5–13 €. Das Restaurant fühlt sich der traditionellen Thüringer Küche verpflichtet, auch Grillspezialitäten.

Schnitzer-Eck: Crawinkler Str. 4. Regionale Schnitzereien und Holzspielzeug.

Oberhofer Glasstube: Theodor-Neubauer Str. 171, www.Glasstube-Oberhof.de. Vorführung und Verkauf von Thüringer Glaskunst, ganzjähriger Weihnachtsmarkt.

Schauwerkstatt Scholzens Wachsstübchen: Crawinkler Str. 1 (im Oberen Hof). Per Hand werden schöne Wachsarbeiten gefertigt.

Diskothek Waldmarie: Theodor-Neubauer-Str. 29 (im Treff Hotel Panorama). Fr und Sa geht es hier rund von 20–3 Uhr.

GutsMuths-Rennsteiglauf: Mai, s. S. 33.

Rennsteig-Thermen: Im Gründle, Tel. 03 68 42/29 20, www.rennsteigthermen.de, tgl. geöffnet. Erlebnisbad mit Wassertemperaturen zwischen 28° und 32° C und 110 m langer Riesenrutsche.

Panorama Sportzentrum: Tel. 03 68 42/ 50 10 00. Vier Plätze in der Tennishalle, Squash, Badminton, Volleyball, 9 m Kletterwand.

Hochseilgarten Woodjump: Crawinkler Str. 2 a (am Kurpark), Tel. 03 68 42/5 22 57, www.woodjump.de. Mut und Geschicklichkeit ist gefragt, Klettern in bis zu 14 m Höhe.

Bahn: nach Bad Salzungen, Schmalkalden und Eisenach sowie nach Arnstadt (der Bahnhof ist rund 5 km außerhalb); **Bus:** nach Suhl, Zella-Mehlis, Gotha und Schmalkalden.

Suhl

Reiseatlas: S. 236/237, C/D 2

Traditionelles und Neues mischt sich in der größten Stadt Südthüringens. Die Höhen des Thüringer Waldes umschließen Suhl (44 200 Ew.), das durch das Waffenhandwerk bekannt wurde. Der Ort belieferte die Heere Europas mit Flinten und Pistolen, später dann auch Königs- und Fürstenhäuser mit prächtig gravierten, mit Gold- und Edelsteineinlagen gestalteten Gewehren. Das **Waffenschmied-Denkmal** mit Brunnen (1913) in der Mitte des Marktplatzes symbolisiert die Tradition des Waffenhandwerks, das auch in unseren Tagen in der Stadt beheimatet ist. Einblick in sieben Jahrhunderte Geschichte der Waffenherstellung bietet Europas einziges Spezialmuseum für Handfeuerwaffen, das **Waffenmuseum Suhl** (April–Okt Di–So 9–17, Fei ab 10, Nov.–März Di–Sa 9–16, So und Fei

Legenden auf zwei Rädern zeigt das Fahrzeugmuseum in Suhl

10–16 Uhr; Friedrich-König-Str. 19, Tel. 0 36 81/72 06 98, www.waffenmuseumsuhl.de). Im zum Museum gehörenden historischen Fachwerkhaus wird eine ständige **Ausstellung zu Ehren von Herbert Roth** gezeigt (s. Thema S. 174; Di–Sa 9–16, So 10–16 Uhr).

Suhl war auch Standort der Fahrzeugindustrie, in den 1970er und 80er Jahren verließen das Suhler Simson-Werk jährlich etwa 200 000 Kleinkrafträder. Im **Fahrzeugmuseum** sind auch Zweiräder zu sehen, darunter der robuste DDR-Motorroller Schwalbe mit 3,6-PS-Motor, von dem zwischen 1964 und 1986 mehr als eine Million Stück gebaut wurden (April–Sept. Di–So 9–17, Okt.–März Di–So 10–16 Uhr; Meininger Str. 222, Tel. 0 36 81/70 50 04, www.fahrzeugmuseumsuhl.de).

Nach 1952, als Suhl zur Bezirksstadt der DDR ›aufstieg‹, verschwanden viele historische Häuser, Neubauten im nüchternen Zeitgeist der 1950er und 60er Jahre wurden errichtet, um die Infrastruktur des verhältnismäßig kleinen Suhls den Ansprüchen einer Bezirksstadt anzupassen. Die alte Stadtachse, der **Steinweg,** der deshalb so heißt, weil er die erste gepflasterte Straße Suhls war, blieb von den Bausünden glücklicherweise verschont. Er ist heute Bummel- und Einkaufsboulevard mit der barocken **Kreuzkirche** am westlichen und der etwas oberhalb stehenden **Marienkirche** am östlichen Ende.

Wer eines der prächtigsten fränkischen **Fachwerkhäuser** sehen möchte, fährt in den Stadtteil Heinrichs. Dort steht als Augenweide das 1667 errich-

DER HYMNEN-KOMPONIST

Das »Rennsteiglied« gilt als die heimliche Thüringer Hymne. »Ich wand're ja so gerne am Rennsteig durch das Land ...« Am 15. April 1951 wurde das Lied im ›Goldenen Hirsch‹ von Hirschbach bei Suhl zum ersten Mal gesungen, nach mehr als fünf Jahrzehnten hat es nichts von seiner Popularität eingebüßt. Komponist ist Herbert Roth (1926–1983), der der bekannteste Volksmusiker der DDR war. Mit seiner Instrumentalgruppe ›Suhler Volksmusik‹ und der Sängerin Waltraud Schulz trat er in rund 10 000 Veranstaltungen auf, bei allen großen TV- und Radio-Sendungen war er Gast. Auf seinem Akkordeon musste Roth den Markennamen ›Hohner‹ bei Fernsehauftritten überkleben, weil das Instrument aus Trossingen in Schwaben kam, also aus dem Land des Klassenfeindes. Aber nicht deshalb legte sich Roth später ein ›Weltmeister‹-Instrument aus dem vogtländischen Klingenthal zu.

Viele Jahre war Herbert Roth in der DDR Anfeindungen ausgesetzt gewesen, denn Volksmusik war verpönt, Kampflieder sollten gesungen werden. Die Wochenzeitung ›Sonntag‹ beschimpfte ihn 1955 sogar als ›Schnulzen- und Kitsch-Heini‹ und die ›Mitteldeutschen Neuesten Nachrichten‹ titelten 1956 ›Thüringen von Schnulzen bedroht‹. Im selben Jahr schickte die SED in Weimar ausgewählte Studenten auf die Straße, die gegen den ›Wald-und-Wiesenkomponisten‹ zu protestieren hatten. Unerwartet trat eine Kehrtwende ein, als der DDR-Staatschef Walter Ulbricht mit seiner Frau Lotte ein Herbert-Roth-Konzert in Oberhof besuchte. »Die Musik gefällt mir«, soll der damals mächtigste Mann der DDR gesagt haben und der Siegeszug von Herbert Roth und seiner Musik begann. Rund zwei Millionen Zuschauer saßen in Herbert-Roth-Konzerten. Er komponierte rund 330 Lieder, darunter das »Köhlerliesel«, »Kleines Haus am Wald«, »Auf der Oberhofer Höh'« und »So klingt's in den Bergen«. 18 Singles und zehn Langspielplatten wurden mit Liedern von Herbert Roth veröffentlicht. Was nur die wenigsten wissen: Unter dem Pseudonym Matthias Wendt komponierte Roth für in der DDR populäre Sänger und Gruppen wie Julia Axen, Roland Neudert und den Michaelis-Chor.

Im Juli 1983 hatte Herbert Roth mit seiner Tochter den letzten Fernsehauftritt, vier Monate danach starb er. Tochter Karin ist in die Fußstapfen ihres Vaters getreten, als erfolgreiche Sängerin mit eigenen Produktionen und Auftritten hält sie gemeinsam mit dem Freundeskreis Herbert Roth e. V. das Erbe und Andenken an ihn hoch. Der MDR lädt jährlich zur Herbert-Roth-Preisgala ein, auf der junge hoffnungsvolle Volksmusikanten den Herbert-Roth-Preis des MDR erhalten. Im Fachwerkhaus des Suhler Waffenmuseums wird eine Herbert-Roth-Ausstellung gezeigt, auf dem Lautenberg in Suhl gibt es eine Herbert-Roth-Straße, am Rennsteig beim Borstenplatz südlich der Schmücke steht seit seinem 70. Geburtstag ein Herbert-Roth-Gedenkstein und um Suhl (s. S. 172) führt der 22 km lange Herbert-Roth-Wanderweg.

tete ehemalige Rathaus am Straßenmarkt.

Tourist-Information: Friedrich-König-Str. 7 (im Congress Centrum Suhl), 98527 Suhl, Tel. 0 36 81/78 84 05, Fax 72 00 52, touristinformation@suhl-ccs.de, www.suhl-tourismus.de

Mercure Hotel Kongress Suhl: Friedrich-König-Str. 1, Tel. 0 36 81/71 00, Fax 71 03 33, www.mercure.com, 127 Zi., sechs Suiten, DZ/F ab 108 €. Vier-Sterne-Hotel, dessen Vorteil die direkte Lage in der City ist.
Ringhotel Ringberg Suhl: Ringberg 10, Tel. 0 36 81/38 90, Fax 38 98 90, www.ringberghotel.de, 290 Zi., DZ/F ab 79 €. 7 km vom Stadtzentrum entfernt, allein stehend in 750 m Höhe auf dem Ringberg, mehrere Restaurants, Hallenbad, Saunalandschaft, Freizeitbereich.
Jugend-, Sport- und Wanderhotel Friz: Neundofer Str. 28, Tel. 0 36 81/79 10 89, Fax 79 10 99, www.aktivhotel.de, Ü/F ab 22 € pro Person. Preiswerte Übernachtungen in 2-, 4- und 6-Bett-Zimmern, alle mit DU/WC, Bowling, Internet-Café.

Papillon: Friedrich-König-Str. 1 (im Mercure-Hotel), Tel. 0 36 81/71 00, tgl. geöffnet, Hauptgerichte 8–18,50 €. Panorama-Restaurant in der 16. Etage mit herrlicher Aussicht, serviert werden vorbildlich zubereitete und angerichtete Speisen.
Goldener Hirsch: An der Hasel 91 (im Ortsteil Nenndorf im gleichnamigen Hotel), Tel. 0 36 81/7 95 90, www.goldener-hirsch-suhl.de, tgl. geöffnet, Hauptgerichte 7–18 €. Zünftige Gaststube, romantischer Biergarten im Innenhof, viele Wildgerichte.

Lauterbogen Center: Friedrich-König-Str., www.lauterbogen-center.de. Einkaufszentrum mitten in der Stadt mit rund 40 Fachgeschäften, Gastronomie und Dienstleistern.

Haus Philharmonie: Bahnhofstr. 8, Tel. 0 36 81/74 30 53, Theater, Tanz, Konzerte, Vorträge, Lesungen.

Sternwarte und Planetarium: Am Hoheloh 1, Tel. 0 36 81/72 35 56. Planetariumsbeobachtungen, Tagesbeobachtungen, regelmäßige thematische Veranstaltungen für Erwachsene und Kinder.
Tierpark Suhl: Carl-Fiedler-Str. 58, Tel. 0 36 81/76 04 41, www.tierpark-suhl.de, tgl. geöffnet. Auf 12 ha leben etwa 500 Tiere, Ponyreiten von Mai–Okt., Streichelzoo.

Heinrichser Maifest (mittelalterliches Spektakel): letztes Maiwochenende; **Dombergfest:** 1. Wochenende nach der Sommersonnenwende.

Schießsportzentrum: Auf dem Friedberg, Tel. 0 36 81/88 40. Das Schießsportzentrum zählt zu den weltbesten Trainings- und Wettkampfstätten, es steht auch Freizeitschützen zur Verfügung.
Ottilienbad: Friedrich-König-Str. 7, Tel. 0 36 81/78 83 08, www.ottilienbad.de, tgl. geöffnet. Großes Freizeitbecken mit 50-m-Bahnen, Rutsche, Strömungskanal, große Kinderbade- und Saunalandschaft.
Sportcenter Suhl: Schneekopfstr. 78, Tel. 0 36 81/4 99 80. Fitness, Tennis (auch in der Halle), Bowling und Kegeln.

Bahn: nach Meiningen, Zella-Mehlis, Oberhof, Arnstadt und Erfurt; **Bus:** nach Meiningen, Schmalkalden, Oberhof, Sonneberg, Bad Salzungen sowie Schleusingen; **Stadtverkehr:** Buslinien.

Ilmenau

Reiseatlas: S. 237, D 2
»Ich war immer gerne hier und bin es noch; ich glaube, es kommt von der Harmonie, in der hier alles steht: Gegend, Menschen, Klima, Tun und Lassen ...«, schrieb Goethe 1795 an Schiller. Er musste es wissen, denn er besuchte Ilmenau (27 000 Ew.) 28 Mal.

Gewohnt hat Goethe während seiner Ilmenauer Besuche, die als Minister erfolgten, meist im herzoglichen Amtshaus (1756) am Markt, das deshalb zur **Goethe-Gedenkstätte** wurde. Die Ilmenauer bezeichnen es oft als Schloss, weil in dem Gebäude auch die Herzöge von Sachsen-Weimar-Eisenach abstiegen, wenn sie in der Stadt weilten (Mai–Okt. tgl. 9–12, 13–16.30, Nov.–April tgl. 10–12, 13–16 Uhr; Tel. 0 36 77/20 26 76). Am Markt befindet sich auch das **Rathaus** (17. Jh.), das durch sein schönes Renaissanceportal nicht zu übersehen ist. Auf dem Platz plätschert seit Mitte des 18. Jh. der **Brunnen** mit der Wasser speienden Henne. Heutzutage geht es hier und in den umliegenden Gaststätten oft lebhaft zu, denn in Ilmenau studieren rund 7000 junge Leute. 1992 wurde das Ende des 19. Jh. gegründete ›Thüringische Technikum für Maschinenbau und Elektrotechnik‹ in den Rang einer Universität erhoben.

Dem Bergbau verdankte Ilmenau seinen Aufstieg, zur Industriestadt entwickelte es sich im letzten Drittel des 19. Jh. An die Zeit der Bergstadt erinnern westlich der Altstadt die Straßenbezeichnungen Unterer Berggraben, Zechenhaus und Treppenschacht. Als Zeugen blieben in der Straße Zechenhaus die ehemalige **Bergmannskapelle** erhalten, die vermutlich zum Schacht ›Gottes Gabe‹ gehörte, und ein wenig weiter mit der Nr. 25 das ehemalige **Zechenhaus** (1691), in dem die Bergwerksverwaltung saß. In dem Haus dürfte Goethe wiederholt ein- und ausgegangen sein.

Viele Wanderwege führen in die Umgebung, beispielsweise beginnt an den großen Teichen östlich der Altstadt nahe der Universität ein Naturlehrpfad durchs Schorretal und über den Lindenberg. Doch am beliebtesten ist der **Goethe-Wanderweg** (s. rechts).

Tourist-Information: Lindenstr. 12, 98693 Ilmenau, Tel. 0 36 77/20 23 58, Fax 20 25 02, stadtinfo@ilmenau.de, www.ilmenau.de

Romantik Berg- und Jagdhotel Gabelbach: Waldstr. 23 a, Tel. 0 36 77/86 00, Fax 86 02 22, www.romantikhotel-gabelbach.com, 91 Zi., DZ/F ab 100 €. Ein sehr beliebtes Hotel zum Relaxen in ruhiger, abseitiger Waldlage, Hallenbad mit 30° C warmem Wasser, Fitnessraum, Bowling, Sauna.

Die Tanne: Lindenstr. 38, Tel. 0 36 77/65 90, Fax 65 95 03, www.hotel-tanne-thueringen.de, 115 Zi., DZ/F ab 85 €. Ideale Lage am Ende der Fußgängerzone des Städtchens, modern und freundlich eingerichtete Zimmer und Appartements.

La Cheminée: Waldstr. 23 a (im Berg- und Jagdhotel Gabelbach), Tel. 0 36 77/86 00, www.romantikhotel-gabelbach.com, abends geöffnet, So und Mo geschl., Hauptgerichte 22–24 €. Am offenen Kamin wird gespeist, vorzügliche Speisen aus der Frische-Küche.

AUF GOETHES SPUREN

Als Minister war Goethe oft in der Gegend um Ilmenau, um den Bergbau wieder zu beleben. 220 Tage sollen es genau gewesen sein, wie aus seinen Aufzeichnungen hervorgeht. Gern durchstreifte er die Landschaft, um »Stuben- und Stadtluft mit Land-, Wald- und Garten-Atmosphäre zu vertauschen«. Der Goethe-Wanderweg führt zu vielen Stätten, die der Dichter mochte, er beginnt am Ilmenauer Markt und endet nach 18,5 km in Stützerbach. Markiert ist er mit dem ›G‹, jenem Kürzel, das Goethe oft verwendete.

Durch dichten Wald wandernd wird der Schwalbenstein erreicht, wo Goethe am 19. März 1779 den 4. Akt der »Iphigenie« schrieb, und aufgestiegen zum Großen Hermannstein, »meinem geliebten Aufenthalt, wo ich möchte wohnen und bleiben«. An diesem großen Felsen, dessen Größe erst so richtig beim Eintritt in die Höhe bewusst wird, verbrachte der Dichter 1776 glückliche Stunden mit seiner Vertrauten Charlotte von Stein. Der Weg führt weiter zur kleinen Schutzhütte auf dem Kickelhahn, dem Goethehäuschen. Am Abend des 6. September 1780 schrieb er hier sein unsterbliches Nachtlied »Über allen Gipfeln ist Ruh …« an die Bretterwand. 1870 brannte die Hütte ab, wurde aber vier Jahre später im gleichen Stil wieder aufgebaut. Nach etwa 15 Min. ist das Jagdhaus Gabelbach erreicht, heute eine Goethe-Gedenkstätte, weil der Dichter oft in Begleitung seines Herzogs Carl August in dem schlichten Haus weilte (Sa, So April–Okt 10–17, Nov.–März 11–15 Uhr; Tel. 0 36 77/20 26 26, www.swkk.de).

Am Goethemuseum in Stützerbach, einem Haus, in dem der Dichter wiederholt gewohnt hat, endet der Wanderweg (Sa, So April–Okt 10–17, Nov.–März 11–15 Uhr; Tel. 03 67 84/5 02 77).

Gasthaus des Meeres: Am Großen Teich 1, Tel. 0 36 77/84 02 10, tgl. geöffnet, Hauptgerichte 8–14 €. Frischer Fisch, empfehlenswert der Brathering.

Arche: Straße des Friedens 28, Tel. 0 36 77/89 47 11, www.cafe-arche.de, tgl. geöffnet. Verkaufsgalerie und Café. Jeden Tag gibt es eine Suppenspezialität. 340 Teesorten sind im Angebot.
Goethe-Passage: am Rathaus. Einkaufsbummel auch bei Regen.

Jazztage: vier Tage im April; **Stadtfest:** 1. Wochenende im Juni; **Kickelhahnfest:** letzter Sonntag im Aug.

Rennschlittenbahn ›Wolfram Fiedler‹: Steinstr. 61, Tel. 0 36 77/20 27 26. Im Sommer wie im Winter wird auf der 460 m langen Rennschlittenbahn mit acht Kurven gerodelt.
Sport- & Freizeitbad: im Hammergrund (ausgeschilderte Zufahrt von der B 4 Ilmenau-Manebach), geöffnet Mai–Sept., Tel. 0 36 77/89 42 27. 24° C warmes Wasser, 70 m Wasserrutsche, drei Sprungtürme, drei Röhrenrutschen und vieles mehr.

Bahn: nach Arnstadt und Erfurt; **Bus:** nach Erfurt und Weimar über Bad Berka, Wandererlinie 300 zum Rennsteig; **Stadtverkehr:** Buslinien.

DAS THÜRINGER SCHIEFERGEBIRGE

Tiefe Täler und einzelne Berge, die die Hochfläche überragen, prägen das Thüringer Schiefergebirge, das sich südöstlich an den Thüringer Wald anschließt. Der Schiefergesteinsuntergrund gab ihm den Namen. Unverwechselbar sind die mit blauschwarzen Schieferplatten gedeckten und verkleideten Häuser.

Sonneberg

Reiseatlas: S. 237, E 4
Sonneberg (24 200 Ew.), die Stadt am Südrand des Thüringer Schiefergebirges, ist gleichbedeutend mit Spielzeugland. Vor rund 100 Jahren kamen etwa 40 Prozent aller Spielzeuge aus dem Sonneberger Raum, im Weltmaßstab war es ein Fünftel. Ihren Aufschwung nahm die Spielwarenherstellung im 17. Jh. nach dem Niedergang des Bergbaus. Vom Können der Sonneberger erzählt die Schaugruppe ›Gullivers Erwachen in Lilliputanien‹ mit 69 4–5 cm großen Figuren. Die Arbeit wurde 1844 auf der Berliner Gewerbeschau und 1851 auf der Weltausstellung in London bestaunt. Zu sehen ist sie heute im **Deutschen Spielzeugmuseum,** das außerdem noch kleine und große Puppen, mit und ohne Stimme, Teddybären und viele andere Spielzeuge, insgesamt mehr als 70 000 Stück, besitzt (Di–So 9–17 Uhr; Beethovenstr. 10, Tel. 0 36 75/70 28 56, www.spielzeugmuseum-sonneberg.de).

Wenige Schritte vom Spielzeugmuseum entfernt steht die neogotische **Stadtkirche,** die in Anlehnung an die Nürnberger Lorenzkirche gestaltet wurde. Von hier ist es nicht weit zum spätmittelalterlichen Blockhaus, das seit jeher **Lutherhaus** heißt. Lange Zeit war man der Meinung, in dem Haus habe 1518 Martin Luther übernachtet. Zu Luthers Zeiten stand es noch in dem Dorf Judenbach, dort sollte es 1874 abgerissen werden. Ein Spielzeugfabrikant erwarb das Haus und ließ es nach Sonneberg umsetzen.

Über den Unteren Markt wird der Marktplatz mit dem neogotischen **Alten Rathaus** erreicht, bei dessen Bau das Rathaus von Frankfurt am Main, der ›Römer‹, als Vorbild diente. Am Platz entstand mit dem **Schauaquarium Nautiland** eine weitere Sonneberger Attraktion. In ihr tauchen die Besucher in die faszinierende Unterwasserwelt ein, sie bestaunen in den Aquarien die Vielfalt der Lebewesen in den Korallenriffen sowie in den amerikanischen und südostasiatischen Gewässern. Besuchermagnete sind die großen Raubmuränen und die Schwarzspitzenriffhaie (Di–So 11–17 Uhr; Tel. 0 36 75/42 78 88, www.schauaquarium-nautiland.de).

Am nördlichen Rand der Stadt befindet sich die traditionsreiche **Sternwarte mit dem Astronomie-Museum.** Sie ist nicht nur eine wissenschaftliche Forschungsstätte, die mehr als 10 000 Sterne fotografisch dokumentierte, sondern hat sich auch der Öffentlichkeitsarbeit verschrieben (Museum Di–Fr 12–16, Sa, So 13.30–16.30, Führung Sternwarte Di–So 14 Uhr; Sternwartestr. 32, Tel. 0 36 75/8 12 10, www.stw-tu-Ilmenau.de).

Tourist-Information und Naturparkcenter: Bahnhofsplatz 3 (im Bahnhofsgebäude), 96502 Sonneberg, Tel. 0 36 75/70 27 11, Fax 74 20 02, info-sonneberg@t-online.de, www.sonneberg.de.

Hotel Schöne Aussicht: Schöne Aussicht 24, Tel. 0 36 75/80 40 40, Fax 80 40 41, www.hotelschoeneaussicht.de, 12 Zi., DZ/F ab 78 €. Familiengeführtes Haus mit zeitgemäß eingerichteten Zimmern.

Outdoor Inn: Sternwartestr. 18 f (im Ortsteil Neufang), Tel. 0 36 75/40 68 04, Fax 42 89 92, www.outdoor-inn.de, Ü/F ab 26 € pro Person. Preiswert übernachten in Einzel-, Doppel- und Mehrbettzimmern, Dusche/WC auf der Etage.

Lutherhaus: Lutherhausweg, Tel. 0 36 75/70 39 58, Mo geschl., Hauptgerichte 5–11 €. Historische Gaststätte in einer Blockhütte.

Zip-Zap: Kirchstr. 45, Tel. 0 36 75/ 80 73 00, Mo geschl. Spielzeugladen am Deutschen Spielzeugmuseum, in

›Kirmes‹ im Deutschen Spielzeugmuseum

dem vieles von dem angeboten wird, was heute in Sonneberg und Umgebung hergestellt wird.

Sonneberger Vogelschießen: erste Woche im Juli; **Stadt- und Museumsfest:** ein Wochenende Ende Sept.; **Sonneberger Jazztage:** fünf Tage in der ersten Novemberhälfte.

Sonne-Bad: Wiesenstr. 18, www.sonnebad-sonneberg.de. Alles unter einem Dach bietet die multifunktionale Freizeiteinrichtung: Sport- und Spaßbad, Saunalandschaft, Fitnessstudio und im Winter Eislaufen. Im Sommer ist der Baxenteich eine gute Ergänzung.

Bahn: mit der Südthüringenbahn nach Hildburghausen, Eisfeld, Meiningen, Lauscha und Neuhaus am Rennweg; **Bus:** nach Lauscha, Suhl, Eisenach.

Lauscha

Reiseatlas: S. 237, E 3

In der Weihnachtszeit, vor allem wenn sich die Dunkelheit über das Land gelegt hat, ist Lauscha (4100 Ew.) am schönsten anzuschauen. Dann leuchten an den Tannenbäumen in den Vorgärten und in den Fenstern die Kugeln. Überall glitzert und funkelt es. Keinen Zweifel dürfte es daran geben, dass die einzelnen Familien um den schönsten Baum und um das schönste Fenster wetteifern. Die Lauschaer haben es aber auch einfacher als andere, sie brauchen meist nur um die Ecke zu gehen, um in einer der vielen Werkstätten und Läden aus Hunderten von verschiedenen Kugeln auszuwählen. Lauscha ist die Wiege des Thüringer Christbaumschmucks. Seit mehr als anderthalb Jahrhunderten werden in der Kleinstadt die zerbrechlichen Weihnachtssymbole hergestellt.

Lauscha im Schiefergebirge

Im **Museum für Glaskunst** ist Glas in allen Formen und Farben zu sehen: röhrende Hirsche und Vögelchen in Glaskäfigen, vor allem aber Christbaumschmuck, der von Lauscha seinen Siegeszug um die Welt antrat. Zahlreich vertreten ist auch die ›Figurenkunst‹ – vielseitige mundgeblasene und aus massivem Glas gestaltete Plastiken –, die sich Anfang des 20. Jh. aus einer um 1800 begonnenen Liebhaberei zum Kunsthandwerk entwickelte. Die Besucher erfahren ferner, dass das erste künstliche Menschenauge aus Glas in der 1. Hälfte des 19. Jh. vom Lauschaer Ludwig Müller-Uri zusammen mit Augenärzten entwickelt wurde (Di–So 10–17 Uhr; Oberlandstr. 10, Tel.

Porzellan-Bestimmung

Wer Porzellan besitzt, aber die Marke nicht kennt, bringt (oder schickt) es an das **Museum ›Otto Ludwig‹** in 98673 Eisfeld. Dort versuchen Spezialisten herauszufinden, wo und wann das Porzellan gefertigt wurde. Das Museum im Eisfelder Schloss, 26 km von Sonneberg entfernt, zeigt kunstvolles Thüringer Porzellan von 1760 bis heute (Tel. 0 36 86/30 03 08, museum@stadt-eisfeld.de).

Märchenpracht

Aus einem ehemaligen Alaunschieferbergwerk an der B 281 bei Schmiedefeld, 11 km von Lauscha entfernt, ist das **Schaubergwerk Morassina** hervorgegangen. In der Märchengrotte bieten rund 3400 Stalaktiten und Stalagmiten eine herrliche Farbenpracht (April–Okt. tgl. 10–16, Nov.–März 11–16 Uhr; Tel. 03 67 01/6 15 77, www.morassina.de).

03 67 02/2 07 24, www.Glasmuseum.Lauscha.de).

Den Glaskünstlern darf in vielen Werkstätten bei der Arbeit über die Schulter geschaut werden. Auch die **Farbglashütte Lauscha** bringt den Besuchern die traditionelle Glasmacherkunst näher (Mo–Fr 9–18, Sa, So 10–17 Uhr; Straße des Friedens 46, Tel. 03 67 02/28 10, www.farbglashuette.de).

Tourist-Information: Hüttenplatz 6, 98724 Lauscha-Ernstthal, Tel. 03 67 02/2 29 44, Fax 2 29 42, touristinfo@lauscha.de, www.lauscha.de

Hotel Beck: Bahnhofstr. 30, Tel. 03 67 02/2 08 00, Fax 2 08 10, www.hotel-beck.com, 15 Zimmer, DZ/F ab 55 €. Familiär geführtes Haus mit Zimmern, die angenehmen Aufenthalt versprechen.

Landgasthof Johann Ernst: Georgstr. 6 (im Ortsteil Ernstthal), Tel. 03 67 02/2 04 17, www.landgasthof-johann-ernst.de, Hauptgerichte 6–12 €. Landgasthof im Stil einer alten Glashütte, umfangreiche Schnitzelkarte mit Schnitzeln in zwei Größen, zu 6,80 oder 8,80 €.
Bürgerstuben: Straße des Friedens 46 (in der Farbglashütte), Tel. 03 67 02/2 22 92, www.buergerstuben-lauscha.de, tgl. geöffnet, Hauptgerichte 5,50–12 €. Nach Besichtigung der Farbglashütte und dem Einkauf sitzt es sich angenehm bei Essen und Trinken.

Zahlreiche Geschäfte und Produktionsstätten bieten ein umfangreiches Sortiment an **Glaserzeugnissen** an.

Kugelmarkt: 1. und 2. Adventswochende; s. S. 33.

Sommerrodelbahn: im Ortsteil Ernstthal, www.sommerrodelbahn-ernstthal.de. Durch Brücken und Kurven 1300 m bergab.

Bahn: mit der Südthüringenbahn nach Sonneberg und Neuhaus; **Bus:** nach Saalfeld und Ilmenau.

Oberweißbach

Reiseatlas: S. 237, E 2
In der Kleinstadt kam der Begründer des Kindergartens, Friedrich Fröbel, 1782 zur Welt. Deshalb hat sich Oberweißbach (1700 Ew.) auch den Beinamen ›Fröbelstadt‹ zugelegt. Das **Friedrich-Fröbel-Museum** in einem hübschen Fachwerkbau erinnert an den großen Pädagogen. Das Museum zeigt auch die **Ausstellung Olitätenstübchen,** denn als Fröbel geboren wurde, blühte in seinem Geburtsort das Olitätengewerbe (lt. Meyers Konversationslexikon 1877: »Olitäten, alle Arten von

Ölen und Essenzen …, welche in Waldgegenden als Arzneimittel und Parfümerien fabriziert und von umherziehenden Olitätenhändlern in den Handel gebracht werden«). Aus den Heilpflanzen, die die Natur in dieser Region geradezu verschwenderisch gedeihen lässt, wurden Heil- und Wundermittel hergestellt, die so genannte Buckelapotheker bis nach Holland und in die Schweiz brachten (Mai–Okt. Mo–Fr 10–12, 13–17, Sa, So 13–17, Nov.–April Mo–Fr 10–12, 13–17, So 13–16 Uhr).

Fröbels Geburtshaus war das Pfarrhaus von Oberweißbach, sein Vater predigte in der 1779 geweihten **Barockkirche,** der größten ihrer Art in Thüringen. Über 2000 Menschen haben in dem Gotteshaus Platz. Vom Fröbelhaus führt der 2,4 km lange **Kräuterlehrpfad** zum 29,5 m hohen **Fröbelturm** (tgl. 10–19 Uhr). Der Turm wurde 1890 zum Gedenken an den großen Sohn der kleinen Stadt errichtet.

Steilfahrt

Die **Oberweißbacher Bergbahn** verkehrt von Obstfelderschmiede zur Bergstation Lichtenhain. Die Standseilbahn überwindet auf der 1388 m langen Strecke einen Höhenunterschied von 323 m – das ist mehr als der Pariser Eiffelturm samt Antenne. Von Lichtenhain geht es mit einem Triebwagen weiter bis Oberweißbach (Tel. 03 67 05/2 01 34, www.oberweiss bacher-bergbahn.com).

Tourist-Information: Markt 10, 98744 Oberweißbach, Tel. 03 67 05/ 6 21 23, Fax 6 22 49, froebelstadt@t-online.de,www.oberweissbach.de

Hotel Burghof: Sonneberger Str. 67, Tel. 03 67 05/68 70, Fax 6 87 44, www.hotelburghof.de, 21 Zi., DZ/F ab 68 €. Am Ortsrand in Waldnähe, moderne Zimmer, Sauna und Fitness.

Gasthof zur Schenke: Markt 8, Tel. 03 67 05/6 20 48, Do geschl., Hauptgerichte 7–13 €. Hier sind am Mi, Sa und So die Thüringer Klöße noch handgemacht. Auch einfache Gerichte wie Spinat mit Ei werden angeboten.
Berggasthaus Fröbelturm: Tel. 03 67 05/ 6 20 74, www.froebelturm.de, Mai–Okt. tgl., Nov.–April Mo–Do, Hauptgerichte 8–10 €. Thüringer Küche, probierenswert: die Pilzpfanne.

Bahn: Oberweißbacher Bergbahn; Schwarzatalbahn zwischen Rottenbach und Katzhütte; **Bus:** nach Rudolstadt, Sonneberg und Saalfeld.

Schwarzatal

Reiseatlas: S. 237, E/F 2
Wegen seiner landschaftlichen Reize wurde das etwa 50 km lange wildromantische Schwarzatal über die Grenzen Thüringens hinaus bekannt. Das Flüsschen entspringt nahe dem Rennsteig bei Scheibe-Alsbach und mündet – nomen est omen – bei Schwarza in die Saale. Von seiner schönsten Seite zeigt sich der Fluss zwischen Schwarzburg und Bad Blankenburg, wo er sich tief in den Nordrand des Thüringer Schiefergebirges eingeschnitten hat. Hier fischt noch der Eis-

Pferde-Erlebnisse

Mit über 350 Pferden ist das **Haflinger-Gestüt** in Meura, 12 km von Schwarzburg entfernt, das größte seiner Art in Europa. Angeboten werden Reiterferien, Wanderritte und tgl. Gestütsführungen. Zum Kauf stehen u. a. Stutenmilch und Stutenmilchkosmetik bereit (Tel. 03 67 01/3 11 51, www.haflinger-in-meura.de).

vogel, brütet die Gebirgsbachstelze und ist der Ruf des Uhus zu hören. Bereits 1941 wurde dieser Talabschnitt zum Naturschutzgebiet erklärt.

In **Schwarzburg** (650 Ew.) umschließt die Schwarza den Burgberg von drei Seiten. Historische Quellen von 1071 erwähnen hier erstmals eine Burg. 1736 gestalteten die Rudolstädter Fürsten die Burg in ein Barockschloss um, das sie als Sommersitz nutzten. 1940 begannen die Nationalsozialisten, das Schloss zu einem ›Reichsgästeheim‹ und einer ›Residenz für das belgische Königshaus‹ auszubauen, das man hier internieren wollte. Doch nach der Schlacht an der Wolga 1943 wurden die Arbeiten eingestellt, seitdem steht das Schwarzburger Schloss als Ruine da.

In seiner ursprünglichen Pracht präsentiert sich jedoch das Anfang des 18. Jh. als Orangerie und Gartenhaus erbaute Kaisersaalgebäude, das durch einen gedeckten Gang mit dem Schloss verbunden war. Anfang der 1970er Jahre erhielt es sein ursprüngliches Aussehen zurück. Der Kaisersaal befindet sich im Obergeschoss, in dem 126 Medaillons sowie lebensgroße Bilder römischer, byzantinischer und deutscher Kaiser zu sehen sind (April–Okt tgl. 10–18 Uhr; Tel. 03 67 30/3 29 54, www.heidecksburg.de/kaisersaal.htm).

Im unteren Ortsteil von Schwarzburg wurde im Hotel Schwarzaburg am 11. August 1919 von Reichspräsident Friedrich Ebert die Weimarer Verfassung unterzeichnet – in Schwarzburg deshalb, weil der hiesige Fürst Günther Viktor als letzter Adliger in Deutschland abgedankt hatte.

In **Bad Blankenburg** (7600 Ew.), am Übergang vom Vorland ins Mittelgebirge gelegen, schlug die Geburtsstunde des Kindergartens. »Das Spiel«, so Friedrich Fröbel, »öffnet dem Kinde den Blick für die Welten, für die es erzogen werden soll.« In Blankenburg begann Fröbel 1839 seine berühmten ›Spielgaben‹ Kugel, Walze und Würfel mit den Kindern der Stadt zu erproben, ein Jahr später verwendete er erstmals den danach um die Welt gegangenen Begriff ›Kindergarten‹. Am authentischen Ort unweit des Marktplatzes entstand im Haus von Fröbels ›Spiel- und Beschäftigungsanstalt‹, dem ersten Kindergarten der Welt, das Fröbelmuseum. Dort können Kinder spielen und sich in der Anwendung von Fröbeltechniken wie Falten, Flechten und Schneiden üben (Di–Sa 10–12, 13–17 Uhr; Johannisgasse 4, Tel. 03 67 41/25 65).

Beim Bummel durch die Stadt lohnt ein Blick ins Erdgeschoss des Rathauses, wo der gläserne Fußboden Ein-

WEISSES GOLD

Geschickte Hände formen im Süden Thüringens feinste Porzellanfiguren und bemalen Teller und Tassen kunstvoll. Und das schon seit mehr als zwei Jahrhunderten. Ab 1770 entwickelte sich Thüringen zu einem Zentrum der Porzellanherstellung in Deutschland, exportiert wurde u. a. in die USA, nach Japan, Frankreich und Italien. Die 1844 gegründete Porzellanfabrik in Kahla war zeitweise sogar der größte Geschirrhersteller in Europa.

Georg Heinrich Macheleid, Wolfgang Hammann und Johann Gotthelf Greiner hatten unabhängig voneinander und von Böttger in Thüringen das Porzellan nacherfunden. Macheleid stellte 1760 an seinen Landesfürsten das Gesuch, in Sitzendorf an der Schwarza eine Porzellanmanufaktur errichten zu dürfen. Zwei Jahre später siedelte diese nach Volkstedt bei Rudolstadt über, wo sie bis heute als Senior der Thüringer Porzellanmanufakturen noch kleine Kostbarkeiten produziert.

Das Spektrum der heutigen Porzellanherstellung ist vielgestaltig, es reicht von Gebrauchsporzellan über kunsthandwerkliche Produkte bis zu künstlerischen Arbeiten. Nahezu 20 Produktionsstätten, zehn Orte mit Porzellanmalereien und rund 20 Museen mit Alt-Thüringer Porzellansammlungen verbindet die Thüringer Porzellanstraße. Sie ist etwa 340 km lang, einen speziellen Anfang und einen Endpunkt gibt es nicht. Eisfeld mit dem Museum, das sich dem Porzellan verschrieben hat, gehört ebenso dazu wie Sitzendorf, Lichte und Gräfenthal mit traditionsreichen Manufakturen. Ausgeschildert ist die Straße mit braunen Schildern und der Aufschrift ›Thüringer Porzellanstraße‹ (www.thueringerporzellanstrasse.de).

blicke in die Vergangenheit gewährt, zu sehen ist einiges vom Vorgängerbau, der in der ersten Hälfte des 14. Jh. errichtet worden war.

Hoch über Blankenburg liegt die Burg Greifenstein, eine der größten deutschen Feudalburgen. Vom Bergfried hat man einen herrlichen Blick auf die Stadt und die gegenüberliegenden Berge. Das kleine Burgmuseum informiert über die Burggeschichte (Di–So 9–18 Uhr). Zu interessanten Flugvorführungen lädt der Adler- & Falkenhof ein (Juni–Sept. tgl. 11, 15 Uhr, Okt.–Mai Mo Ruhetag; Tel. 03 67 41/5 74 29).

Fremdenverkehrsamt Mittleres Schwarzatal: Friedrich-Ebert-Platz 2a, 07427 Schwarzburg, Tel. 03 67 30/2 23 05, Fax 3 35 12, tourismus@mittleres-schwarzatal.de, www.mittleres-schwarzatal.de

Tourist-Information: Magdeburger Gasse 1, 07422 Bad Blankenburg, Tel. 03 67 41/26 67, Fax 4 24 42, info@bad-blankenburg.de, www.bad-blankenburg.de

Hotel ›Am Goldberg‹: Goetheweg 9, Bad Blankenburg, Tel. 03 67 41/5 74 00, Fax 4 22 13, www.hotel-am-goldberg.de, 38 Zi., DZ/F ab 76 €. In einer ruhigen Parkanlage, großzügiger Wellness-Bereich mit Schwimmbad, römischem Dampfbad, finnischer Sauna.

Hotel Schwarzatal: Friedrich-Ebert-Platz 2, Schwarzburg, Tel. 03 67 30/2 22 12, Fax 2 24 78, www.hotel-schwarzatal.de, 50 Zi., DZ/F ab 46 €. Im oberen Ort am Waldrand, die ›Singenden Wirtsleute‹ sorgen für Unterhaltung.

Zur Harfe: Obere Marktstr. 2, Bad Blankenburg, Tel. 03 67 41/26 29, Di geschl., Mi nur abends, www.harfewirt@t-online.de, Hauptgerichte 6–10 €. Thüringer Brätelhaus, eine der ältesten und traditionsreichsten Gaststätten: Thüringer Rostbrätel, Kräuterbrätel, Kutscherbrätel, Feinschmeckerbrätel und vieles mehr.

Café Holub: Straße der Jugend 4, Schwarzburg, Tel. 03 67 30/2 24 36, tgl. geöffnet, So nur nachmittags. Wechselndes Kuchen- und Tortenangebot.

Lavendel-Paradies: Untere Marktstr. 8, Bad Blankenburg. Kräuter und Naturkost in reicher Auswahl. Kräutervorführungen mit Imbiss im Kräutergarten.

Lavendelfest: 2. Wochenende im Aug., Bad Blankenburg.

Bahn: von Schwarzburg mit der Schwarzatalbahn nach Rottenbach, dort Anschluss nach Erfurt und Saalfeld; Bad Blankenburg liegt an der Strecke Saalfeld-Erfurt; **Bus:** zwischen Schwarzburg und Bad Blankenburg sowie nach Rudolstadt und Oberweißbach.

Ausflug nach Paulinzella

Reiseatlas: S. 237, E 2

Im Rottenbachtal, abseits der Touristenstraßen gelegen, versteckt sich im Rottenbacher Ortsteil Paulinzella die **Kirchenruine** des ehemaligen Benediktinerklosters. Die Ruine, von Bad Blankenburg 14 km entfernt, ist eins der großartigsten Zeugnisse romanischer Baukunst. Die 1124 geweihte prachtvolle Säulenbasilika entstand nach dem Vorbild und den Regeln der Kirche St. Peter und Paul in Hirsau bei Calw im Schwarzwald. Goethe kam 1817 zur Klosterruine, um hier in der

Die Klosterruine in Paulinzella begeisterte schon Goethe

Abgeschiedenheit seinen 68. Geburtstag zu begehen, und notierte: »Seit 40 Jahren zu Wagen, Pferd und Fuß Thüringen kreuz und quer durchwandernd, war ich niemals nach Paulinzella gekommen ... Es war damals noch nicht Mode, diese kirchlichen Ruinen als höchst bedeutend und ehrwürdig zu betrachten ...« Im 19. Jh. entdeckte die Romantik die Schönheit der verbliebenen Ruine, die von da an gesichert wurde.

Das **Amtshaus,** ein hübscher Fachwerkbau südlich der Kirchenruine, entstand im 16./17. Jh. Im **Jagdschloss,** das sich die Schwarzburg-Rudolstädter Fürsten im 18. Jh. auf den Mauern des Abthauses errichten ließen, werden Ausstellungen zur Klostergeschichte sowie zur Jagd und Forstwirtschaft gezeigt (April–Okt. Di–So 10–18, Nov.–März bis 17 Uhr; Tel. 03 67 39/3 11 43).

Touristik-Informationsbüro: Paulinzella 3, 07422 Rottenbach (im Ortsteil Paulinzella), Tel. 03 67 39/3 11 43, www.Paulinzella.net

Der Südosten

Abendstimmung
an der Saale

Reiseatlas S. 238/239

OBERE SAALE UND ORLASENKE

Auf etwa 80 km stauen fünf Talsperren das Wasser der oberen Saale, darunter die Bleiloch- und die Hohenwartetalsperre. In dieser Region an der oberen Saale wird jedoch nicht nur gesurft und gebadet, hier gibt es viel abwechslungsreiche Geschichte zum Anfassen, auch im Tal ihres Nebenflusses Orla.

Um die Bleilochtalsperre

Reiseatlas: S. 238, C 4
Jahrhunderte gebärdete sich die obere Saale vor allem im Frühjahr zur Schneeschmelze wild. Zwischen 1919 und 1963 wurde der ungestüme Fluss von Menschenhand gebändigt, es entstanden die Saalekaskaden. Auf einer Flusslänge von ca. 80 km stauen fünf Talsperren zwischen Blankenstein und Eichicht mehr als 400 Mio. m^3 Wasser. Größter See ist die in den Jahren 1925 bis 1932 erbaute 28 km lange und maximal 2 km breite Bleichlochtalsperre, benannt nach den Bleibergen, die sie zu beiden Seiten begrenzen. Durch ihren Stau wurden 120 Gebäude und 20 Industrieanlagen unter Wasser gesetzt, rund 700 Einwohner mussten umgesiedelt werden.

Besuch in Saalburg-Ebersdorf

Direkt an der Talsperre liegt **Saalburg-Ebersdorf** (4100 Ew.), das von dem gewaltigen Bauwerk profitierte – es wurde zum Erholungsort. Fahrgastschiffe legen ab, Surfer jagen auf dem Wasser dahin, der Wind bläht die Segel von Yachten, in den Straßencafés sitzen Urlauber. Im Dornbachgrund lässt der **Märchenwald Saalburg** Kinderherzen höher schlagen. Zu den Attraktionen gehören Seilbahn, Minicars, Spiel- und Klettergeräte (Mitte März–Okt. tgl. 9–18 Uhr; Tel. 03 66 47/ 22 18). Als Sehenswürdigkeit im Ortsteil Kloster, direkt an der Straße nach Schleiz gelegen, gilt die zum Naturdenkmal erklärte **Steinerne Rose,** die vor etwa 350 Mio. Jahren durch einen Vulkanausbruch entstand.

Im Ortsteil Ebersdorf auf dem westlichen Saaleufer lohnt der reizvolle **Ebersdorfer Park** mit seinem Reichtum an Gehölzen einen Besuch. Besonders im Herbst bieten die Blätter der Bäume und Sträucher eine bunte Farbenpracht. Im **Schloss** aus dem 17. Jh. residierte bis 1848 die Fürstenfamilie Reuß jüngere Linie Lobenstein-Ebersdorf, die Herr über den damals absolut kleinsten und politisch unbedeutendsten Kleinstaat Deutschlands war: 24 000 Einwohner, die in rund

40 Dörfern lebten. Viele Häuser des Ortes sind mit **Informationstafeln** über die Baugeschichte versehen.

Moorheilbad Lobenstein

Von Ebersdorf sind es 6 km bis **Lobenstein** (7000 Ew.), dessen Wahrzeichen die Gäste begrüßt: der auf einem Bergkegel stehende **Alte Turm.** 130 Stufen führen darin zu einer Aussichtsplattform (April–Sept. Di–Fr 11–17, Sa 13–18.30, So 11–18.30, Okt.–März Mi–Sa 13–16, So 11–16 Uhr; Tel. 03 66 51/24 92). Am Marktplatz ist oben im Rathausturm die originelle Figur des **Fässleseechers** zu sehen. Sie erinnert an die Tuchweberei, in vergangenen Zeiten die Haupteinnahmequelle der Bürger. Zum Walken des Tuches wurde Ammoniak benötigt, der in abgestandenem Urin entsteht, und deshalb befand sich in jeder Tuchmacherstube ein Urinfass. Im Winter hat der Fässleseecher im Rathausturm ›Pinkelpause‹, nach der Frostperiode tritt er wieder voll in Aktion, der Wasserstrahl platscht unten auf das Marktpflaster auf – sofern er nicht neugierige Gäste trifft (tgl. 10, 12, 14, 16 Uhr).

Am Markt trieben um 1780 Bergleute einen 54,5 m langen Stollen in den Burgberg. In 20 großen Kammern links und rechts des Stollens wurde Bier gebraut und kühl gelagert. Als **Markt Höhler** ist die Anlage heute für Besichtigungen geöffnet (Führungen Di–So 10, 14, 15, 16, 17 Uhr; Tel. 03 66 51/3 95 57). Das **Neue Schloss,** Anfang des 18. Jh. im Barockstil erbaut, war Residenz des Fürstentums Reuß jüngere Linie Lobenstein. Der Südflügel des Bauwerkes wird heute kulturell genutzt. In der klassizistischen **Alten Wache** gegenüber dem Schloss befindet sich die Stadtgalerie (März–Sept. Sa, So 15–17 Uhr). In der pavillonartigen fürstlichen **Wagen- und Kutschenremise** stand die Reisekutsche des Fürsten, später befanden sich hier die Feuerwehrspritzen, deshalb sprechen die Lobensteiner nur vom Spritzenhaus. Die großen Hoftore gingen beim Anfang der 1990er Jahre erfolgten Umbau zur Stadtinformation verloren.

Heute ist Lobenstein ein staatlich anerkanntes Moorheilbad. Die Entdeckung von eisenhaltigen Quellen 1864 und die reichen Moorvorkommen in der Nähe hatten zur Gründung eines Eisenmoorbades geführt.

Tourist-Information Saalburg-Ebersdorf: Markt 1, 07929 Saalburg-Ebersdorf, Tel. 03 66 47/2 90 80, Fax 2 90 88, fremdenverkehr@saalburg-ebersdorf.de, www.saalburg-ebersdorf.de
Fremdenverkehrsamt Lobenstein: Graben 18, 07356 Lobenstein, Tel. und Fax 03 66 51/25 43, info@moorbad-lobenstein.de, www.moorbad-lobenstein.de

Markt-Stuben: Markt 24, Bad Lobenstein, Tel. 03 66 51/82 70, Fax 8 27 27, www.hotel-marktstuben.de, 13 Zi, DZ/F ab 70 €, Hauptgerichte 7,50–15,50 €. Familiär geführtes Hotel in zentraler Lage. Rustikales Restaurant mit Thüringer und Lobensteiner Spezialitäten sowie feine internationale Gerichte.
Hotel Fürstenhöhe: Am Kulmberg 2, Saalburg, Tel. 03 66 47/29 90, Fax 29 91 17, www.saalburg.de, 33 Zi., DZ/F 66 €. Idyllische, ruhige Lage mit herrlichem

Blick auf den Stausee und die Höhenzüge des Rennsteiges.

Gaststätte Reußischer Hof: Hirschberger Str., Bad Lobenstein, Tel. 03 66 51/22 04, Fax 3 19 33, www.reussischer-hof.de, tgl. geöffnet, Hauptgerichte 6–11,50 €. Thüringer Küche aus eigener Schlachtung, die Spezialität ›Sau am Spieß‹ vom Wirt persönlich zubereitet, auch Wurstverkauf und Räucherei.

Gasthaus ›Zum Kranich‹: Markt 59, Saalburg, Tel. 03 66 47/2 24 48, Juni–Aug. tgl. geöffnet, sonst Mo geschl., Hauptgerichte 6–9 €. Gutbürgerliche Thüringer Küche, Kuchen und Eisspezialitäten. Entspannend der Blick von der Terrasse auf das Wasser.

Lobensteiner Destillerie: Teichdamm 8, Bad Lobenstein, So geschl., Brände und Geiste, Liköre, Kräu-

Ausspannen an der Bleilochtalsperre

terschnäpse sowie Gelees aus eigener Produktion, Gewürze, Öle, Essig und Tee.

Fischerfest: Lobenstein, 1. Wochenende im Juni; **Marktfest:** Lobenstein, 3. August-Wochenende; **Sommernachtsfest am Saalestrand:** Saalburg, drei Tage Ende Juni.

Ardesia-Therme: Parkstr. 8, Bad Lobenstein, Tel. 03 66 51/39 39-0, Fax 3 93 91 50, www.ardesia-therme.de. Moor, Wasser und Licht – zum Genießen.
Fahrgastschifffahrt: Am Torbogen 1, Saalburg, Tel. 03 66 47/2 22 50, www.saalburg.de, Mai–Okt. Einstündige Rundfahrten auf der Bleilochtalsperre.
Sommerrodelbahn: Am Kulmberg 1 a, Saalburg, Tel. 03 66 47/29 91 50, www.saalburg.de, Ostern bis Okt. tgl. 10–17 Uhr. Am Ortseingang neben dem Hotel Fürstenhöhe: Mit dem Lift geht es auf den Kulmberg zum Startpunkt und von dort durch schwungvolle Kurven ins Tal.
Seesport- und Erlebnispädagogisches Zentrum Kloster: Kloster 1, Saalburg, Tel. 03 66 47/2 29 61. Bootsverleih (Kajaks, Canadier), Segeln mit Segelkutter, Klettern an der Indoor-Kletterwand.

Bahn: von Bad Lobenstein nach Saalfeld und Wurzbach; **Bus:** zwischen Saalburg und Bad Lobenstein; von Bad Lobenstein nach Lehesten und Wurzbach, nach Schleiz, Saalburg, Ziegenrück.

Ausflug nach Wurzbach

Reiseatlas: S. 238, B 4
Zweimal im Monat lädt die **Heinrichshütte** in Wurzbach (3900 Ew.), 10 km von Lobenstein entfernt, zum öffentlichen Schaugießen. Hinter schützenden Glasscheiben drängen sich dann die Besucher, denn jeder möchte genau verfolgen, wie der Abstich am Kupolofen erfolgt und das glutflüssige Eisen Funken sprühend in die Gießpfanne fließt, die ein Kran aus dem Jahre 1836 zu den Gießformen schwenkt. Die ›Heinrichshütte‹ begann 1729 zu arbeiten, 1982 wurde der Produktionsbe-

trieb eingestellt und die Hütte als Technisches Museum und Schaudenkmal eingerichtet (Besichtigung Mo–Fr 9.30–11.30, Mo–Do 13.00–14.30 Uhr; öffentliches Schaugießen unter Tel. 03 66 52/2 27 17 sowie www.heinrichs huette-wurzbach.de erfragen).

Aparthotel ›Am Rennsteig‹: Oßlaberg 6, 07343 Wurzbach, Tel. 03 66 52/4 00, Fax 4 07 77, www.am-renn steig.de, 150 Zi., DZ/F ab 52 €. Hotelanlage für den Familienurlaub mit Hallenbad und Sauna.

. . . nach Lehesten

Reiseatlas: S. 238, B 4
5 km sind es von Wurzbach bis Lehesten (2200 Ew.), wo Gäste mit einem herzlichen ›Glück auf‹ begrüßt werden. Denn Lehesten war das Zentrum des thüringischen Schieferbergbaus. Von 1300 bis 1999 wurde im Staatsbruch Lehesten das ›Blaue Gold‹ abgebaut und zu Dach- und Wandschiefer sowie zu Schiefertafeln verarbeitet. Halden und Tagebaurestlöcher erinnern heute daran. Zeugnisse des Bergbaus werden im **Technischen Denkmal Historischer Schieferbergbau Lehesten** erhalten. Der Besucher lernt den Werdegang des Schiefers von der Gewinnung bis zur Verarbeitung kennen (Führungen März–Okt. Di–Do 10, 13, Fr 10, Sa, So 10, 14 Uhr; Tel. 03 66 53/ 2 60 52 60, www.Erholungspark-Thue ringen.de).

Auf dem Wetzstein steht seit 2004 wieder der **Altvaterturm.** Seinen 1902 errichteten Vorgänger ließen die DDR-Behörden 1979 sprengen, denn der nahe an der deutsch-deutschen Grenze liegende Wetzstein war zum Sperrgebiet erklärt worden.

An der Hohenwartetalsperre

Reiseatlas: S. 238, B 3
Der zweite große Stausee im Bereich der oberen Saale entstand von 1936 bis 1942, ihm mussten die Dörfer Preßwitz und Saaltal weichen. Auch die Preßwitzer Kirche verschwand im Wasser, in Hohenwarte entstand als Ersatz eine kleine, schiefergedeckte Kirche. Hinter der 75 m hohen Staumauer mit ihrer Kronenlänge von 412 m erstreckt sich flussaufwärts die Talsperre auf 27 km Länge. Als landschaftlich besonders reizvoll gilt der fjordähnliche obere Teil des Stausees mit schroffen Felswänden, bewaldeten Steilhängen und malerischen Buchten. Oft wird er mit der Landschaft Norwegens verglichen. Wie die Bleichlochtalsperre ist auch der Hohenwartestausee ein beliebtes Freizeitrevier für Wassersportler. Es wird gebadet, gesegelt und gesurft, Angler schwärmen von reichen Fängen.

Größter Ort am Rand der Orlasenke ist **Ranis** (2000 Ew., www.stadt-ra nis.de), das vor allem durch seine eindrucksvolle Wehr- und Wohnburg bekannt wurde. Hoch auf einem Höhenzug wurde die 1085 erstmals genannte Burg erbaut, mit 240 m Länge und 50 m Breite eine Anlage von außergewöhnlicher Größe. Im Museum gibt es Informationen zur Natur und Geschichte, ausgestellt sind auch Rüs-

Bauernhäuser in Fachwerkbauweise

tungen, Waffen sowie Stilmöbel, die Galerie macht mit Werken regionaler Künstler bekannt. Eine Besonderheit ist das seismologische Kabinett, das in Zusammenarbeit mit der nahe gelegenen Großstation für Erdbebenregistrierung in Moxa entstand. Erläutert werden die Entstehung und Verbreitung von Erdbeben (April–Okt. Di–So 10–17, Nov.–März Di–Fr 10–16, Sa, So 13–17 Uhr; Tel. 0 36 47/41 33 45).

Nach 8 km ist **Ziegenrück** (800 Ew.) erreicht, das sich in ein schluchtenartiges Seitental der Saale zwängt. Der schönste Blick auf das Städtchen bietet sich von den Höhen zu beiden Seiten des Flusses. Über der Stadt thront die Kemenate einer 1261 erstmals urkundlich genannten Burg. Touristischer Anziehungspunkt ist das Museum für Wasserkraftnutzung. Hier, in der engen Saale-Schleife um den Conrodberg, entstand 1900 auf dem Gelände der ältesten Wassermühle an der oberen Saale das Kraftwerk ›Fernmühle‹, das bis 1965 Strom erzeugte. Danach wurde die gesamte Anlage zum Technischen Denkmal erklärt (Mai–Okt. Di–So 10–17, Nov.–April Di–Fr 10–16, Sa, So 13–16 Uhr; Tel. 03 64 83/76 06).

An der Südseite des Stausees, in dem typischen Angerdorf **Reitzengeschwenda,** wurde das älteste, weitgehend original erhaltene Bauerngehöft aus dem 17. Jh. zum Volkskundemuseum. Die restaurierte Sägemühle gegenüber gehört mit zum Museum, der Sägebetrieb wurde 1990 eingestellt (April–Okt. Di, So 13–17, Mi–Sa 9–17, Dez.–Feb. bis 16 Uhr; Tel. 03 67 37/ 2 22 94). Die 1711 erbaute Kirche mit einer bemalten Holzdecke besitzt eine hübsche barocke Innenausstattung, von der besonders der reich geschmückte Kanzelaltar gefällt (Besichtigung über das Museum).

Schloss Burgk

Ein Genuss sind **Konzerte auf der Orgel** (1743) des berühmtesten sächsischen Orgelbaumeisters Gottfried Silbermann in der Kapelle von Schloss Burgk. Das einstige Jagd- und Sommerschloss der Fürsten Reuß steht zwischen der Bleiloch- und der Hohenwartetalsperre auf hohem Fels über der Saale (April–Okt. Di–So 10–17, Nov.–März bis 16, Sa, So 12–17 Uhr; Tel. 0 36 63/40 01 19, www.schloss-burgk.de).

Ziegenrück-Information: Platz der Jugend 2, 07924 Ziegenrück, Tel. 03 64 83/2 26 49, Fax 2 04 16, fremdenverkehrsamt.ziegenrueck@t-online.de, www.ziegenrueck.de

Waldgasthaus Lothramühle: Lothramühle 38, 07338 Reitzengeschwenda, Tel. 03 67 37/2 22 89, Fax 2 22 88, www.lothramuehle.de, 13 Zi. und zwei Ferienhäuser, DZ/F ab 52 €, Restaurant Mi geschl., Hauptgerichte 7–9 €. Zwischen Hohenwartestausee und Reitzengeschwenda, gemütliche Zimmer und Gaststube mit Thüringer Küche und anderen Spezialitäten.

Waldhotel am Stausee: 07334 Bucha, Tel. 03 67 32/3 63, Fax 3 64 03, www.waldhotel-am-stausee.de, 40 Zi., DZ/F ab 52 €. Ein wahrhaft idyllischer Blick eröffnet sich auf den Hohenwartestausee. Zimmer mit allem Komfort im Haupthaus und in den Chalets.

Zur Fernmühle: Lobensteiner Str. 6, Ziegenrück, Tel. 03 64 83/7 01 90, Fax 7 04 90, www.fernmuehle.de, tgl. geöffnet, Hauptgerichte 5,50–13,50 €, viele Gerichte unter 10 €. Neben dem Wasserkraftmuseum laden Weinkeller, Café und Restaurant zum Verweilen ein, auch Bowlingbahnen sind vorhanden.

Thüringer Literatur- und Autorentage: Ranis, zwei Wochen im Juni, Buchlesungen und für Kinder Puppentheater, Märchen und manches Weitere.

Wassersport- und Freizeitzentrum Hohenwarte: in der Alterbucht bei Bucha direkt am Stausee, Tel. 03 67 32/2 31 37, www.wsz-hohenwarte.de. Tauchen, Kanuvermietung und -touren, Wasserski, Surfen mit Schule.

Fahrgastschifffahrt: Tel. 0175/8 16 52 57, www.ms-drachenschwanz.de. Rundfahrten mit Erläuterungen und Musik auf dem Hohenwartestausee, abgefahren wird von der Anlegestelle Linkenmühle am rechten Saaleufer.

Fahrgastschifffahrt Hohenwarte: Sperrmauer, 07338 Hohenwarte, Tel. 03 67 33/2 15 28. Rundfahrten über die Hohenwartetalsperre, Abfahrt neben der Sperrmauer.

Bus: von Ziegenrück und Ranis nach Gera, Schleiz, Pößneck, Saalfeld.

Schleiz

Reiseatlas: S. 238, C 3

Zwei berühmte Männer hat Schleiz (9100 Ew.) hervorgebracht: den Erfinder des europäischen Porzellans, Johann Friedrich Böttger, der 1682 in Schleiz geboren wurde. In der **Alten Münze** auf dem Neumarkt mit ihrer kräftigen roten Fassade wird er deshalb mit einer Ausstellung der Porzellanmanufaktur Meißen gewürdigt, weil seine Eltern in dem Haus wohnten (Di, Do, Fr 9–12, 13–18, Sa 9–12, 14–16, So 9–12, 13–16 Uhr; Tel. 0 36 63/42 87 35). Und Konrad Duden, der in Schleiz als Gymnasialdirektor 1872 sein Rechtschreibnachschlagewerk herausgab. Ihn stellt das ehemalige **Gymnasium Rutheneum** neben der Stadtkirche vor (Di–Fr, So 14–16 Uhr; Tel. 0 36 63/42 16 49).

Hoch über der Stadt, auf dem parkähnlichen Bergfriedhof, steht die weithin sichtbare **Bergkirche** mit reicher barocker Ausstattung. Zu den Kostbarkeiten zählen der Sarkophag Heinrichs des Mittleren von 1500 und der kunstvolle Kronleuchter von 1697 (Mai–Okt. Di–So 14–16 Uhr; www.bergkirche-schleiz.de).

Zu Schleiz gehört das **Schleizer Dreieck,** Deutschlands älteste Naturrennstrecke, die 2003 ihren 80. Geburtstag feierte. Auf 3,8 km machen 13 Kurven das Fahren zu einer sportlichen Herausforderung, Höhepunkte waren unter anderem 1950 der Gesamtdeutsche Meisterschaftslauf für Motorräder mit 250 000 Zuschauern, die international hervorragend besetzten Formel-III-Rennen in den 1960er Jahren sowie die Seitenwagen-Weltmeisterschaft 2005 (www.schleizer-dreieck.de).

Stadtinformation: Alte Münze, Teichstr. 1, 07907 Schleiz, Tel. 0 36 63/42 87 35, Fax 42 42 88, tourist-info@schleiz.de, www.schleiz.de

Flair Hotel Luginsland: Am Schleizer Dreieck 8, 07907 Schleiz-Heinrichsruh, Tel. 0 36 63/4 80 50, Fax 48 05 40, www.hotel-luginsland-schleiz.de, 17 Zi., DZ/F ab 67 €. Mit dem erwarteten Komfort ausgestattetes Hotel an der bekannten Rennstrecke.

Café Riedl: Neumarkt 20, Tel. 0 36 63/42 85 37, tgl. geöffnet, Hauptgerichte 5–11 €. Traditionsreiches Restaurant-Café auf zwei Etagen. Das Restaurant in der 1. Etage öffnet abends.

Bus: nach Gera, Jena und Neustadt/Orla sowie nach Lobenstein, Zeulenroda, Saalburg, Ziegenrück und Burgk.

Ausflug ins Plothener Teichgebiet

Reiseatlas: S. 238, C 3

›Land der 1000 Teiche‹ wird das 75 km^2 große Gebiet zwischen den Ortschaften Plothen, Dreba und Knau genannt. Die etwa 600 **Teiche,** einst sollen es 2000 gewesen sein, haben im Mittelalter Mönche zur Fischzucht angelegt. Alle sind so genannte Himmelsteiche, denn sie werden ausschließlich durch Niederschläge gespeist. Naturliebhaber schwärmen von der Ruhe im Teichgebiet, hier wird gewandert, Rad gefahren und geangelt. Der Herbst bietet ein grandioses Naturschauspiel, wenn Tausende von Staren am Starenteich mit seinem kräftigen Schilfbestand eine Rast auf ihrem Flug in den Süden einlegen. Am Rand des Hausteiches steht das **Pfahlhaus,** so genannt, weil es auf Pfählen errichtet wurde. 1999/2000 hat man es so rekonstruiert, wie es zur Erbauung vor über 300 Jahren ausgesehen haben soll. Im Pfahlhaus befindet sich eine **Teich- und Fischereiausstellung** (April–Okt. So und Fei 13–17 Uhr).

Informationsstelle: Ortsstr. 6, 07907 Plothen, Tel. 03 66 48/2 39 22, Fax 43 47 33, www.plothen.de, www.vg-seenplatte.de

Gasthaus und Pension ›Zum Plothenteich‹: Ortsstr. 50, Plothen, Tel. 03 66 48/2 22 43, www.zum-plothenteich.de, 14 Zi., DZ/F ab 45 €, Hauptgerichte 6–10 €, Fr Ruhetag, Pension ab 18 Uhr geöffnet. Im Restaurant wird gutbürgerliche, regionale Küche serviert. Zu den Spezialitäten gehören der nach Plothener Art zubereitete Karpfen sowie der hausgebackene Kuchen.

Bus: nach Schleiz.

Saalfeld

Reiseatlas: S. 238, B 3

›Steinerne Chronik‹ nennt sich Saalfeld (28 500 Ew.) gerne, denn vieles aus den vergangenen Jahrhunderten hat sich bis heute erhalten. Am bekanntesten sind die **Feengrotten,** laut Guinness-Buch der Rekorde die ›farbenreichsten Schaugrotten der Welt‹. Sie sind eine beeindruckende Welt tief im Berg. In rund 300 Jahren hat die Natur in dem ehemaligen Alaunschieferbergwerk ein Kunstwerk an Form und Farbenpracht geschaffen. Die Führungen dauern 45 Min., bei denen 550 m bei 10° C zurückgelegt werden. Höhepunkt ist der Märchendom mit der Gralsburg, in dem die Tropfsteine bis zu 160 cm gewachsen sind (März–Okt. tgl. 9–17, Nov. Sa, So 10–15, Dez.–Feb. tgl. 10–

Das Werk von Mensch und Natur: die Feengrotten

Meisterleistung der Gotik: die Hallenkirche St. Johannis

15.30 Uhr; Tel. 0 36 71/5 50 40, www.feengrotten.de). Rund um die Feengrotten bietet eine großzügige **Parkanlage** Freizeitmöglichkeiten.

Die viergeschossige **Burgruine Hoher Schwarm** 1, eins der Wahrzeichen von Saalfeld, erinnert am Saaleufer an das 14. Jh., als die Grafen von Schwarzburg das Bauwerk errichten ließen, das seit Mitte des 16. Jh. bereits Ruine ist. Steinerne Zeugen der Vergangenheit sind die in großen Teilen erhaltene **Stadtmauer** 2 sowie die vier gut erhaltenen Stadttore aus dem 15. Jh.: das **Obere Tor** 3 mit einer mehrfach gegliederten barocken Dachkonstruktion, das von einem hübschen Zwiebelturm bekrönte **Blankenburger Tor** 4, das einem Bergfried ähnelnde **Darrtor** 5 und das mit einem Staffelgiebel versehene **Saaltor** 6.

Im historischen Stadtkern beeindruckt am rechteckigen Marktplatz das im 16. Jh. erbaute **Renaissance-Rathaus** 7 mit Staffelgiebel, reichen Erkern und Treppenturm. Der Bergbau, der im 15. Jh. aufblühte – die Feengrotten sind ein Ergebnis des mittelalterlichen Bergbaus –, hatte Saalfeld zu Reichtum verholfen, und das Rathaus steht für Reichtum und Repräsentationsbedürfnis. Wertvoll am Markt sind noch das romanische Haus der **Marktapotheke** 8 sowie die interessante Häuserreihe mit Laubengang aus dem 16. Jh., von den Saalfeldern kurz **›Liden‹** 9 genannt. Einst waren hier Verkaufsstände, heute laden verschiedene Geschäfte zum Kaufen. Mit den historischen Bauwerken kontrastiert der neue, 1999 eingeweihte **Marktbrunnen** an der Südostecke des Platzes.

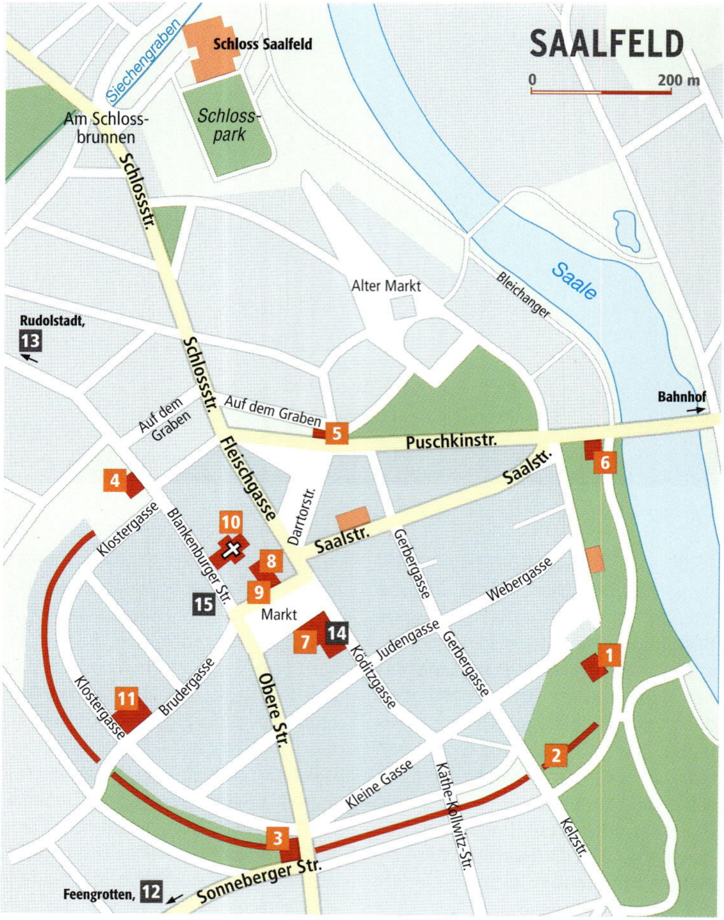

Hinter den ›Liden‹ ragt die gotische **Stadtkirche St. Johannis** 10 hervor, eine der größten Hallenkirchen Thüringens. 66 m hoch sind ihre beiden Türme. Im Chor sollte der Blick zum ausgemalten Gewölbe gerichtet werden, wegen der Blumen- und Pflanzendarstellungen ›Himmelswiese‹ genannt. Um 1520 entstand die Malerei, rund 80 der Pflanzen konnten botanisch bestimmt werden. Bedeutend sind das **Heilige Grab** aus der zweiten Hälfte

Sehenswürdigkeiten

1 Burgruine Hoher Schwarm
2 Stadtmauer
3 Oberes Tor
4 Blankenburger Tor
5 Darrtor
6 Saaltor
7 Renaissance-Rathaus
8 Marktapotheke
9 ›Liden‹
10 Stadtkirche St. Johannis
11 Stadtmuseum

Übernachten

12 Schlosshotel Eyba
13 Waldhotel Mellestollen

Essen und Trinken

14 Ratskeller
15 Restaurant Alte Post

des 14. Jh. an der Nordinnenwand sowie die lebensgroße Figur Johannes des Täufers aus der Zeit um 1500.

Über altes Kopfsteinpflaster, vorbei an Restaurants und Cafés, wird zu den Kreuzgängen und Gewölben des um 1250 erbauten **Franziskanerklosters** am Münzplatz gelaufen, in denen sich heute das **Stadtmuseum** 11 befindet. Neben der Regionalgeschichte wird auch eine wertvolle Sammlung mittelalterlicher Schnitzaltäre und eine Exposition von Werken Saalfelder Künstler gezeigt (Di–So 10–17 Uhr; Tel. 0 36 71/59 84 71, www.museumimkloster.de).

Saalfeld-Information: Markt 6, 07318 Saalfeld, Tel. 0 36 71/3 39 50, Fax 52 21 83, info@saalfeld-info.de, www.saalfeld.de

Schlosshotel Eyba 12: Ortsstr. 23, 07318 Eyba (6 km von Saalfeld entfernt), Tel. 03 67 36/3 40, Fax 34 19, www.schlosshotel-eyba.de, 39 Zi., DZ/F ab 80 €. In einer idyllischen Parkanlage mit Sportmöglichkeiten. Die meisten Zimmer befinden sich in einem neuen Gästehaus.

Waldhotel Mellestollen 13: Wittmansgereuther Str. 31, Tel. 0 36 71/82 00, Fax 82 02 22, www.mellestollen.de, 29 Zi., DZ/F ab 62 €. Ein Hotel zog in die ehemalige Maximilianshütte ein. Herrliche ruhige Waldlage, 3 km von Saalfeld.

Ratskeller 14: Markt 1, Tel. 0 36 71/51 75 10, www.ratskeller-saalfeld.de, tgl. geöffnet, Hauptgerichte 14–18 €. In dem Gourmetrestaurant wird italienische Kochkunst wie in der Toskana zelebriert.

Restaurant Alte Post 15: Blankenburger Str. 9, Tel. 0 36 71/51 38 41, www.alte-post-saalfeld.de, tgl. geöffnet, Hauptgerichte 6–13 €. Uriges Gewölbe in einem der ältesten Gasthäuser Thüringens. Traditionelle Thüringer Küche, aber auch Leckeres aus anderen Ländern.

Confiserie: Feengrottenweg 1, Tel. 0 36 71/4 57 90, tgl. geöffnet. Ausgezeichnete handgemachte Pralinen und Schokoladenwaren aus eigener Herstellung. Nach Voranmeldung auch Produktionsbesichtigung möglich.

Mittelalterspektakel am Hohen Schwarm: Himmelfahrt bis So; **Saalfelder Jazztage:** Anfang Nov.

Kart-Arena: Am Silberstollen 8, Tel. 0 36 71/35 71 26, www.kartarena-saalfeld.de, Mo geschl. Thüringens

Riesen-Buch

Das angeblich größte Märchenbuch der Welt, es misst 4,05 mal 3,10 m und hat zwölf Seiten zu je 52 kg, steht in der **Kinder- und Jugenderholung in Dittrichhütte,** 10 km von Saalfeld entfernt. Zu der Einrichtung gehören auch die 627 m lange Allwetterrodelbahn, auf der mit 40 km/h bergab gesaust wird, und der Irrgarten mit 2200 Koniferen (Tel. 03 67 41/5 70 00, www.dittrichshuette.de).

größte und modernste Hallen-Kartbahn; 6,5-PS-Honda-Viertaktmotoren, computergesteuerte Rennauswertung.

Bahn: nach Rudolstadt, Bad Blankenburg, Weimar, Erfurt, Jena; **Bus:** nach Bad Blankenburg, Rudolstadt, Schwarzburg; **Stadtverkehr:** Buslinien.

Rudolstadt

Reiseatlas: S. 238, B 3

Mehr als 8 km schlängelt sich der erstmals im 14. Jh. als Stadt genannte Ort durch das Tal der Saale. »Diese Gegend wird Ihnen lieb sein«, schrieb Charlotte von Lengefeld ihrem späteren Gatten Friedrich Schiller. Hoch über Rudolstadt (26 000 Ew.) erhebt sich die **Heidecksburg.** Sechs Treppenanlagen führen von der Altstadt hoch zu der Dreiflügelanlage, die zu den prachtvollsten Barockschlössern Deutschlands gehört. Zu sehen gibt es reich ausgestattete **Fest- und Wohnräume,** darunter der heiter wirkende 12 m hohe Festsaal, der zu den schönsten des deutschen Rokoko zählt. Die aus Gemälden und Mobiliar bestehende **Kunstsammlung** des Museums ist in den fürstlichen Wohnräumen ausgestellt. Zu besichtigen sind ferner die **Porzellangalerie** sowie Teile der **Waffensammlung ›Schwarzburger Zeughaus‹** (April–Okt. Di–So 10–18, Nov.–März bis 17 Uhr; Tel. 0 36 72/4 29 00, www.heidecksburg.de).

Zu Füßen der Heidecksburg lädt die Altstadt zum Bummeln und Schauen ein. Am **Marktplatz** bilden mehrere Häuser, die aus dem 15. bis 18. Jh. stammen, eine idyllische Kulisse. Das **Rathaus** dagegen erweckt nur den Anschein, alt zu sein, in Wirklichkeit bekam es seine heutige Gestalt erst 1911. In der Jenaischen Straße erinnert am Haus Nr. 1 eine **Glocke** an die einst vorhandene Glockengießerei. Friedrich Schiller erlebte hier im Sommer 1789 mit, wie die Glocke für die Rudolstädter Andreaskirche gegossen wurde, was ihn für sein »Lied von der Glocke« angeregt haben soll: »Von der Stirnen heiß, rinnen muss der Schweiß ...« Die Ausstattung der nahen **Stadtkirche** trägt reiche Formen und ist farbenfroh gestaltet.

Das frühere Bernhardinenstift, in dem allein stehende Damen adeliger Herkunft standesgemäß wohnten, wurde zum **Handwerkerhof** umgestaltet. Das prunkvollste Haus an der Schwarzburger Chaussee 74 wurde nach seinem Bauherren, dem Fabrikanten Friedrich Adolf Richter, benannt. Hier wohnte der Begründer der Anker-Steinbaukästen, die von Rudol-

›Wohnräume‹ in der Heidecksburg

stadt aus ihren Siegeszug in Millionen von Kinderzimmern antraten (s. Thema S. 204). Heute ist das Haus ein **Museum** zur Geschichte der Anker-Baukästen und Spielhaus zugleich, in dem mit Hunderten von Steinen Bauwerke jeder Größe erfunden oder nachgebaut werden (Mo–Sa 13–18 Uhr; Tel. 0 36 72/41 14 51, www.richtersche villa.de).

Im **Heinrich-Heine-Park** am Saaleufer befindet sich eins der ältesten Freilichtmuseen Deutschlands: das **Volkskundemuseum Thüringer Bauernhäuser,** das Einblick in das einstige bäuerliche Leben gibt. Die beiden Hofanlagen standen ehemals in den Dörfern Unterhasel an der Saale und Birkenheide auf der Saalfelder Höhe, dort wurden die dem Verfall preisgegebenen Häuser ab- und 1914 in Rudolstadt wieder aufgebaut (März–Okt. Mi–So 10–12, 13–18 Uhr).

Tourist-Information: Marktstr. 57, 07407 Rudolstadt, Tel. 0 36 72/41 47 43, Fax 43 12 86, info@rudolstadt.de, www.rudolstadt.de

Hotel Adler: Markt 17, Tel. 0 36 72/ 44 03, Fax 44 04 44, 30 Zi., DZ/F ab 80 €. Komforthotel im Herzen der Stadt mit 400-jähriger Tradition.

Panoramahotel ›Am Marienturm‹: Marienturm 1, Tel. 0 36 72/4 32 70, Fax 43 27 85, www.hotel-marienturm.de, 29 Zi., DZ/F ab 80 €. Nicht im Stadtzentrum, dafür toller Blick auf die Stadt und die Umgebung.

Restaurant ›Am Marienturm‹: Marienturm 1 (im gleichnamigen Hotel), Tel. 0 36 72/4 32 70, Fax 43 27 85, www.hotel-marienturm.de, tgl. geöffnet, Hauptgerichte 7–19 €. Ob Salatteller,

BAUKASTEN-RENAISSANCE

Albert Einstein hat in seiner Jugend mit Anker-Baukästen aus Rudolstadt seine wissenschaftliche Neugier entwickelt, Walter Gropius baute mit Anker-Bausteinen seine ersten Häuser, der Schriftsteller Jurek Becker spielte ebenfalls mit ihnen, und Erich Kästner berichtete, dass ihm seine Mutter einen Kindertraum erfüllte, als er einen Anker-Steinbaukasten geschenkt bekam.

1885 begann in Rudolstadt (s. S. 202) der Weltruhm des Steinbaukastens unter dem Anker-Firmenlogo. Seitdem begeistert er Generationen großer und kleiner Hobby-Architekten durch die Vielfalt seiner Möglichkeiten. Ein ausgeklügeltes Erweiterungs- und Ergänzungssystem ermöglichte es, den Umfang bis zum größten Kasten Nr. 34 zu erweitern, der rund 3800 verschiedene Steine enthielt. In Wien, St. Petersburg, London und New York errichtete das Thüringer Unternehmen Niederlassungen, denn die Nachfrage war enorm. Anker-Steinbaukästen wurden zum Synonym für kreatives und pädagogisch wertvolles Spielzeug. Nachdem die Baukästen zwei Weltkriege überstanden hatten, kam für sie 1963 das Aus in der DDR, die Firma wurde aufgelöst. Rund fünf Milliarden Anker-Bausteine, so schätzt man, wurden bis dahin weltweit verkauft. 1995 wagte man das Projekt der Anker-Renaissance. Und zwar in Rudolstadt, in jener Stadt also, von der aus 120 Jahre zuvor der Siegeszug der Anker-Steinbaukästen begonnen hatte. Bereits drei Jahre später erhielten sie in den USA den so genannten Oscar der Spielwarenindustrie, den Parents Choice Award, in Gold, für besonders empfehlenswertes Spielzeug (www.ankerstein.de).

Schweinshaxe oder Thüringer Schlachteplatte, alles wird frisch zubereitet.
Zunftkeller: Stiftsgasse 23, Tel. 0 36 72/ 41 22 78, So, Mo geschl., Hauptgerichte 5–8 €. Im Handwerkerhof bietet das urige Lokal preiswerte Küche. Mi Live-Musik.

Die **Marktstraße** mit ihren vielen Geschäften war 1979 Fußgängerzone geworden, damals war sie die erste und längste in Ostthüringen.
Handwerkerhof: Stiftsgasse. Im malerischen Innenhof befindet sich eine kleine Ladenpassage.

Thüringer Landestheater/Thüringer Symphoniker: Anger 1, Tel. 0 36 72/42 27 66, www.theater-rudolstadt.com. Das 1792/93 gegründete Theater setzt die kulturellen Traditionen fort.

Altstadtfest: 1. Wochenende im Juni; **Tanz & Folkfest:** 1. Wochenende im Juli; **Rudolstädter Vogelschießen:** letztes Wochenende im August.

Saalemaxx: Hugo-Trinckler-Str. 6, Tel. 0 36 72/3 14 50, www.saalemaxx.de, tgl. geöffnet. Thüringens größter Wassertempel mit Erlebnisbad, Wellenbecken, Strömungskanal, mehreren Rutschen, Sauna-Welt und vielem mehr.

Bahn: nach Saalfeld, Jena; **Bus:** nach Weimar, Erfurt, Ilmenau, Saalfeld, Jena.

Ausflug nach Großkochberg

Reiseatlas: S. 238, B 2
Schloss Kochberg ist eng mit Goethe verbunden, der das erste Mal im Dezember 1775 von Weimar nach Großkochberg geritten kam. Das Datum hat er der Nachwelt auf der hölzernen Schreibplatte eines **Sekretärs** hinterlassen: ›Goethe, d. 6. Dec. 75‹. Die zahlreichen Besuche des Dichterfürsten galten seiner langjährigen Vertrauten, der Schlossherrin Charlotte von Stein. 28 km musste Goethe von Weimar aus reiten, von Rudolstadt sind es nur 12 km bis Großkochberg.

Das Gartenhaus am Parkeingang wurde um 1800 so umgebaut, dass in ihm Theateraufführungen stattfinden konnten. In dem **Liebhabertheater,** heute meist als Amateurtheater bezeichnet, stellen die marmorierten Papiertapeten, mit denen Bühnen- und Zuschauerraum ausgekleidet sind, eine Besonderheit dar. Zum romantischen **Landschaftspark** gehören Grotte, chinesischer Pavillon und ein als künstliche Ruine gestalteter Sitzplatz (April–Okt. Mi–So 9–18, Nov.–März Mi–So 10–16 Uhr; Tel./Fax 03 67 43/ 2 25 32, www.schloss-kochberg.de).

Pößneck

Reiseatlas: S. 238, C 3
Die größte Stadt (14 000 Ew.) in der Orlasenke gehört nicht zu den touristisch bekanntesten Thüringens, obwohl sie Sehenswürdigkeiten zu bieten hat. Den besten Überblick verschafft man sich im **Stadtmuseum,** das sich in einem der schönsten **Rathäuser** Thüringens befindet. 1478–1499 wurde es im spätgotischen Stil am Markt erbaut (Di 9–12, 14–18, Mi, Do 9–12, 14–16, Fr 9–12, So 14–17 Uhr; Tel. 0 36 47/50 03 06). Beachtenswert sind an der Nordseite des Marktes das **Wohlfarthsche Haus,** ein Renaissancegebäude von 1565, und das 1576 errichtete **Göschelsche Haus.** Die nahe gotische **Stadtkirche** besitzt ein besonders schönes Sterngewölbe, das 1488 in den Chor eingebracht wurde.

Zu den Teilen der erhalten gebliebenen Stadtbefestigung aus dem 15. Jh. gehört u. a. der 30 m hohe **Weiße Turm,** heute ein Aussichtsturm. In der Bahnhofstraße steht seit 1936 der **Gänsediebbrunnen** des Pößnecker Ehrenbürgers Robert Diez, das etwas größere Original plätschert in der Weißen Gasse in Dresden.

Die 1. Thüringer Landesgartenschau verschaffte der Stadt im Jahr 2000 reichlich Grün. So wurde der **Viehmarkt,** ein großes Industrieareal mit einem nach der Wende verfallenen Fabrikensemble, in eine parkähnliche Anlage verwandelt, und das Ende des 19. Jh. eingemeindete Dorf **Jüdewein** unmittelbar am Stadtzentrum bekam seinen dörflichen Charakter zurück, was es zum ›Dorf in der Stadt‹ werden ließ. Und mit dem **Lutschgenpark,** einst ein sumpfiger Bereich, erhielt Pößneck sogar einen Stadtpark.

Fremdenverkehrsamt: Gerberstr. 6, Glockenturm, 07381 Pößneck, Tel. 0 36 47/41 22 95, Fax 50 47 68, fva@poessneck.de, www.poessneck.de

Dorfplatz im Pößnecker Ortsteil Jüdewein

Villa Altenburg: Straße des Friedens 49, Tel. 0 36 47/42 20 01, Fax 42 20 02, www.villa-altenburg.de, 14 Zi., DZ/F ab 65 €. Herrschaftliche Villa von 1928 mit teilweise historisch eingerichteten Zimmern, Schwimmbad und Sauna.

Restaurant Torhaus: Jüdeweiner Str. 14 (Franzenshof), Tel. 0 36 47/ 44 34 41, www.franzenshof.de, Di–Sa ab 15 Uhr, So ganztätig, Hauptgerichte 8–11,50 €. Im Torhaus des Franzenshof im Ortsteil Jüdewein wird gutbürgerliche Küche serviert, im Sommer gemütlicher Biergarten. Besonders gut der Grillteller mit Bohnen und Bratkartoffeln.
Spitzers Café: Breite Str. 45, Tel. 0 36 47/ 41 31 04, tgl. geöffnet. Lecker das große Kuchen- und Tortenangebot.

Rosenfest: Ende Aug.; **Stadtfest:** ein Wochenende Anfang Sept.; **Lichterfest:** Heiligabend, s. S. 33.

Bahn: Oberer Bahnhof, Bahnhofstr. 31, nach Saalfeld und Gera; Unterer Bahnhof, Saalbahnstr. 14, nach Orlamünde und Jena; **Bus:** nach Saalfeld, Gera, Jena, Ziegenrück, Schleiz; **Stadtverkehr:** Buslinien.

Neustadt an der Orla

Reiseatlas: S. 238, C 3
Ausgangspunkt eines Rundgangs durch Neustadt an der Orla (9000 Ew.) ist der weiträumige **Marktplatz** mit dem spätgotischen **Rathaus,** das sich mit reichen Steinmetzarbeiten am Erker, an der Freitreppe und an den Giebeln hervorhebt. Der **Marktbrunnen** stammt aus der Neuzeit, er wurde zum 700-jährigen Stadtjubiläum 1987 geschaffen. Der Wasserlauf im Marktbereich beim Rathaus soll den im

Mittelalter offenen Bachlauf vom Gamsenteich über die Bachstraße bis in den Mühlgraben symbolisieren. Als schönstes Bürgerhaus am Markt gilt das **Lutherhaus** mit steilem Dach und schönem Erker (1574) an der Ostseite. Im Vorgängergebäude soll Martin Luther bei seinen Aufenthalten in Neustadt mehrmals gewohnt haben. Vor dem Haus steht eine **Kursächsische Postmeilensäule** aus der Zeit des sächsischen Königs August dem Starken. Eine zweite Säule ist in der Pößnecker Straße/Ecke Arnshangker Straße zu sehen.

Das Haus Markt Nr. 5 hat einen Durchgang zum Kirchplatz, in dem die **Fleischbänke** aus dem 15. Jh. zu finden sind, eine mittelalterliche Ladenstraße der Neustädter Fleischer. Von den einst 17 Verkaufslauben, die beiderseits angeordnet waren, sind noch zehn vorhanden. Von hier wird zum Kirchplatz gelaufen, wo sich im Haus Nr. 7 das **Stadtmuseum** befindet, das den Besuchern 13 thematisch gestaltete Ausstellungsräume zeigt (Di, Do 14–17, Sa 10–12, 14–17, So 10–12 Uhr; Tel. 03 64 81/5 19 13).

Ein Blick in die **Stadtkirche St. Johannes** lohnt vor allem wegen des Hochaltars im Chorraum. Er wurde 1510–1512 in der Werkstatt von Lucas Cranach d. Ä. hergestellt. Der **Sandsteinbrunnen** mit der Holzverkleidung vor der Stadtkirche wurde 2003 in Erinnerung an den früher hier vorhandenen hölzernen Wasserbottich aufgestellt. Von diesem Laufbrunnen holten sich die Neustädter ihr Wasser, der heutige Brunnen dagegen ist als Ruheplatz gedacht.

Vom im Dreißigjährigen Krieg zerstörten Augustiner-Eremiten-Kloster hat sich die ehemalige **Klosterkirche** (15. Jh.) erhalten. Das seit der Reformation nicht mehr kirchlich genutzte Bauwerk dient als Tordurchfahrt zum leer stehenden Schloss dahinter.

Kultur- und Fremdenverkehrsamt: Markt 1, 07806 Neustadt (Orla), Tel. 03 64 81/8 51 21, Fax 8 51 04, info@neustadtanderorla.thueringen.de, www.neustadtanderorla.de

Ringhotel Schloßberg: Ernst-Thälmann-Str. 62, Tel. 03 64 81/6 60, Fax 6 61 00, www.ringhotel-schlossberg.de, 31 Zi., DZ/F ab 95 €. Angenehme Zimmer in zentraler Lage in der denkmalgeschützten Altstadt.

Gasthof Heinrichsruhe: Heinrichsruhe 1, Tel. 03 64 81/2 39 44, www.heinrichsruhe.de, tgl. geöffnet, Hauptgerichte Mittagskarte 7–11,50 €, Abendkarte 4–8 €. 3 km außerhalb der Stadt, am Waldrand, mit Streichelzoo. Serviert werden Thüringer Spezialitäten.

Confiserie: Ernst-Thälmann-Str. 71, Tel. 03 64 81/5 62 55. Handgefertigte Pralinés, Marmeladen, Pralinenzubehör und ausgewählte Tees.
Triptiser Wurstwaren: Marktplatz 17, Tel. 03 64 81/5 78 45. Original Thüringer Wurst- und Fleischwaren, Bistro.

Duhlendorfer Karneval: Karnevalssonntag; **Brunnenfest ›Bornquas‹:** 3. Wochenende im Juni.

Bahn: Hauptstrecke Leipzig–Nürnberg; **Bus:** nach Jena, Schleiz, Plauen, Zeulenroda, Gera, Saalfeld und Kahla; **Stadtverkehr:** eine Buslinie.

IM ELSTER- UND PLEISSELAND

Trutzige Burgen und prunkvolle Schlösser erzählen vom Kaisertum und von der Kleinstaaterei, prächtige Kirchen und Ratshäuser von Wohlstand sowie Museen und technische Denkmale vom handwerklichen Fleiß, der Industrialisierung und ihrem Niedergang. Wer hierher fährt, hat gute Karten, schon deshalb, weil in Altenburg das Skatspiel erfunden wurde.

Zeulenroda

Reiseatlas: S. 239, D 3

Den Charme der Kleinstadt (12 000 Ew.) prägt das klassizistische Marktensemble mit dem 1828 erbauten palazzoartigen **Rathaus,** mit dem die Strumpffabrikanten ihren Reichtum demonstrieren wollten. Baumeister des Gebäudes war kein berühmter Architekt, sondern der lokale Strumpfwarenfabrikant Christian Heinrich Schopper, der bereits am Bau der stattlichen **Stadtkirche** mitgewirkt hatte. Vor dem Rathaus steht der **Stadtbrunnen** mit dem Karpfenpfeifer. So lautet auch der Spitzname für die Zeulenrodaer, der auf eine alte Geschichte zurückgeht: Auf einer Grafenhochzeit ließen die Gäste die nach Schlamm schmeckenden Karpfen mit den Worten »Wir Zeulenrodaer pfeifen auf solche Schlammkarpfen« an die Küche zurückgehen, der Hofkoch beschimpfte sie daraufhin als ›Karpfenpfeifer‹.

Zeulenroda war im 18. Jh. eine der Hochburgen der Strumpfwirkerei. Wie eine Strumpfwirkerstube damals aussah, zeigt das **Städtische Museum** (Mo–Fr 9–16, So 13–16 Uhr; Aumaische Str. 30, Tel. 03 66 28/6 41 35).

Mit dem Bau der **Zeulenrodaer Talsperre** und der sich anschließenden **Talsperre Weida** in der zweiten Hälfte des 20. Jh. wurde Zeulenroda Urlauberstadt.

Thüringer Vogtland Tourist-Information: Schuhgasse 7, 07937 Zeulenroda, Tel. 03 66 28/8 24 41, Fax 8 92 76, www.zeulenroda.de, www.thueringen-vogtland.de

Seehotel Zeulenroda: Flur Leize 4, 07937 Zeulenroda, Tel. 03 66 83/9 80, Fax 9 81 00, www.seehotel-zeulenroda.de, 138 Zi., DZ/F ab 141 €. Moderne Architektur, großzügige Zimmer, besonders beliebt: die Zimmer mit Blick auf den Stausee.

Panoramarestaurants: im 6. Stock des Seehotels Zeulenroda, tgl. geöffnet, Hauptgerichte 9,50–22 €. Drei unterschiedlich gestylte Restaurants haben eines gemeinsam: den herrlichen

Blick auf die Talsperre, Stadt und Umgebung. Vitacare-Gerichte erfüllen die Anforderungen an eine gesunde und ausgewogene Ernährung.
Scheunenschänke: Scheunengasse 3–5, Tel. 03 66 28/8 54 22, www.scheuenschaenke.de, Mo geschl., Hauptgerichte 8–11 €. Im Herzen der Stadt schmeckt die Thüringer und internationale Küche.

Karpfenpfeiferfest: 3. Wochenende im Mai.

Badewelt Waikiki: Am Birkenweg 1, Tel. 03 66 28/73 70, www.tropenbad-waikiki.de. Wasserparadies mit hawaiischem Ambiente. Drei Abenteuer-Rutschanlagen, Sportbad, Saunalandschaft.

Bahn: nach Weida; **Bus:** nach Greiz, Schleiz, Jena und Gera.

Greiz

Reiseatlas: S. 239, E 3
Jahrhunderte war Greiz (24 500 Ew.), eingebettet im Tal der Weißen Elster, Residenz des Fürstentums Reuß ältere Linie. Vom 16. bis 18. Jh. war die Stadt in zwei Herrschaftsbereiche geteilt, was Greiz zwei Schlösser bescherte. Für die Herrschaft Obergreiz entstand nach einem Brand 1540 auf dem Schlossberg das **Obere Schloss** und für die Herrschaft Untergreiz das **Untere Schloss** an der Weißen Elster, in dem der letzte Greizer Fürst, Heinrich der XXIV., bis 1927 wohnte.

Die Räumlichkeiten des Oberen Schlosses nutzt zum überwiegenden Teil das Staatsarchiv Weimar, im Unteren Schloss bekamen das **Heimatmuseum** (Sa–Do 10–12.30, 13–17 Uhr;

Blick über die Dächer von Greiz

Tel. 0 36 61/70 34 34) und die **Schauwerkstatt** ›Greizer Textil vom Handwerk bis zur Industrie‹ ihr Domizil. An Maschinen und Webstühlen wird mit Vorführungen die Entwicklung von der Hand- zur mechanischen Weberei demonstriert (Sa–Do 10–12.30, 13–17 Uhr). Der Schlossgarten wurde nach historischen Plänen bis 1999 rekonstruiert. Gegenüber dem Unteren Schloss befindet sich die klassizistische **Hauptwache.** Die **Stadtkirche** St. Marien birgt auf der ersten Empore den **Prunksarg** Heinrich VI., der 1697 in der Schlacht gegen die Türken bei Zenta fiel.

Anfang des 20. Jh. entstanden in der Markt- und in der Thomasstraße zahlreiche Häuser im **Jugendstil,** die das Auge erfreuen. Das **Sommerpalais** im Greizer Park, einst ›Haus des angenehmen Zurückgezogenseins‹ der Fürstenfamilie, beherbergt die umfangreiche **Staatliche Bücher- und Kupferstichsammlung** und das **Satiricum,** eine Spezialsammlung zeitgenössischer Karikaturen und Pressezeichnungen (April–Sept. Di–So 10–17, Okt.–März bis 16 Uhr; Tel. 0 36 61/7 05 80). Der im englischen Landschaftsstil gestaltete **Greizer Park** mit dendrologischen Kostbarkeiten besitzt kulturhistorische Bedeutung.

Bauernleben

In Nitschareuth, 6 km nordwestlich von Greiz, wurde der bis 1982 bewirtschaftete **Vierseithof Nr. 13** zum Bauernmuseum. In dem 1737–1744 im fränkischen Fachwerkstil entstandenen Hof wird das bäuerliche Alltagsleben der letzten zwei Jahrhunderte dargestellt. Im Museumscafé gibt es leckere hausgemachte Kuchen und Imbisse (April–Sept. Di–So 13–18, Okt.–März bis 17 Uhr; Tel. 03 66 25/2 05 04).

Greiz-Information: Burgplatz 12 (Unteres Schloss), 07973 Greiz, Tel. 0 36 61/68 98 15, Fax 70 32 91, fva@greiz.de, www.greiz.de

Schlossberg Hotel: Marienstr. 1–5, Tel. 0 36 61/62 21 23, Fax 62 21 66, www.schlossberghotel-greiz.de, 39 Zi., DZ/F ab 72 €. 3-Sterne-Hotel in ruhiger Lage in der Altstadt mit Blick auf das Obere Schloss, Sauna- und Wellnesslandschaft.

Erlebnisgastronomie Zapfwerk 1/3: Zeulenrodaer Str. 6, Tel. 0 36 61/6 29 20, www.zapfwerk.com, Fr, Sa ab 17 Uhr, So ab 11 Uhr und nach Vereinbarung, Hauptgerichte 4,50–16 €. Europas größte Fassbier-Schankanlage mit bis zu 36 Biersorten und regionaler Küche.

Park- und Schlossfest: 3. Wochenende im Juni; **Greizer Theaterherbst:** Mitte Sept., www.theaterherbst.de

Bäder- und Sportkomplex: Werdauer Str. 11 (in Greiz-Aubachtal). Schwimmhalle, Sauna und von Oktober bis März Eissportfläche.

Bahn: nach Wünschendorf, Gera; **Bus:** Stadtverkehr und nach Weida, Gera, Zeulenroda.

Weida

Reiseatlas: S. 239, D 2
Weida (8500 Ew., www.weida.de) am Zusammenfluss der kleinen Flüsse Weida und Auma hat noch viel von seinem mittelalterlichen Charakter bewahrt. Dazu trägt vor allem die im 12. Jh. von Heinrich dem Frommen errichtete **Osterburg** bei, die bedeutendste Sehenswürdigkeit von Weida, die heute ein Museum beherbergt. Der **Bergfried** gehört mit seinen 54 m zu den höchsten in Deutschland. Zwischen dem zweiten und dritten Zinnenkranz befindet sich die **Türmerstube,** in der bis 1917 der letzte Türmer lebte. Wer die gesamten 175 Stufen nach oben gestiegen ist, wird mit einem schönen Ausblick belohnt (Di–So März–Okt. 10–18, Nov.–Feb. 10–16 Uhr; Tel. 03 66 03/6 27 75).

Weida war ein Zentrum der Lederherstellung und -verarbeitung. Eine der zahlreichen Lohgerbereien, die 1844 gegründete **Lohgerberei Friedrich Francke** in der Unteren Str. 6, die erst 1992 stillgelegt wurde, steht als Technisches Schaudenkmal für Besichtigungen offen (Mi, Fr–Mo 10–12, 14–17 Uhr; Tel. 03 66 03/7 13 50).

Landidyll Hotel Adler: Hauptstr. 22, 07589 Großebersdorf (8 km von Weida entfernt), Tel. 03 66 07/50 00, Fax 5 01 00, www.landidyll.de/adler, 42 Zi., DZ/F ab 75 €. Moderne oder im Bauernstil eingerichtete Zimmer. Hauptgerichte 8,50–25 €. Thüringer Gerichte aus regionalen Zutaten.

Osterburgfest (mittelalterliches Burgspektakel): letztes Wochenende im Juni; **Weidscher Kuchenmarkt:** 1. Wochenende im Sept.

Bahn: nach Gera sowie Neustadt/Orla, Pößneck, Saalfeld; **Bus:** nach Gera, Greiz und Zeulenroda.

Burg Posterstein

Seit 1952 ist die Burg Posterstein, 9 km von Schmölln entfernt, Museum. In den barocken Räumen wird eine **Interieurausstellung** gezeigt, ferner informieren Schautafeln und Objekte über die Burg- und Kulturgeschichte des Altenburger Landes (März–Okt. Di–Sa 10–17, So 10–18, Nov.–Feb. Di–Fr 10–16, Sa, So 10–17 Uhr; Tel. 03 44 96/2 25 95, www.burg-posterstein.de).

Schmölln

Reiseatlas: S. 239, E 2
Schmölln (13 000 Ew.) besitzt einen der größten **Marktplätze** Mitteldeutschlands, der sich in seiner mittelalterlichen Anlage erhalten hat und in seiner Gesamtheit unter Denkmalschutz steht. Hier befindet sich das barocke **Rathaus** (1772) mit einem Sitznischenportal und die **Stadtkirche St. Nikolaus** (15. Jh.), die man nach dem Stadtbrand 1772 in ihrer heutigen Form gestaltete. Neueren Datums ist der **Marktbrunnen** (1988) mit der in die Umfassung eingemauerten Stadtgeschichte.

›Knopfstadt‹ wurde Schmölln lange Zeit genannt, denn die kleinen Rundlinge, ohne die unsere Kleidung nicht

auskommt, kamen überwiegend aus dem ostthüringischen Städtchen. Vor etwa 100 Jahren gab es in Schmölln 29 Knopffabriken. Da war es folgerichtig, dass sich Schmölln ein **Knopf- und Regionalmuseum** einrichtete, das einen Überblick über die Schmöllner Knopfindustrie gibt (Mi, Fr 10–17, Sa, So 10–12, 12.30–18 Uhr; Sprottenanger 2). Auch heute noch werden in Schmölln Knöpfe hergestellt, mehr als 100 000 Stück sind es jeden Tag.

Wahrzeichen der Stadt ist der 30 m hohe **Ernst-Agnes-Turm** (1883) auf dem Pfefferberg, der in 15 Min. zu Fuß vom Zentrum zu erreichen ist (Mai–Okt. Mi, Fr 10–12, 12.30–17.30, Sa, So 9.30–12, 12.30–18 Uhr).

Stadtinformation: Markt 1, 04626 Schmölln, Tel. 03 44 91/76 92, Fax 76 50, www.schmoelln.de, info@schmoelln.de

Bellevue: Am Pfefferberg, Tel. 03 44 91/70 00, Fax 7 00 77, www.bellevuehotel.de, 15 Zi., DZ/F ab 70 €, Restaurant tgl. geöffnet, Hauptgerichte 12–20 €.Geschmackvolle Zimmer mit Jugendstilelementen. Mediterran zubereitete Küche.

Das Theater in Altenburg

Pfefferbergfest: letztes Wochenende im Juni.

Bahn: nach Gera und Erfurt; **Bus:** nach Gera, Ronneburg, Altenburg.

Altenburg

Reiseatlas: S. 239, F 1

Altenburg (39 000 Ew.), die einstige Lieblingspfalz von Kaiser Friedrich I. Barbarossa, hat an Geschichte etliches zu bieten. Die beiden ›**Rote Spitzen**‹ genannten Backsteintürme zum Beispiel, die als Wahrzeichen Altenburgs von weitem zu sehen sind. Sie gehören zur ehemaligen Kirche des Augustinerklosters, das Kaiser Barbarossa 1172 weihte.

Eine gesellige Runde soll sich Anfang des 19. Jh. in Altenburg das Skatspiel erdacht haben. Seitdem ist Altenburg die Skatstadt. Hier werden Skatkarten hergestellt, hier tagt das Skatgericht, hier taufen Skatfreunde ihre Karten für Glück im Spiel im **Skatbrunnen,** hier gibt es einen Spielkartenladen, eine Skatschule sowie das **Schloss- und Spielkartenmuseum.** Das Museum dokumentiert den Siegeszug des Skats um die Welt. Mehr als 6000 historische Kartenspiele aus fünf Jahrhunderten sind in seinem Besitz (Di–So 10–17 Uhr; Tel. 0 34 47/51 27 12). Die Ausstellungsräume befinden sich im **Schloss,** das eine ganze Reihe von Besitzern hatte, denn Altenburg ist ein gutes Beispiel für Landesteilungen und Einflussbereiche. Anfang des 17. Jh. beispielsweise war das Schloss die Residenz des Fürstentums Altenburg, Ende des 17. Jh. des Herzogtums Sachsen-Gotha-Altenburg und im 19. Jh. residierte hier ein Herzog Sachsen-Altenburg. Zu jeder vollen Stunde beginnen Führungen durch die Festräume des Schlosses, die auch in die **Schlosskirche** führen.

Kunstliebhaber werden ins **Lindenau-Museum** eilen, das außergewöhnliche Sammlungen besitzt, darunter eine der größten und schönsten Spezialsammlungen italienischer Vor- und Frührenaissancemalerei außerhalb des Ursprungslandes sowie Abgüsse nach

DAS SPIEL MIT DEN WENZELN

Rund 30 Millionen Menschen, so wird geschätzt, spielen auf der Welt Skat. Erfunden wurde das Spiel im thüringischen Altenburg (s. S. 212). Irgendwann zwischen 1810 und 1815 entwickelte eine gesellige Runde, zu der auch der bekannte Verleger Brockhaus gehört haben soll, das Skatspiel aus Elementen verschiedener älterer Kartenspiele. Die vier Wenzel beispielsweise kommen aus dem erzgebirgischen Schafkopf. Heute richten sich die Skatspieler nach der Internationalen Skatordnung, sodass Skat nunmehr weltweit nach einheitlichen Maßstäben gespielt werden kann. Die Skatordnung legt alle Details konkret fest, beispielsweise wird unter 3.2.6 (Geben der Karten) bestimmt: »Es müssen, beim linken Nachbarn beginnend, jedem Mitglied zunächst drei Karten, dann vier und zuletzt wieder drei Karten gegeben werden. Nach der ersten Gebefolge sind zwei Karten gesondert als Skat zu legen.«

Altenburg gilt heute als die Stadt des Skats. Es gibt ein Spielkartenmuseum, das den weltweiten Siegeszug des Spiels mit den 32 Karten dokumentiert, unter den aufbewahrten mehr als 6000 Spielkarten befindet sich eine aus der Barockzeit mit dem Ratschlag: »Spiele ja nicht in der frembde, sonst verlierstu Rock und Hembde, Leib und Ehre, Haab und Guth, mercke diß du junges Bluth.« Altenburg hat auch einen Skatbrunnen, in dessen Wasser, so wird erzählt, leidenschaftliche Skatspieler nachts ihre Karten tauchen, weil das angeblich Glück im Spiel bringe. Und selbstverständlich besteht auch eine Skatschule. Wer sich dorthin begibt, hört viel von drücken und reizen und er erfährt auch, dass ›Maurer‹ als das schlimmste Schimpfwort beim Skat gilt. Ein richtiger Skatspieler, der etwas auf sich hält, spielt logischerweise mit originalen Altenburger Skatkarten und die kommen – wie kann es auch anders sein – aus Altenburg. Hergestellt werden sie seit 1832 in einer der größten Kartenproduktionsstätten Europas; rund 10 Mio. Skatkartensets verlassen jährlich das Unternehmen.

Wo gespielt wird, gibt es Streit. Den schlichtet seit 1927 das Deutsche Skatgericht. Wo wohl wurde es gegründet? Natürlich in Altenburg. Leider machte die deutsch-deutsche Teilung auch vor dem Skat nicht Halt, im Westen (BRD) schlichtete deshalb bis 1989 das Deutsche, im Osten (DDR) das Altenburger Skatgericht. Seit Januar 2002 gibt es das Internationale Skatgericht als höchste Instanz für Streitigkeiten zwischen Skatbrüdern. Die neun Richter ohne Roben kommen jährlich etwa drei- bis viermal in Altenburg zusammen, sie wachen darüber, dass es an den Stammtischen der Welt mit rechten Dingen zugeht und dass nach einheitlichen Regeln gespielt wird. Jährlich beraten sie fast 400 Anfragen, die aus Chile und Brasilien ebenso kommen wie aus Australien, Namibia und den USA. Angeklagt wird vor dem Gericht niemand, es gibt keine Verurteilungen und auch keine Berufung. Und auch keine Vorladungen, persönlich vor dem Skatgericht zu erscheinen (www.dskv.de).

berühmten Bildwerken vom Altertum bis zur Renaissance. »Die Jugend zu belehren, das Alter zu erfreuen« war das Motto des Museumsgründers, des sächsischen Ministers von Lindenau (Di–So 10–18 Uhr; Tel. 0 34 47/8 95 53, www.lindenau-museum.de).

Das **Naturkundliche Museum Mauritianum** nebenan, ein Jugendstilbau von Anfang des 20. Jh., gibt mit fast 40 000 Sammelstücken aus 200 Jahren Altenburger Naturforschung die natürliche Umwelt der Region wieder. Zu den Besonderheiten gehört der ›Rattenkönig‹, 32 an den Schwänzen verknotete, mumifizierte Ratten, deren Fund 1828 eine Sensation war. Als ›Rattenkönig‹ bezeichnen Naturwissenschaftler das ungeklärte Phänomen, bei dem sich Ratten an ihren Schwänzen so miteinander verflechten, dass sie sich nicht mehr selbstständig daraus lösen können (Di–So 13–17 Uhr; Tel. 0 34 47/25 89, www.mauritianum.de).

Unterhalb des Schlosses steht seit 1870 das **Theater,** das als Herzogliches Hoftheater von einem Schüler Gottfried Sempers nach Plänen der alten Dresdner Semper-Hofoper erbaut wurde. Den lang gestreckten Markt umrahmen schöne Bürgerhäuser und das den Platz beherrschende **Rathaus,** das zu den schönsten Renaissancebauten seiner Art in Deutschland gehört. Von hier geht der Blick in westliche Richtung zur etwas erhöht stehenden **St. Bartholomäikirche,** dem ältesten Gotteshaus der Stadt von 1459.

Tourismusinformation: Moritzstr. 21, 04600 Altenburg, Tel. 0 34 47/51 28 00, Fax 51 99 94, info@altenburg-tourismus.de, www.altenburg-tourismus.de

Altenburger Hof: Schmöllnsche Landstr. 8, Tel. 0 34 47/58 40, Fax 58 44 99, www.altenburger-hof.de, 145 Zi., DZ/F ab 75 €. Ruhige Lage im Zentrum, angenehme Zimmer.

Parkhotel am Großen Teich: August-Bebel-Str. 16, Tel. 0 34 47/58 30, Fax 58 34 44, www.success-hotels.de, 65 Zi., DZ/F ab 62 €. Schöne Zimmer.

Ratskeller: Markt 1, Tel. 0 34 47/31 12 26, www.ratskeller-altenburg. de, tgl. geöffnet, So nur mittags. Hauptgerichte 5–15 €. Alles wird frisch zubereitet.

Spielkartenladen: Moritzstr. 21, www.spielkartenladen.de. Spielkarten, Spielzubehör und Bücher.

Altenburger Destillerie- und Liqueurfabrik: Am Anger 1–2, Tel. 0 34 47/5 54 60, www.destillerie.de. Werksverkauf, Verkostung, Führungen, Schau-Destillation.

Theater Altenburg-Gera: Theaterplatz 19, Tel. 0 34 47/58 51 61, www.theater.altenburg.gera.de. Mehrspartentheater.

Kleinkunstbühne & Gaststube ›Zum Tippelbruder‹: Paritzer Str. 39, Tel. 0 34 47/51 40 81, www.zumtippelbruder.de. Kabarett, Gastspiele und Lesungen.

Altenburger Skatschule: Friedrich-Ebert-Str. 14, Tel. 0 34 47/55 18 38, www.altenburg-tourismus.de. Skatkurse für Anfänger und Fortgeschrittene.

Skat- und Spielefest: 1. Wochenende im Mai; **Altenburger Stadtfest:** ein Wochenende Anfang Okt.

Bahn: nach Gera; **Bus:** nach Schmölln; **Stadtverkehr:** Buslinien.

Scharfe

REISEINFOS VON A BIS Z

Alle wichtigen Informationen rund ums Reisen auf einen Blick – von A wie Anreise bis Z wie Zeitungen

Extra: Eine ausführliche Literaturliste zu Thüringen

Am Gasthaus ›Scharfe Ecke‹ in Weimar

REISEINFOS VON A BIS Z

Anreise

... mit dem Flugzeug
Der Thüringer Regionalflughafen mit Linienverbindungen in mehrere deutsche Städte befindet sich in Erfurt (www.flughafen-erfurt.de). Wer in den Osten Thüringens reist, für den empfiehlt sich auch der Flughafen Leipzig (www.leipzig-halle-airport.de).

... mit der Bahn
Thüringen ist mit der Bahn gut zu erreichen. ICE-Bahnhöfe sind Eisenach, Gotha, Erfurt und Weimar auf der Strecke Frankfurt/Main–Leipzig/Dresden und Jena, Saalfeld auf der Strecke Berlin–München. Es gibt auch IC-Verbindungen von Berlin und Stralsund nach Weimar, Erfurt und Eisenach. Bequem reist es sich mit dem Nachtzug der CityNightLine von Zürich, Basel, Freiburg, Offenburg, Karlsruhe, Mannheim und Frankfurt/Main nach Thüringen; gehalten wird in Eisenach, Erfurt und Weimar. Ein Regionalbahnen-Netz verbindet kleinere Orte.

Auskunft: Tel. 0800/1 50 70 90, www.bahn.de.

... mit dem Auto
Die Autobahn A4 Frankfurt/Main–Dresden/Görlitz quert Thüringen von West nach Ost. An ihrer Strecke liegen die Städte Eisenach, Gotha, Erfurt, Weimar, Jena und Gera. Die von Nord nach Süd verlaufende A9 kreuzt die A4 am Hermsdorfer Kreuz. Von der A4 bei Erfurt zweigt die A71 ab, die durch den Thüringer Wald verläuft und nach ihrer Fertigstellung 2006 durchgängig bis zur A70 bei Schweinfurt führt. Im Norden verbindet die im Bau befindliche A38 das Eichsfeld mit Sachsen-Anhalt. Über das Bundesstraßen-Netz sind alle Reiseziele in Thürignen gut erreichbar.

Apotheken

Apotheken befinden sich in allen größeren Orten, wer außerhalb der regulären Öffnungszeiten Dienst hat, das wissen die Tourist-Informationen oder ist an den Rezeptionen der Hotels zu erfahren. Auch in den Regionalzeitungen finden sich entsprechende Hinweise.

Ärztliche Versorgung

Siehe vordere Umschlagklappe: Im Krankheitsfall

Behinderte

In Thüringen haben es Menschen mit Behinderungen vielfach nicht leicht, vor allem in den bergigen Regionen. Aber auch etliche historische Bauwerke wie Schlösser und Burgen sind für Behinderte nicht zugänglich. Hotels bieten jedoch vielfach behindertengerechte Zimmer an.

Die Tourist-Informationen erteilen Auskunft darüber, welche Sehenswürdigkeiten für Rollstuhlfahrer gut zu erreichen und zu besichtigen sind. Oft sind Broschüren für Personen mit Handicaps zu erhalten, so in Erfurt und Weimar. Die Thüringer Tourismus GmbH bietet eine Broschüre mit behindertengerechten Angeboten an. Adresse s. Informationsstellen

Diplomatische Vertretungen

Österreich
Stauffenbergstr. 1
10785 Berlin
Tel. 030/20 28 70, Fax 2 29 05 69
berlin-ob@bmaa.gv.at

Schweiz
Fürst-Bismarck-Str. 4
10557 Berlin
Tel. 030/3 90 40 00, Fax 3 91 10 30
vertretung@ber.rep.admin.ch

Feiertage

Im protestantischen Teil: Neujahr, Ostern mit Karfreitag und Ostermontag, 1. Mai (Tag der Arbeit), Himmelfahrt, Pfingstmontag, 3. Oktober (Tag der deutschen Einheit), Reformationstag (31. Oktober), 1. und 2. Weihnachtsfeiertag. Im katholischen Eichsfeld sind auch die hl. Drei Könige (6. Januar), Fronleichnam und Allerheiligen (1. Nov.) gesetzliche Feiertage.

Fotografieren

Fotografiert werden darf überall, ausgenommen in einigen Museen wie zum Beispiel in Weimar. Wer für den privaten Gebrauch fotografieren möchte, muss an der Kasse zusätzlich zur Eintrittskarte eine Fotoerlaubnis erwerben. Ansonsten gilt: In Museen, Burgen und Schlössern sind weder Blitzlicht noch Stativ erlaubt. Dia- und Kleinbildfilme sind fast überall erhältlich. Ungeduldige können in den meisten größeren Städten ihre Bilder über Nacht entwickeln lassen.

Geld

Geldautomaten gibt es in jedem größeren Ort. Fast alle Hotels, Restaurants und viele Geschäfte akzeptieren auch die gängigen Kreditkarten oder zumindest die EC-Karte.

Haustiere

Viele Hotels und Pensionen sind tierfreundlich, allerdings sollte vorher angefragt werden, ob die kleinen oder größeren Lieblinge mitgebracht werden dürfen. Um keine unliebsamen Überraschungen zu erleben, ist es auch angebracht, nach dem Unterbringungspreis zu fragen. Nicht erwünscht sind Hunde in den Restaurants. Innerhalb der Ortschaften müssen Hunde an die Leine genommen werden, die ›Hinterlassenschaften‹ sind zu beseitigen. Im Wald sollten Hunde ebenfalls nicht frei umherlaufen, um das Wild nicht aufzuschrecken.

Informationsstellen

Allgemeine Informationen über Thüringen erteilt:
Service Center der Thüringer Tourismus GmbH
Weimarische Str. 45, 99099 Erfurt,
Tel. 03 61/3 74 20, Fax 3 74 23 88,
service@thueringen-tourismus.de.
Das Service Center bucht Unterkünfte aller Kategorien und hat interessante Pauschalen zu unterschiedlichen Themen im Angebot.

Große Städte und touristisch relevante Orte haben Tourist-Informationen (s. Orte bei ›Unterwegs in Thüringen‹).

In kleineren Orten geben die Stadt- oder Gemeindeverwaltungen Auskunft.

Internet-Cafés

Wer E-Mails empfangen oder versenden möchte, wendet sich an die Tourist-Informationen. Die wissen, wo sich Internet-Cafés befinden. Immer mehr Hotels richten Terminals zur Internetnutzung ein, in den Zimmern ist der Internetanschluss noch die Ausnahme.

Internet-Infos

In diesem Reiseführer werden viele Internetadressen genannt, die vielseitig über Thüringen informieren. Jede Stadt hat ihre Webseite, doch lässt die Aktualisierung oftmals noch zu wünschen übrig. Mittlerweile gibt es auch kaum ein Hotel, das keine eigene Website hat. Ebenfalls informieren viele Restaurants und Museen im Internet über sich.

... über Thüringen allgemein
www.thueringen.de

... über den Tourismus
www.thueringen-tourismus.de

... über die größeren Städte
www.staedtetourismus.info

... über thüringische Regionen
www.eichsfeld.de
www.hainichland.de
www.kyffhaeuser-tourismus.de
www.mittleres-schwarzatal.de
www.rennsteig-saale.de
www.rhoen.de
www.saale-rennsteig-seenland.de
www.suedlicher-thueringer-wald.de
www.thueringer-kernland.de
www.thueringer-vogtland.de
www.thueringer-wald.com
www.wanderer-willi.de
www.werratal.de

... über die Großschutzgebiete
www.natur.thueringen.de

... über Sport
www.wanderverband-thueringen.de
www.aktiv-in-thueringen.de

... über alle Heilbäder
www.heilbaeder-thueringen.de
www.thueringen-kur.de

...über kulturelle Veranstaltungen
www.thueringer-kulturkalender.de.

... über Campingplätze
www.campingverband-thueringen.de

Lesetipps

Cibulka, Hanns: Thüringer Tagebücher, Leipzig, 1993. Die Liebe zu seiner Wahlheimat Thüringen, zu den Menschen und der Natur beschreibt der Autor in Briefen, Aufzeichnungen und Tagebucherzählungen.

Damm, Sigrid: Das Leben des Friedrich Schiller, Frankfurt/Main/Leipzig 2004. Biographisches Porträt, das vom ›Zauber des Authentischen‹ lebt, denn Schiller selbst kommt als Autor, Liebhaber, Ehemann und Vater von vier Kindern sowie als der

Weggefährte Goethes zu Wort. Der Alltag des Schriftstellers wird erkundet und der Leser erfährt so, unter welchen Umständen seine großen Werke entstanden sind.

Durst-Benning, Petra: »Die Glasbläserin« und der Nachfolgeroman »Die Amerikanerin«, Berlin 2000, 2002. Eine Familiensaga um drei Töchter einer Glasbläserfamilie aus Lauscha, die nach dem frühen Tod der Eltern ihr Lebensgeschick selbst in die Hand nehmen und mit ihren Christbaumkugeln den Siegeszug nach Amerika antreten.

Frotscher, Fredo: Thüringens berühmte Liebespaare, Taucha, 2001. Elisabeth und Ludwig, Luther und Katharina von Bora, Goethe und Christiane Vulpius, Schiller und Charlotte von Lengefeld, Wieland und Sophie von Brentano, Liszt und Carolyne von Sayn-Wittgenstein – ihre Beziehung zueinander werden in diesem kleinen Büchlein in Szene gesetzt.

Kirchner, Annerose: Traumzeit an der Geba, Weimar 2005. Die Geraer Autorin zeichnet in diesem Sammelband in Interviewform sechs Porträts von Menschen aus Thüringen, die von der generationsübergreifenden Verbundenheit der Menschen mit ihrer Heimat erzählen.

Köhler, Günter; Birnstiel, Friedhold: Historische Gasthöfe in Thüringen, Berlin, Brandenburg 2005. Auf kulturhistorische und kulinarische Spurensuche begeben sich die Autoren. Sie stellen die bemerkenswerte Vielfalt von historischen Gasthäusern und Hotels in kleinen Geschichten und Legenden sowie stimmungsvollen Fotos vor.

Koch, Ursula: Elisabeth von Thüringen, Gießen 2004. Der biographische Roman erzählt das bewegte Leben der Landgräfin Elisabeth von Thüringen.

Kühn, Bodo: Gloriosa, Weimar 1996. Geschichtsroman über die größte frei schwingende Kirchenglocke aus dem Mittelalter, die im Erfurter Dom hängt.

Taubert, Erich: Großfürstin Maria Pawlowna, Weimar 2001. Interessantes über die Orte, an denen die kunstsinnige russische Zarentochter wirkte, die Weimar zum ›Silbernem Zeitalter‹ verhalf.

Mietfahrzeuge

In allen Reisebüros können Mietwagen für Thüringen gebucht werden. Im Internet bieten AVIS und holiday autos unter www.destinia.com/car/de und Europcar unter www.europcar.de/stationenuebersicht/states/THRINGEN.html Mietfahrzeuge für Thüringen an.

Notrufnummern

Siehe vordere Umschlagklappe

Öffnungszeiten

Geschäfte: Es gilt das bundesdeutsche Ladenschlussgesetz, Mo–Sa 8–20 Uhr, So und Fei geschlossen. In kleineren Orten schließen die Geschäfte meist schon um 18 Uhr, Sa um 12 oder 14 Uhr. Auch eine Mittagspause von einer oder zwei Stunden Dauer ist durchaus üblich. Mehrmals im Jahr gibt es so genannte verkaufsoffene Sonntage, die sich oft an einem Volksfest orientieren.

Restaurants: Gut beraten ist, wer sich vorher erkundigt, ob die Gaststätte geöffnet hat. Die Öffnungszeiten in den Ferienorten wechseln manchmal entsprechend dem Gästezulauf. Restaurants in den großen Städten sowie die Hotelrestaurants haben selten einen Ruhetag, auf dem Land ist, abgesehen von der touristischen Hochsaison, ein Ruhetag üblich. Die Küchenzeiten sind meist nicht identisch mit den Öffnungszeiten. Die aktuellen Öffnungszeiten der Ausflugsgaststätten, was bei Wanderungen wichtig ist, sind bei den Tourist-Informationen zu erfragen.

Museen: Wie international üblich ist der Schließtag meist der Montag. Aus finanziellen Gründen werden die Öffnungszeiten aber oftmals weiter eingeschränkt, manche Einrichtungen, sogar in der Kulturstadt Weimar, schließen neuerdings in den Wintermonaten.

Parken

Wer seine Nerven schonen möchte, fährt nicht in die Zentren der großen Städte, sondern lässt das Auto am Stadtrand stehen und steigt auf öffentliche Verkehrsmittel um. Die Parkuhr sollte mitgeführt werden, denn in einigen Orten ist zeitlich begrenztes Parken noch unentgeltlich möglich. Die Politessen sind auch in Thüringen rasch zur Stelle. Parkhäuser sind nur in den großen Städten vorhanden, die Hotels besitzen fast alle Parkflächen.

Post

Die Zeiten sind auch in Thüringen vorbei, in denen fast jeder Ort seine eigene Poststelle hatte. Heute übernehmen oft kleinere Verkaufsstellen den Postdienst, das gelbe Postzeichen außen weist darauf hin. Briefmarken, Telefon- und Handykarten werden auch in Souvenirläden, wenn sie Postkarten führen, oder in Zeitungsläden verkauft.

Radio und Fernsehen

Der MDR (www.mdr.de) ist das Regionalfernsehen für Thüringen, die Hauptnachrichtensendung wird um 19.30 Uhr ausgestrahlt. Gern gehört wird Antenne Thüringen (www.antenne-thueringen.de), der bedeutendste landesweit ausstrahlende private Rundfunksender.

Reisekasse und Preise

5-Sterne-Hotels, Gourmetrestaurants und Nobel-Boutiquen sind auch in Thüringen vorhanden und dem Geldausgeben somit keine Grenzen gesetzt. Aber auch das Reisen ohne Kreditkarte und nur mit schwach gefüllter Geldbörse ist möglich, denn in den Dorfgasthäusern sind die Zimmer- und Gaststättenpreise wesentlich niedriger als in den großen Städten. Nach Sonderkonditionen zu fragen lohnt sich oft, aber nicht, wenn in dem Ort eine Großveranstaltung stattfindet. Preisgünstigen Eintritt in Museen und Freizeiteinrichtungen gibt es oft mit Familienkarten. Preisbewusste kaufen die Thüringen-Card (s. S. 44) oder eine der

Touristen-Cards der Städte und Regionen.

Sicherheit

Thüringen ist so sicher wie ganz Deutschland, eine gesunde Portion Vorsicht ist allerdings wie überall geboten.

Souvenirs

Zum Shopping dürfte wohl keiner extra nach Thüringen reisen, dafür bieten die Städte, mit Ausnahme von Erfurt, noch zu wenig. Doch hier und dort lohnt es sich die Augen offen zu halten, denn auch kleinere Städte warten mit Antiquariaten, Galerien sowie Geschäften auf, die typische regionale Erzeugnisse verkaufen. Groß ist die Auswahl an Glaswaren in Lauscha (s. S. 181), wo die Türen vieler Werkstätten offen stehen, nicht anders ist es in dem traditionsreichen Töpferstädtchen Bürgel (s. S. 32,140), wo in den Keramikerwerkstätten zugeschaut werden darf, wie auf den rotierenden Töpferscheiben die zum Kauf angebotenen Arbeiten entstehen. In Museen liegen oft Repliken von Exponaten zum Kauf bereit.

Wer regionale Köstlichkeiten guter Qualität mit nach Hause nehmen möchte, sollte auf das Zeichen ›Geprüfte Qualität Thüringen‹ achten. Verliehen wird das Zeichen vom Ministerium für Landwirtschaft, Naturschutz und Umwelt.

Taxi

In den Städten stehen Taxen an zentralen Plätzen. Hotels und Restaurants rufen gern das Taxi.

Telefonieren

Siehe vordere Umschlagklappe

Trinkgeld

Wie überall erwarten die Servicekräfte in den Hotels und Restaurants bei Zufriedenheit einen Obulus. 5–10 Prozent des Rechnungsbetrages sind üblich. Auch der Stadtführer freut sich über eine kleine finanzielle Anerkennung.

Zeitungen und Zeitschriften

Die »Thüringer Allgemeine« und die »Thüringer Landeszeitung« mit den entsprechenden Regionalteilen sind die meistgelesenen Tageszeitungen, sie erscheinen Mo–Sa. In der Region um Gera wird gern zur »Ostthüringer Zeitung« und im Thüringer Wald zur »Südthüringer Zeitung« gegriffen. Eine Bereicherung der Leselandschaft ist das »Kulturjournal Mittelthüringen«, ein anspruchsvolles Kulturmagazin für die Region Erfurt, Weimar, Jena und das Weimarer Land.

REGISTER

Personen

Orte

REISEATLAS

LEGENDE

1 : 500.000

0 — 15 km

Autobahn mit Anschluss und Ausfahrtnummer	Regionalflughafen
Schnellstraße	Schloss/Burg
Fernstraße mit Nummer	Kirche
Hauptstraße	Kloster
Nebenstraße	Denkmal
Straße in Bau, in Planung	Höhle
Eisenbahn	Berggipfel
Staats-, Bundeslandgrenze	
Nationalpark	

A
B
C
1
2
3
4
Reyrshausen
Bovenden
Ebergötzen
Waake
GÖTTINGEN
Boden-
see
Gieboldehausen
Seulingen
Landolfs-
hausen
Obernfeld
Rhumspringe
Zwinge
Weißenborn-
Lüderode
Jützenbach
Bad Sachsa
Walken-
ried
Mackenrode
Stöckey
Limlingerode
Holbach
Hohenstein
Günzerode
Duderstadt
Ecklingerode
Brehme
Wehnde
Holungen
Großbodungen
Bischofferode
Friedrichsthal
Klein-
bodungen
Kehmstedt
Lipprechterode
Wipperdorf
Bleicherode
HESSEN
Ros-
dorf
Klein
Lengden
Groß
Lengden
Nesselröden
Rittmarshsn.
Diemarden
Reinhausen
Etzenborn
Berlinge-
rode
Teistungen
Ferna
Haynrode
Kirchohmfeld
Wintzinge-
rode
Bischhausen
Gläse-
hsn.
Weißen-
born
Hundeshagen
Worbis
Deiderode
Friedland
Ischenrode
Bischhagen
Rohrberg
Mengel-
rode
Günterode
Steinbach
Breitenbach
Breitenworbis
Fertigstellung 2007
Fertigstellung 06/2006
12/2006
Wildeck-
Obersuhl
Arenshsn.
Heiligen-
stadt
Leinefelde
Leinefelde/
Worbis
Gernrode
Sollstedt
Rustenfelde
Marth
Arenshausen
Heiligen-
stadt
Bodenrode-
Westhausen
Beuren
Niederorschel
Friedrichsrode
Dietenborn
Hohengandern
Uder
Kallmerode
Geisleden
Kreuzebra
Kleinbartloff
Helbedündorf
Keula
Bornhagen
Gerbershausen
Heuthen
Flinsberg
Dingelstädt
Hüpstedt
Dünwald
Menteroda
Fretterode
Mackenrode
Wachstedt
Silberhausen
THÜRINGEN
Ober-
rieden
Wahlhsn.
Bad
Sooden
Allendorf
Dieterode
Bernterode
Martinfeld
Küllstedt
Büttstedt
Dachrieden
Windeberg
Rocken
Kammer-
bach
Werra
Wiesen-
feld
Rosoppe
Ers-
hausen
Bickenriede
Volkenroda
Notter
Körner
Frankenrain
Frankers-
hausen
Albungen
Geismar
Lengenfeld
unterm Stein
Mühlhausen
(Thüringen)
Abterode
Meinhard
Grebendorf
Hülfensberg
Rodeberg
Katharinen-
berg
Issersheilingen
Bothenheilingen
Germerode
Eschwege
Frieda
Wanfried
Hainich
Oberdorla
Niederdorla
Großwelsbach
Großen-
gottern
Vierbach
Schlierbachswald
Völkershausen
Wende-
hausen
Heyerode
Langula
Reichen-
sachsen
Wehretal
Großburschla
Treffurt
Thamsbrück
Weißenborn
Heldra
Flarchheim
Mülverstedt
Bad
Langensalza
Lautenbach
Rambach
Falken
Nazza
Weberstedt
Nationalpark
Hainich
Wichmanns-
hausen
Netra
Rittmanns-
hausen
Zimmern
Berne-
burg
Sontra
Ringgau
Ifta
Mihla
Lauterbach
Bischofroda
Craula
Altefeld
Creuzburg
Archfeld
Nessel-
röden
Willershsn.
Reichenbach
Tüngeda
Weißenhasel
Unhausen
Wommen
Neu-
kirchen
Berka v.
d. Hainich
Bolleroda
Behringen
Wangenheim
Nentershausen
Herleshausen
Stedt-
feld
Großenlupnitz
Wolfs-
behringen
Sonne-
born
Friedrichs-
werth
Goldbach
Süß
Herles-
hausen
Lauch-
röden
Eisenach
Eisenach-
West
Eisenach-
Ost
Etten-
hausen
Bauhaus
Weingarten
Wildeck
Wildeck-
Obersuhl
Wartburg
Wutha-
Farnroda
Wutha
Mechter-
städt
Aspach
Trügleben
Wildeck-
Hönebach
Gerstungen
Oberellen
Laucha
Teut-
leben
Sundhausen
Berka
a. d. Werra
Farnroda
Hönebach
Dippach
Marksuhl
Gospenroda
Waltershausen
Seebach
Walters-
hausen
Gotha-
Boxberg
Bengen-
dorf
Ruhla
Winter-
stein
Tabarz
Heringen
a. d. Werra
Etten-
hausen
Möhra
Fischbach
Großer
Inselsberg
S. 236

1 cm = 5 km 1 : 500.000
0
15 km
D
E
F
1
2
3
4
Unterharz
SACHSEN - ANHALT
Stolberg
Schwenda
Hayn
Wolfsberg
Kurort Wippra
Siebigerode
Annarode
Benndorf
Helbra
Klostermansfeld
Volkstedt
Lutherstadt Eisleben
Ilfeld
Neustadt
Niedersachswerfen
Buchholz
Petersdorf
Horla
Grillenberg
Steigerthal
Rottleberode
Questenberg
Wickerode
Obersdorf
Wettelrode
Wimmelburg
Wolferode
Nordhausen
Uftrungen
Großleinungen
Riestedt
Sangerhausen
Bornstedt
Berga
Roßla
Wallhausen
Sangerhausen-Süd
Holdenstedt
Osterhsn.
Görsbach
Heringen
Nord-hausen
Niensledt
Lutherstadt Eisleben
Goldene Aue
Talsperre Kelbra
Kelbra
Burg Kyffhausen
Sangerhausen-West
Edersleben
Oberröblingen
Allstedt
Wolferstedt
Riethnordhsn.
Kyffhäuser-Denkmal
Tilleda
Auleben
Badra
Barbarossahöhle
Windleite
Kyffhäusergebirge
Borxleben
Artern
Lodersleben
Großfurra
Sondershausen
Ringleben
Bad Frankenhausen
Rottleben
Heygendorf
Hainleite
Possen
Berka
Esperstedt
Reinsdorf
Kalbsrieth
Schönewerda
Ziegelroda
Seega
Unstrut
Bottendorf
Gehofen
Oberspier
Oldisleben
Heldrungen
Donndorf
Roßleben
Westerengel
Günserode
Bilzingsleben
Hohe Schrecke
Wiehe
Memleben
Trebra
Niederbösa
Urbach
Gorsleben
Schmücke
Abtsbessingen
Wasserthaleben
Topfstedt
Kannawurf
Kindelbrück
Wohlmirstedt
Frömmstedt
Großenehrich
Beichlingen
Allmenhausen
Clingen
Greussen
Großmondra
Billroda
Saubach
Hornsömmern
Ottenhausen
Thüringer
Rothenberga
Haussömmern
Kutzleben
Weißensee
Kölleda
Ostramondra
Braunsroda
Rastenberg
Bruchstedt
Gangloffsömmern
Großneuhausen
Bad Tennstedt
Straußfurt
Sömmerda
Sömmerda-Ost
Olbersleben
Herrengosserstedt
Sundhsn.
Schwerstedt
Klettstedt
Unstrut
Sömmerda-Süd
Vogelsberg
Kleinbrembach
Buttstädt
Herbsleben
Gramme
Großbrembach
Niederreißen
Gebesee
Haßleben
Großrudestedt
Schloßvippach
Oberreißen
Willerstedt
Gera
Becken
Buttelstedt
Tonna
Dachwig
Andisleben
Riethnordhsn.
Eckstedt
Neumark
Pfiffelbach
Döllstädt
Walschleben
Stotternheim
Berlstedt
Liebstedt
Erfurt-Stotternheim
Erfurt-Nord
Elxleben
Ramsla
Niederroßla
Fahnersche Höhe
Gierstädt
Mittelhsn.
Kleinmölsen
Ollendorf
Hottelstedt
Großobringen
Ballstädt
Witterda
Ossmannstedt
Molschleben
Bienstädt
Kerspleben
Fertigstellung 12/2006
Weimar
Ulla
Kleinromstedt
Wiegendorf
Aufleben
Niederzimmern
Zimmernsupra
Alach
Mönchenholzhsn.
Nohra
Umpferstedt
Friemar
Pferdingsleben
Erfurt
Bindersleben
Hohlstedt
Nohra
Tüttleben
Gamstädt
Bischleben
Troistedt
Weimar
Mellingen
Großschwabhausen
Gotha
Grabsleben
Möbisburg
Erfurt-Ost
Erfurt-Vieselbach
Apolda
Egstedt
Ilm
Buchfart
Kleinschwabhausen
Neudietendorf
AB-Kreuz Erfurt
Molsdorf
Klettbach
Bad Berka
Magdala
Gotha
Wandersleben
Erfurt-West
Nauendorf
Tromlitz
Wechmar
Burg Gleichen
Neudietendorf
Werningsleben
München
Blankenhain
Schwabhausen
Mühlberg
Wandersleben
Ichtershausen
Kirchheim
Elxleben
Hohenfelden
Schwarza
Schorba
Mühlburg
Wachsenburg
Rudisleben
Kranichfeld
Alkersleben
Hohenkirchen
S. 237
S. 238
Arnstadt

A
B
C
1
2
3
4
S. 234
Wildeck
Obersuhl
Wildeck-Hönebach
Hönebach
Gerstungen
Oberellen
Berka a. d. Werra
Wartburg
Wutha-Farnroda
Wutha
Farnroda
Mechter-städt
Teut-leben
Sundhausen
Trügleben
Laucha
Waltershausen
Walters-hausen
Gotha Boxberg
Tabarz
Bengen-dorf
Dippach
Gospenroda
Marksuhl
Heringen a. d. Werra
Wölfershsn.
Etten-hausen
Ruhla
Seebach
Winter-stein
Fischbach
Großer Inselsberg
916 m
Friedrich-roda
Ernstroda
Heimbolds-hausen
Rans-bach
Philippsthal a. d. Werra
Kieselbach
Tiefenort
Möhra
Bad Salzungen
Schweina
Steinbach
Brotterode
Georgenthal
Hohenroda
Dorndorf
Vacha
Merkers
Unter-breizbach
Leimbach
Bad Liebenstein
Tambach-Dietharz
Kleinschmalkalden
Stadt-lengsfeld
Immelborn
Barchfeld
Trusetal
Völkers-hausen
Sünna
Weilar
Werra
Seligenthal
Thüringen
Grüssel-bach
Buttlar
Gehaus
Vorderrhön
Breitungen
Floh
Fambach
Schmal-kalden
Oberschönau
Rasdorf
Geisa
Bremen
Oechsen
Urnshausen
Wernshausen
Oberalba
Dermbach
Roßdorf
Rosa
Alters-bach
Steinbach-Hallenberg
Schleid
Wiesenthal
Schwallungen
Setzel-bach
Motzlar
Neidhartshausen
Eckardts
Springstille
Zella-Mehlis
Andenhsn.
Zella
Wasungen
Viernau
Diedorf
Friedelshausen
Oepfershsn.
Mehmels
Benshausen
Tann (Rhön)
Kalten-nordheim
Gotthards
Wahns
Dreieck Suhl
Schwarza
Obernüst
Unterweid
Walldorf
Kühn-dorf
Stepfers-hausen
Hessen
Reichenhausen
Kalten-sundheim
Oberkatz
Meiningen-Nord
Dietzenhsn.
Hilders
Wolmutshausen
Herpf
Dillstädt
Eckweisbach
Meiningen
Rohr
Milseburg
835 m
Rupsroth
Batten
Frankenheim
Melpers
Helmershausen
Bettenhausen
Obermaßfeld-Grimmenthal
Wickers
Fladungen
Stedtlingen
Sülzfeld
Vachdorf
Dietges
Meiningen-Süd
Themar
Wasserkuppe
950 m
Wüsten-sachsen
Willmars
Bauerbach
Hohe Schule
538 m
Henneberg
Neubrunn
Jüchsen
Wachen-brunn
Poppen-hausen
Obern-hausen
Nordheim v. d. Rhön
Sondheim
Bibra
Schwickershausen
Exdorf
Hoher Dentschberg
778 m
Stockheim
Gersfeld (Rhön)
Ostheim v. d. Rhön
Rentwertshausen
Rentwerts-hausen
Oberelsbach
Mellrichstadt
Haina
Rhön
Sondernau
Frickenhausen
Großer Gleichberg
679 m
Römhild
Bastheim
Rappers-hausen
Bischofsheim a. d. Rhön
Wildflecken
Ober-streu
Hendungen
Milz
Kreuzberg
928 m
Schönau a.d.Brend
Streu
Wollbach
Unsleben
Höchheim
Irmels-hausen
Gleichamberg
Sandberg
Bayern
Junkershsn.
Eicha
Heustreu
Gollmuth-hausen
Schmalwasser
Wülfers-hausen
Ottelmanns-hausen
West-hausen
Langenleiten
Waldberg
Bad Neustadt a. d. Saale
Saal
Groß-eibstadt
Bad Königshofen
Trappstadt
Hohenroth
Bad Neustadt
Salz
Fränk. Saale
Kleineibstadt
Alsleben
Gompertshausen
Schwarze Berge
Premich
Strahlungen
Großbar-dorf
Geroda
Stangen-roth
Burkard-roth
Steinach a. d. Saale
Großwenk-heim
Kleinbardorf
Obereßfeld
Waldfenster
Frauen-roth
Bad Bocklet
Münner-stadt
Münnerstadt
Sulzfeld
Schweikers-hausen
Lauter
Aub
Großenbrach
Seubrings-hausen
Nüdlingen
Lauer
Bundorf
Ermershausen
Hassen-bach

D
E
F
ERFURT
Tüttleben
Bindersleben
Gamstädt
Bischleben
Möbisburg
Egstedt
Erfurt-Ost
Erfurt-Vieselbach
S. 235
Weimar
E 40
Apolda
Mellingen
Buchfart
Bad Berka
Magdala
Tromlitz
Blankenhain
Schorba
Milda
Drößnitz
Grabsleben
Neudietendorf
AB-Kreuz Erfurt
Molsdorf
Erfurt-West
Klettbach
Nauendorf
Werningsleben
Gotha
Wandersleben
Wechmar
Burg Gleichen
Ichtershausen
Kirchheim
Elxleben
Hohenfelden
München
Kranichfeld
Schwarza
Schwabhausen
Mühlberg
Mühlburg
Wandersleben
Wachsenburg
Rudisleben
Alkersleben
Arnstadt-Nord
Arnstadt-Süd
Arnstadt
Bösleben
Witzleben
Lengefeld
Wittersroda
Reinstädt
Ohrdruf
Marlishausen
Dienstedt
Wölfis
Gera
Branchewinda
Reinsfeld
Hettstedt
Breitenheerda
Teichel
Rödelwitz
Crawinkel
Plaue
Stadtilm
Großkochberg
Luisenthal
Liebenstein
Remda
Teichröda
Frankenhain
Wipfratal
Neusiß
Griesheim
Nahwinden
Lichstedt
Rudolstadt
S. 238
Kirchhasel
Gräfenroda
Martinroda
Heyda
Ilm
Eichfeld
Bücheloh
Paulinzella
Bad Blankenburg
Langenschade
Oberhof
Elgersburg
Ilmenau-West
Ilmenau-Ost
Ilmenau
Gehlberg
Langewiesen
Rottenbach
Allendorf
Schwarza
Unterwirbach
Reichenbach
Saalfeld
Königsee
Dittersdorf
Kamsdorf
Könitz
Saale
Stützerbach
Gehren
Sitzendorf
Schwarzburg
Dittrichshütte
Kaulsdorf
Möhrenbach
Fürstenberg
817 m
Herschdorf
Arnsgereuth
Schmiedefeld am Rennsteig
Thüringer Schiefergebirge
Suhl
Adlersberg
849 m
Großbreitenbach
Oberweißbach
Kuppe
789 m
Meura
Neustadt a. Rennsteig
Suhl-Friedberg
Katzhütte
Cursdorf
Reichmannsdorf
Marktgölitz
Talsperre Schönbrunn
Schmiedefeld
Gräfenthal
Probstzella
Schönbrunn
Gießübel
Neuhaus am Rennweg
Lichte
Ludwigsstadt
Goldisthal
Piesau
Schleusingen
Langenbach
Simmersberg
780 m
Thüringer Wald
Spechtsbrunn
Lauscha
Tettau
Lehesten
Siegmundsburg
Alexanderhütte
Steinbach am Wald
Wetzstein
792 m
Steinheid
Brünn
Eschenthal
Hildburghausen
Eisfeld-Nord
Sachsenbrunn
Steinach
Eisfeld
Bachfeld
Hämmern
Buchbach
Truckenthal
Mengersgereuth
Schauberg
Förtschendorf
Eimrieth
Veilsdorf
Judenbach
Teuschnitz
Eisfeld-Süd
Schalkau
Steinfeld
Grattstadt
Effelder-Rauenstein
Sonneberg
Heinersdorf
Rothenkirchen
Effelter
Föritz
Pressig
Neustadt b. Coburg
Bad Rodach
Lahm
Fischbach
Rodach
Meeder
Wilhelmsthal
Neuhaus-Schierschnitz
Stockheim
Neida
Coburg-Nord
Rödental
Haßlach
Steinwiesen
Steinberg
Bodendorf
Fürth am Berg
Wallenfels
Heldburg
Bad Colberg
Wiesenfeld
Fechheim
Zeyern
Weidach
Oberrodach
Bayern
Coburg
Oberfüllbach
Kronach
Hellingen
Ummerstadt
Weitramsdorf
Ahorn
Mitwitz
Waldbuch
Grub
Ebersdorf b. Coburg
Sonnefeld
Weißenbrunn
Eckartshausen
Niederfüllbach
Frohnlach
Beikheim

A
B
C
1
2
3
4
S. 235
S. 237
WEIMAR
Apolda
JENA
Bad Berka
Blankenhain
Stadtroda
Kahla
Orlamünde
Stadtilm
Rudolstadt
Bad Blankenburg
Saalfeld
Pößneck
Neustadt a. d. Orla
Königsee
Ziegenrück
Schleiz
Saalburg
Lobenstein
Ludwigsstadt
Lehesten
Wurzbach
Steinach
Lauscha
Neuhaus am Rennweg
Lichte
Gräfenthal
Probstzella
Leutenberg
Kaulsdorf
Kamsdorf
Uhlstädt
Kirchhasel
Remda
Kranichfeld
Camburg
Dornburg
Bad Sulza
Buttstädt
Eckartsberga
Hermsdorf
Bürgel
Schkölen
Magdala
Mellingen
Buttelstedt
Talsperre Hohenwarte
Bleilochtalsperre
Saale-Stausee
Plothener Teiche
Thüringer Schiefergebirge
Thüringer Holzland
Kuppe 789 m
Gr. Mittelberg 588 m
Wetzstein 792 m
549 m
BAYERN
SACHSEN
Saale
Ilm
Orla
Roda
Schwarza
Dreba
Erfurt-Ost
Erfurt-Vieselbach
Nohra
Weimar
Apolda
Magdala
Schorba
Jena-Göschwitz
Jena-Lobeda
Hermsdorfer Kreuz
Stadtroda
Dittersdorf
Schleiz
Rudolphstein

D
E
F
1
2
3
4
Naumburg
Deuben
Nonnewitz
Reuden
Auligk
Lucka
Speicher Borna
Ebersbach
Trebnitz
Theißen
Könderitz
Ramsdorf
Regis-Breitingen
Thräna
Frankenhain
Meineweh
Frohburg
Roda
Geithain
ANHALT
Döschwitz
Grana
Mumsdorf
Wintersdorf
Treben
Eschefeld
Kohren-Sahlis
Droyßig
Zeitz
Tröglitz
Meuselwitz
Gerstenberg
Windischleuba
Droyßig
Weiße Elster
Geußnitz
Spora
Rositz
Alt-mörbitz
Droßdorf
Kayna
Bocka
Wetter-zeube
Altenburg
Langenleuba-Oberhain
Crossen
Lonzig
Heucke-walde
Starkenberg
Nobitz
Langenleuba-Niederhain
Hart-mannsdorf
Giebelroth
Göhren
Pölzig
Lumpzig
Frohnsdorf
Rauda
Bethenhausen
Altkirchen
Saara
Mockzig
Ziegel-heim
Bad Köstritz
Wilden-börten
Wolkenburg
Tautenhain
Gera
Großenstein
Schmölln
Oberwiera
Rüdersdorf
Gera-Leumnitz
Gössnitz
Waldenburg
Zwickauer Mulde
Kraftsdorf
Töppeln
GERA
Ronneburg
Remse
Callenberg
Meerane
Saara
Ronneburg
Schmölln
Glauchau-West
Glauchau-Ost
Hohenstein-Ernstthal
Gangloff
Weißig
Kauern
Rückers-dorf
Crimmitschau
Meerane
Glauchau
Nieder-lungwitz
THÜRINGEN
Linda
Langen-reinsdorf
München-Bernsdorf
Blankenhain
Neukirchen
St. Egidien
Neuensorga
Wünschen-dorf
Seelingstädt
Dänkritz
Crossen
Thurm
Stangen-dorf
Großebersdorf
Weida
Langenhessen
Lichtenstein
Hohndorf
Weida
Berga
Langen-bernsdorf
Werdau
Mülsen
Steinsdorf
Mittelpöllnitz
Hohen-ölsen
Wildetaube
Teichwolf-ramsdorf
Leubnitz
Steinpleis
ZWICKAU
Ortmannsdorf
Braunsdorf
Staiz
Hohen-leuben
Weiße Elster
Fraureuth
Reinsdorf
Auma
Neumühle
Lichtentanne
Schönfels
Wilkau-Hasslau
Zwickau-Ost
Hartenstein
Triebes
Mohlsdorf
Wildenfels
Talsperre Zeulenroda
Langen-wetzendorf
Greiz
Neumark
Ebersbrunn
Wiesenburg
Zwickau-West
Cunersdorf
Langenbach
Zeulenroda
Naitschau
Reichenbach
Kirchberg
Langenwol-schendorf
Pöllwitz
Elster-berg
Netzschkau
Mylau
Ober-heinsdorf
Schneeberg
Unter-
Irfersgrün
Reimersgrün
Reichenbach
Hartmannsdorf
Pausa
Obercrinitz
Langen-buch
Bernsgrün
Lengen-feld
Steinberg
Zschorlau
Ranspach
Rothen-kirchen
Mehltheuer
Treuen
Talsperre Pöhl
Wildenau
Rodewisch
Talsperre Eibenstock
Mühltroff
Jößnitz
Treuen
Stützenkirchen
Schönberg
Kauschwitz
Möschwitz
Thoßfell
Rebesgrün
Schönheide
Leubnitz
Neuensalz
Falken-stein
Auerbach
Eibenstock
Unterkoskau
Rodau
PLAUEN
Plauen-Ost
SACHSEN
Kloschwitz
Theuma
Ellefeld
Rautenkranz
Stelzen
Tobertitz
Vogtland
Bergen
Neustadt
Mißla-reuth
Werda
Hammerbrücke
Tannenbergsthal
Carlsfeld
Weischlitz
Plauen-Süd
Kemnitz
Pirk
Tirpersdorf
Gefell
Burgstein
Oelsnitz
Arnoldsgrün
Muldenberg
Mühlleithen
Münchenreuth
Muldenberger Stausee
Dreieck Hochfranken
Görnitz
Schöneck
TSCHECHIEN
Hof/Töpen
Triebel
Zwota
Klingenthal

Abbildungsnachweis
Toma Babovic/laif, Köln: Umschlagklappe vorn, S. 35
Christoph Busse/transit, Leipzig: S. 10
Christiane Eisler/transit, Leipzig: S. 25
Reiner Elsen/Mauritius Images, Mittenwald: S. 134
Andreas Fechner/laif, Köln: S. 42
Feldhoff & Martin, Merxleben: S. 16, 30/31, 38, 56, 64/65, 74, 78/79, 111, 122, 164/165, 173
Feldhoff & Martin/transit, Leipzig: S. 69
Thomas Härtrich/transit, Leipzig: Titelbild, S. 50, 67, 142, 162, 180
Sabine Lubenow/HB-Verlag, Ostfildern: Umschlagklappe hinten, S. 2/3, 19, 33, 47, 55, 70, 85, 101, 132, 135, 146/147, 170, 192/193, 198, 212/213
Peter Hirth/transit, Leipzig: S. 26, 29, 114/115
Harald Lange/Mauritius Images, Mittenwald: S. 209
Manfred Mehlig/Mauritius Images, Mittenwald: S. 187, 195
Werner Otto/Mauritius Images, Mittenwald: S. 52
Joachim Rosse/transit, Leipzig: S. 76, 188
Günter Rossenbach/Mauritius Images, Mittenwald: S. 82
Harald Schön/Mauritius Images, Mittenwald: S. 106/107
Kerstin Sucher, Berlin: S. 156
Hanna Wagner, Wörth: S. 1, 41, 150, 151, 179, 199, 203, 216
Hans H. Weißer/Mauritius Images, Mittenwald: S. 125
Bernd Wurlitzer, Berlin: S. 60, 80, 89, 94, 116, 139, 140, 159, 167, 185, 206
Horst & Daniel Zielske/laif, Köln: S. 154

Abbildungen
Titelbild: Wartburg
Umschlagklappe vorn: Goethes Wohnhaus in Weimar
Umschlagklappe hinten: Dom in Erfurt
S. 2/3: Landschaft am Kyffhäuser

Kartografie
DuMont Reisekartografie, Puchheim
© MAIRDUMONT, Ostfildern

© 2006 DuMont Reiseverlag, Ostfildern
Alle Rechte vorbehalten
Grafisches Konzept: Groschwitz, Hamburg
Druck: Rasch, Bramsche
Buchbinderische Verarbeitung: Bramscher Buchbinder Betriebe

ISBN 3-7701-6396-6